Premiers pas sur Mac POUR LES NULS

Nouvelle édition

Mark L. Chambers

FIRST
> Interactive

Premier Pas sur Mac pour les Nuls (nouvelle édition)

Titre de l'édition originale : *Macs For Seniors For Dummies*

Collection dirigée par Jean-Pierre Cano
Traduction : Philip Escartin
Mise en page : maged

Edition française publiée en accord avec Wiley Publishing, Inc.

Éditions First, un département d'Édi8
12 avenue d'Italie
75013 Paris
Tél. : 01 44 16 09 00
Fax : 01 44 16 09 01
E-mail : firstinfo@efirst.com
Web : www.editionsfirst.fr
ISBN : 978-2-7540-5856-8
Dépôt légal : 1er trimestre 2014

Imprimé en Espagne par Cayfosa- Carrera de Caldes km 3 - 08130 Santa Perpetua de Mogoda

Sommaire

Introduction

Le Mac est-il est un ordinateur fait pour combler vos besoins informatiques ? Je peux répondre sans équivoque possible par l'affirmative, car Apple conçoit les meilleurs ordinateurs depuis des décennies – y compris des machines de bureau, des portables, et des logiciels qui surpassent la concurrence. Vous savez probablement que les Mac sont réputés pour leur facilité d'utilisation, ce qui permet à tout un chacun de bien débuter en informatique.

Soyons honnêtes : L'informatique ne m'impressionne pas. En tant qu'ancien programmeur cynique, j'ai utilisé de multiples versions de Windows, y compris ses variantes serveurs, Vista, 7, et 8. Et bien entendu, j'ai utilisé Mac OS depuis l'avènement de son système 7 installé sur un Macintosh SE équipé d'un écran de 9 pouces. Toutes ces considérations nous ramènent bien loin en arrière, c'est-à-dire en 1989.

Les ordinateurs Macintosh et leur système d'exploitation Mac OS X *Mavericks* représentent le nec plus ultra de la sophistication technologique. J'aime à dire que Mac OS X fonctionne comme une Ferrari, et qu'il accélère et tient la route aussi bien que ce bolide.

Le livre que vous tenez entre les mains a été spécialement écrit pour les séniors, tout en conservant l'architecture traditionnelle d'un ouvrage de la collection *pour les nuls*. Ainsi, il indique pas à pas comment utiliser les principales fonctionnalités d'un ordinateur travaillant sous le système d'exploitation Mac OS X Mavericks.

Si vous débutez avec un Macintosh, ou si vous rencontrez des difficultés pour exploiter ses principales fonctions, ne cherchez pas ailleurs ! Toutes les réponses aux questions que vous vous posez sont dans ce livre.

À propos de ce livre

Ce livre est conçu pour être consulté en fonction de vos besoins. Toutefois, si vous débutez en informatique, je vous conseille de l'étudier chronologiquement. Mais dans les deux cas, il serait étonnant que vous le lisiez d'une seule traite. Le contenu est divisé en quatre parties, chacune traitant d'un secteur d'activités informatiques spécifique. Par exemple, vous découvrirez des chapitres respectivement consacrés aux logiciels, à Internet, et la maintenance de votre Mac.

Comme chaque chapitre traite d'une fonction spécifique, d'une application, de la connexion Internet, et d'autres sujets forts sympathiques, libre à vous de consulter immédiatement le chapitre qui traite d'un sujet qui vous intéresse plus particulièrement.

Les prérequis

Si vous possédez un Mac qui fonctionne sous Mac OS X Mavericks, ou si vous envisagez d'en acheter un, vous disposez ou disposerez de tout le nécessaire indispensable à la lecture cohérente de ce livre. En dépit de tout ce que vous avez entendu dire à droite ou à gauche, il n'est pas nécessaire de :

- **Disposer de connaissances informatiques :** Apple a conçu Mavericks et les Mac qui vont avec pour des personnes *normales*. J'ai donc écrit un livre pour ces mêmes utilisateurs. Si vous n'avez jamais utilisé un Mac de votre vie, vous saurez malgré tout exécuter les instructions énumérées tout au long de votre apprentissage.

- **Acheter des programmes supplémentaires :** La grande majorité des sujets traités dans ce livre se base sur des applications fournies en standard avec Mac OS X Mavericks. Beaucoup de personnes achètent un Mac pour un programme gratuit spécifique comme iMovie ou iPhoto.

- **Disposer d'une connexion Internet :** Certes, la connexion Internet est indispensable pour utiliser Apple Mail, le programme de messagerie électronique d'Apple. Toutefois, n'oubliez jamais que l'informatique a existé bien avant Internet. Il est donc tout à fait possible d'utiliser votre Mac sans être connecté au Web. Cependant, si vous avez besoin d'une connexion Internet, ce livre vous explique comment l'établir et en tirer parti.

Les conventions utilisées dans ce livre

Même les ouvrages de la collection *pour les nuls* utilisent parfois des termes techniques indiquant comment taper certaines informations et comment exécuter des commandes localisées dans des menus. Si vous avez déjà lu des livres de cette collection, vous savez qu'un certain nombre de conventions permettent aux utilisateurs d'exécuter correctement des procédures.

Les icônes Astuces

Les icônes Astuce de ce livre ne sont pas décoratives. Elles attirent votre attention sur une information essentielle que vous ne devez pas ignorer.

Ce que vous devez taper

Lorsque je vous demande de taper une commande ou d'entrer des données (comme un nom ou un numéro de téléphone) dans un champ prévu à cet effet, le texte à saisir est écrit en gras : **Tapez-moi** (pas trop fort quand même !).

Appuyez ensuite sur la touche Retour pour valider votre action.

Les commandes des menus

Je vous demande d'exécuter une commande spécifique d'un menu en utilisant la forme suivante : Édition/Copier.

Dans cet exemple, vous devez cliquer sur le menu Édition, puis sur la commande Copier.

Affichage des messages

Tout message spécifique qui apparaît à l'écran prend la forme suivante : `Ce message est affiché par une application.`

Pour en savoir plus sur l'informatique

Personne n'attend d'un livre *pour les nuls* qu'il regorge de termes techniques ou qu'il emploie une sémantique informatique rebutante. Cela semble d'autant plus logique pour un livre qui traite des ordinateurs Mac dont la réputation se fonde sur la fiabilité, la simplicité, et la convivialité. Je vous promets donc de faire le maximum pour éviter les explications techniques qui risquent d'embrouiller votre esprit. Ce postulat fait que les débutants comprendront sans problème le contenu de ce livre.

La structure de ce livre

J'ai fait de mon mieux pour simuler le design très élégant des ordinateurs Macintosh. Pour cela, il m'a suffi d'organiser le contenu de ce livre en quatre parties, avec quelques renvois appropriés.

Première partie : Acheter et utiliser votre Mac

Cette partie commence par un chapitre qui vous aide à choisir l'ordinateur Macintosh répondant à vos besoins. Il est suivi par un chapitre donnant des instructions sur la configuration de votre système. Ensuite, vous découvrirez les tâches élémentaires que vous pouvez exécuter avec votre ordinateur, comme la copie de fichiers, l'exécution de programmes, et bien d'autres choses encore. Vous apprendrez également à personnaliser Mavericks, à ajouter une imprimante à votre système, et à utiliser l'aide de Mac OS X.

Deuxième partie : S'amuser et travailler avec un programme

Cette partie vous invite à découvrir le monde des logiciels Mac : Pages, Numbers, iPhoto, le lecteur de DVD, iTunes, les jeux, et tout le système Mavericks. Préparez-vous à connecter votre caméra numérique et à lire des fichiers MP3 !

Troisième partie : Explorer Internet

Le contenu de cette partie ne va pas au-delà de son titre. Cependant, vous pourrez vous enthousiasmer pour Apple Mail et Messages (la dernière version de l'application de messagerie instantanée d'Apple), et pour le stockage en ligne géré par iCloud. Bien entendu, je traite du programme Safari, le navigateur Web par défaut d'Apple.

Quatrième partie : Prendre soin de votre ordinateur

L'idée de maintenance informatique n'est pas très excitante. Cependant, il est important de disposer continuellement d'un Mac performant. Ainsi, les informations de sécurité communiquées par ce livre permettent de réduire les risques de piratage, d'infections virales, et d'escroquerie, lorsque vous êtes connecté à Internet.

Lire ce dont j'ai besoin !

Comment faire ? Comment évaluer vos besoins ? Voici trois petites recommandations pour utiliser intelligemment ce livre :

- Si vous venez d'acheter un nouveau Mac qui est encore dans son emballage au beau milieu de votre salon, ou si vous avez besoin d'aide sur la configuration de votre système, commencez par lire la première partie de ce livre.
- Si votre Mac est déjà configuré et que vous connaissez les bases du fonctionnement de Mavericks, commencez par la deuxième partie.
- Pour tout autre sujet, consultez l'index ou la table des matières, et passez directement au chapitre qui en traite.

Un dernier mot

Je tiens à vous remercier pour la présence d'esprit dont vous avez fait preuve en achetant ce livre. J'espère que vous y trouverez les réponses à toutes les questions que vous vous posez. Je suis certain que cet ouvrage amènera votre expérience informatique sur Mac à un niveau sans égal.

Prenez votre temps. Après tout, l'utilisation d'un ordinateur n'est pas une course contre la montre. Dans le même ordre d'idées, peu importe que vous soyez un infographiste reconnu, un photographe professionnel, ou un auteur vidéo hors pair. Avec votre Macintosh et ses logiciels, vous n'avez nullement besoin d'être un expert dans ces domaines particuliers de l'informatique.

Première partie

Acheter et utiliser votre Mac

Chapitre 1

Acheter un Mac

Prêt pour…

- Découvrir les possibilités de votre Mac
- Comprendre les notions de matériels et de logiciels
- Choisir un ordinateur de bureau ou un portable
- Apprécier vos besoins en puissance
- Sélectionner une gamme de prix
- Choisir un écran
- Comparer les processeurs, les mémoires, et les disques durs
- Choisir les programmes à utiliser
- Acheter en ligne ou dans un magasin Apple

L'achat d'un ordinateur Mac risque de vous poser des problèmes de choix. En effet, vous serez probablement perdu dans les interminables listes de fonctionnalités, de détails techniques, d'acronymes, et de nombreux barbarismes. Ce chapitre met l'accent sur les éléments à privilégier, et il en explique la raison.

Toutes ces explications sont données dans un français simple, agréable, et amusant. Autant que faire se peut, le jargon technique est laissé de côté.

Dans ce chapitre, je vous présente :

- les tâches et le travail que peut exécuter votre Mac ;
- les différences qui existent entre le matériel et les logiciels ;

- les disparités entre les différents modèles d'ordinateurs Macintosh ;
- les fonctions auxquelles vous devez prêter attention lorsque vous achetez un écran ;
- les spécifications que vous devez prendre en compte lorsque vous comparez les processeurs (plus connus sous le sigle CPU) et les mémoires ;
- les raisons qui peuvent justifier un achat sur Internet.

Découvrir les possibilités de votre Mac

J'espère qu'avant d'investir dans un ordinateur, vous avez évalué vos besoins réels en matière d'informatique personnelle. En d'autres termes, avez-vous réellement besoin d'un ordinateur en général et d'un Mac en particulier.

Si vous n'avez pas de réponse, voici quelques considérations qui seront pour vous autant de matières à réflexion. Il serait très étonnant que vous n'en trouviez pas au moins une qui corresponde à ce que vous avez envie de faire avec votre Macintosh :

- **Internet :** L'utilisation la plus commune d'Internet consiste à envoyer des e-mails, à consulter des pages Web, et à investir des réseaux sociaux. Cependant, il est possible d'aller beaucoup plus loin. Ainsi, vous pouvez jouer en ligne, discuter en temps réel vidéo à l'appui, et écouter des stations de radio. Grâce aux fonctionnalités Web de votre Mac, vous pourrez très facilement explorer les aspects les plus passionnants du Web.
- **Les médias numériques :** Que vous soyez intéressé par la photographie, la vidéo, ou la musique (en composer ou en écouter), votre Mac dispose de tout ce dont vous avez besoin pour exploiter les contenus multimédias numériques.
- **Les collections de données :** Par exemple, si vous êtes passionné de généalogie, ou si vous aimez collectionner les

cartes de football ou bien encore cataloguer le contenu de votre DVDthèque, sachez que votre Mac vous propose tout ce dont vous avez besoin pour organiser et présenter vos données.

- **La productivité :** Bien entendu, votre Mac sait travailler dur. Il vous permettra d'être productif avec des programmes comme Microsoft Office et iWork. Vous pourrez composer des documents, créer des feuilles de calcul, et des présentations de qualité professionnelle.

Comme je l'ai dit, cette liste n'est pas exhaustive. Plus vous passerez de temps sur votre Mac, et plus vous découvrirez l'essence des logiciels qu'il met à votre disposition. Enfin, cela va sans dire, mais ça va mieux en le disant, plus vous utilisez un logiciel et plus vous devenez performant.

Comprendre les notions de matériels et de logiciels

Très souvent, les nouveaux utilisateurs d'un ordinateur ne comprennent pas la différence qui existe entre le matériel d'un côté et les logiciels de l'autre. L'heure est venue de dissiper cette confusion.

Dans l'univers informatique, le *matériel* désigne un élément tangible qui prend très souvent la forme d'un composant électronique. On peut dire que le matériel est le côté physique de l'ordinateur. Ainsi, un clavier, un écran, et la tour ou unité centrale de votre Mac sont des matériels. Il en va de même pour tous les composants installés dans le boîtier de votre ordinateur, comme la carte mère et l'alimentation.

La **Figure 1.1** montre un matériel informatique. Il s'agit d'un routeur qui permet de partager votre connexion Internet DSL ou câble avec les autres ordinateurs de votre domicile. Très souvent, la *box* de votre fournisseur d'accès à Internet sera le routeur qui permettra à tous vos matériels connectés d'aller sur Internet.

Figure 1.1 : Un routeur est un matériel.

L'autre aspect de l'informatique concerne les logiciels que vous utilisez. Un *logiciel* ou *programme* identifie tout ce qui s'affiche sur l'écran de votre ordinateur, c'est-à-dire tout ce que vous ne pouvez pas prendre en mains. Il en va ainsi des programmes de traitement de texte qui affichent ce que vous saisissez au clavier, ou bien encore d'un programme de jeu d'échecs qui permet de déplacer des pièces sur un échiquier virtuel. La **Figure 1.2** montre le programme iPhoto en action. Il permet de cataloguer vos images, de les trier, et de leur apporter quelques modifications.

Retenez que le matériel informatique et les logiciels fonctionnent de conserve pour vous permettre d'exécuter diverses tâches avec votre ordinateur.

Lorsque vous entendez des gens parler de *mise à jour* des logiciels, sachez qu'ils évoquent un autre type de programme qui permet d'ajouter des fonctions à un logiciel existant ou de corriger ses bogues. Généralement, la procédure de mise à jour est automatique. Le Chapitre 17 explique comment maintenir votre Mac à un haut niveau de performances en mettant à jour ses logiciels.

Figure 1.2 : Le programme de catalogage et de retouche grand public iPhoto d'Apple.

Choisir un ordinateur de bureau ou un portable

Je vais commencer par définir certains termes : un Mac de *bureau* est conçu pour rester à la maison. Il utilise un écran, un clavier, et une souris qui sont des matériels indépendants du boîtier informatique. Il en va ainsi de l'iMac, du Mac mini, et du Mac Pro. De son côté, un *portable* est conçu pour être nomade, c'est-à-dire pour être utilisé n'importe où (*sur la route* selon l'expression d'Apple). Le portable est un ordinateur mobile. Il intègre un clavier, un périphérique de pointage (l'équivalent d'une souris), et un écran. Ainsi, les MacBook Air et Pro sont des portables.

Cela soulève une question majeure : « Dois-je acheter un ordinateur de bureau ou un portable ? ». La réponse est finalement assez simple. Si la mobilité est une priorité pour vous, un portable MacBook vous est indispensable. Aujourd'hui, les portables Mac ont assez de puissance pour relever la plupart des défis informatiques. Les MacBook ont d'impressionnantes caractéristiques comme une carte graphique haute résolution, un écran de 15 pouces, un disque dur de grande capacité, et un graveur de DVD.

Cependant, si la mobilité ne vous est pas indispensable, je conseille d'investir dans un ordinateur de bureau pour les raisons suivantes :

- **Les MacBook n'évoluent pas aussi facilement que les ordinateurs de bureau.** Bien que vous puissiez connecter des *périphériques* externes à votre portable, comme une imprimante ou un scanner *via* un port USB ou FireWire, les ordinateurs de bureau peuvent évoluer dans des proportions supérieures à celles des Mac portables. Ainsi, vous pouvez très facilement ajouter de la mémoire à un Mac de bureau, changer sa carte graphique, ou insérer d'autres cartes informatiques qui vont étendre ses possibilités.
- **À caractéristiques équivalentes, les MacBook sont plus chers que les Macs de bureau.** En effet, la mobilité a un prix. Par conséquent, si vous n'avez pas besoin de mobilité, préférez un ordinateur de bureau à un portable.
- **La réparation des portables coûte cher.** Les composants d'un portable sont plus fragiles et techniquement plus sophistiqués. Pour gagner de la place et proposer des portables toujours plus compacts, les éléments sont de petite taille et tous soudés sur la même carte électronique. Si un composant tombe en panne, seul un technicien compétent est capable de démonter intégralement l'ordinateur pour le réparer. En effet, vous ne pourrez jamais changer une pièce défectueuse. En revanche, avec un Mac de bureau, certaines réparations sont à votre portée ou, si vous recourez aux services d'un réparateur, le temps passé au remplacement d'une pièce est bien plus court, donc la réparation moins onéreuse.

Si la portabilité n'est pas importante, optez pour un Mac mini, un iMac, ou un Mac Pro, en fonction de la puissance nécessaire à l'exécution de vos travaux et/ou loisirs numériques, comme cela est expliqué à la prochaine section.

Apprécier vos besoins en puissance

Prenez un peu de temps pour évaluer vos besoins en puissance. Si vous envisagez d'exécuter les tâches suivantes, considérez-vous comme un consommateur de puissance :

- **Photographie et montage vidéo haute résolution :** Si vous souhaitez investir le domaine de la photo numérique haute résolution (avec des images provenant d'un appareil photo numérique de 12 mégapixels par exemple), ou si vous souhaitez réaliser des montages vidéo, vous avez besoin d'un Mac relativement puissant.

- **Exécuter des programmes coûteux :** Ici, je fais référence à des logiciels comme Adobe Photoshop et Illustrator. Ils permettent de travailler sur des images en haute résolution qui exigent beaucoup de puissance.

Si ces activités vous concernent, envisagez l'achat d'un iMac, d'un Mac Pro, ou d'un MacBook très puissant.

Si vous exécutez des programmes spécifiques, consultez le site Web de leur éditeur ou rendez-vous dans votre magasin Apple local pour évaluer vos besoins en puissance. Vous verrez alors s'il est nécessaire d'investir dans un Mac Pro ou un MacBook Pro.

Voici maintenant une liste d'activités peu gourmandes en puissance et qui, *de facto*, vous permettra d'investir dans un Mac moins onéreux :

- surfer sur le Web ;
- envoyer et recevoir du courrier électronique (e-mail) ;
- gérer votre bibliothèque de musiques numériques ;

- utiliser des programmes comme Microsoft Office, iWork, et iLife pour créer des documents simples ;
- stocker et partager les photos numériques de vos amis, de votre famille, ou encore photographier avec un compact numérique.

Dans ce cas, la puissance à outrance n'est pas indispensable. N'importe quel Mac fera l'affaire.

Sélectionner une gamme de prix

Si votre budget est limité et que vous souhaitez malgré tout investir dans un Mac neuf, votre choix sera limité. Le Mac mini est l'ordinateur Mac le moins cher du marché. Il fera tourner correctement des programmes comme Office, iLife, et iWorks.

TRUC

Une des raisons du prix relativement raisonnable d'un Mac mini tient à l'absence de clavier, de souris, et d'écran. Vous devez acheter ces périphériques séparément. Vous pourrez dans ce cas essayer d'utiliser vos anciens clavier, souris, et écran plat. Avec un peu de chance, ils seront compatibles avec Mac OS X Mavericks.

Les consommateurs de puissance n'ont pas beaucoup de choix. Donc, si vous pensez utiliser des logiciels gourmands en ressources informatiques, c'est-à-dire en processeur et en mémoire, vous serez obligé d'investir dans un des Mac les plus coûteux, c'est-à-dire un iMac, un Mac Pro, ou un MacBook Pro.

Apple contrôle étroitement le prix de ses matériels. Il n'y a donc pas un écart énorme entre un achat réalisé sur Apple.com, dans un magasin Apple, ou sur le site Web d'une société indépendante.

Le Tableau 1.1 indique la gamme de prix de chaque modèle d'ordinateur Apple au moment de la rédaction de ce livre.

TRUC

Lorsque vous commandez un Mac sur Apple.com, vous avez la possibilité de configurer votre ordinateur en ajoutant des options, comme un processeur plus rapide, de la mémoire vive et de la mémoire graphique, un disque dur de plus grosse capacité de

Tableau 1.1 : Gamme de prix des ordinateurs Macintosh

Modèle	Convient à	Moins cher	Plus cher
Mac Mini	Ordinateur de bureau d'entrée de gamme pour un usage domestique ; sans écran ni clavier	650 €	1000 €
iMac	Ordinateur de bureau de moyenne gamme pour consommateur de ressources, avec écran intégré	1200 €	2000 €
Mac Pro	Ordinateur de bureau puissant ; sans écran	2999 €	10 000 € et plus
MacBook Air	Portable d'entrée de gamme pour usage domestique ; sans graveur de DVD	999 €	2000 €
MacBook Pro	Portable de milieu de gamme puissant	1199 €	3300 €

stockage, ou bien encore un espace de stockage flash. Il est donc tout à fait possible de configurer une machine qui répondra à vos exigences informatiques. En effet, la personne qui utilise son Mac uniquement pour surfer sur le Net et pour aller sur les réseaux sociaux, a besoin d'un ordinateur moins puissant que celle qui fait de la photo et/ou de la vidéo numérique. Pour en savoir plus à ce sujet, consultez la section « Comparer les processeurs, les mémoires, et les disques durs », un peu plus loin dans ce chapitre.

Choisir un écran

Quelle que soit la puissance de votre Mac, son affichage sera de piètre qualité si vous utilisez un écran bas de gamme. Cette section vous donne les clés pour choisir, de manière avisée, l'écran LCD ou LED adapté à votre Mac et à son utilisation.

Si vous optez pour un iMac ou un MacBook, inutile de lire cette section, car ces deux ordinateurs sont équipés d'un écran (ou moniteur). Toutefois, n'oubliez jamais que vous pouvez connecter un écran externe à n'importe quel Mac. Vous étendez ainsi les capacités d'affichage de votre système.

- **La résolution :** La résolution vidéo ou graphique s'exprime en pixels. Elle prend la forme suivante : 1024 x 768 pixels. Ce rapport signifie que la résolution d'affichage est de 1024 pixels de large (horizontal) par 768 pixels de haut (vertical). Les écrans modernes ont des résolutions natives bien plus importantes que 1024 x 768. Il n'est pas rare aujourd'hui de disposer d'un écran qui affiche une résolution de 1600 x 1200. Retenez que plus il y a de pixels visibles à l'écran, plus la résolution est élevée, et meilleure est l'image.

  Plus la résolution est élevée, plus votre écran peut afficher d'informations (notamment des éléments graphiques). En revanche, ses éléments seront de plus petite taille. Cela pose problème aux personnes d'un certain âge ou atteinte de presbytie. En revanche, les photos numériques sont superbement bien affichées. Vous êtes la seule personne à pouvoir déterminer la meilleure résolution d'affichage. Le choix de l'écran est aussi personnel que celui d'un clavier. Vous devez vous sentir bien devant votre écran, comme vous devez aimer taper sur votre clavier. Tout est question de sensation. Lorsque vous partez en quête d'un écran, testez le plus grand nombre de résolutions possibles. N'oubliez pas qu'un écran dont la meilleure résolution est de 1600 x 1200 peut aussi afficher une résolution de 1024 x 768. Dans ce cas, vous constaterez que l'image est considérablement dégradée, mais que tous les éléments visibles sont beaucoup plus gros.

- **Taille :** Les écrans existent en différentes tailles. Aujourd'hui, la dimension standard ne commence pas en dessous de 19 pouces. En revanche, les portables proposent souvent des écrans de 13 ou 15 pouces. La dimension d'un écran se mesure comme celle d'un téléviseur, c'est-à-dire en diagonale. Les plus grands écrans atteignent les 27 pouces (ou plus) et restent d'un prix abordable, sauf si vous optez pour un modèle de la gamme Apple Cinema Display ou Thunderbold.

  Pour un usage domestique, un écran de 13 pouces fera l'affaire. En revanche, si vous désirez utiliser votre ordinateur pour visionner des DVD, ou bien faire de l'infographie, plus l'écran sera grand et plus vous vous sentirez à l'aise.

Comparer les processeurs, les mémoires, et les disques durs

Les notions de vitesse et de performances d'un ordinateur recouvrent quatre types différents de composants :

- **Mémoire système, ou *random access memory* (RAM) :** Plus il y a de mémoire dans un Mac, plus il est performant, surtout avec le système d'exploitation Mac OS X Mavericks. La mémoire RAM est également appelée *mémoire vive*.
- **CPU (*Central Processing Unit*) ou processeur :** Les Mac sont désormais équipés de processeurs Intel à plusieurs cœurs, voire de leur cousin plus rapide appelé Xeon. La vitesse d'un processeur est mesurée en gigahertz. Bien entendu, plus le processeur est rapide, meilleures sont les performances de votre Mac.

  La performance d'un processeur dépend du nombre de cœurs qui le composent. Ainsi, un quatre-cœurs (*quad-core*) est plus rapide qu'un double-cœur (*dual-core*). Sachez que les Mac Pro Hexacoeur peuvent accueillir un processeur Xeon de 12 cœurs. Dans ce cas, attention à votre porte-monnaie.

- **Espace disque dur :** Plus la capacité de stockage d'un disque est élevée, plus vous y enregistrez de documents, installez de programmes, stockez des chansons et des films.
- **GPU (*Graphics Processing Unit*) ou Processeur graphique (vidéo) :** Ce composant désigne la puce graphique, c'est-à-dire l'équivalent d'une carte graphique permettant à votre Mac d'afficher le système d'exploitation et ses programmes sur l'écran de l'ordinateur. Plus cette puce est rapide et plus les images sont belles, les vidéos et les jeux 3D fluides.

Pour une utilisation domestique typique, votre Mac doit être équipé d'au moins 1 Go de mémoire RAM (ou *mémoire vive*), et d'un processeur i5 c'est-à-dire double cœur. Les utilisateurs qui ont besoin de davantage de puissance, opteront pour 2 Go de Ram minimum, et pour un processeur i7 (quatre cœurs).

Choisir les programmes à utiliser

Lorsque vous achetez un Mac sur le site Apple, vous pouvez y ajouter des logiciels de la marque à la pomme. Voici les programmes qui permettent de bien commencer avec un ordinateur Macintosh :

- **iWork :** Suite bureautique développée par Apple et qui contient Pages, un logiciel de traitement de texte ; le tableur Numbers, et le logiciel de présentation Keynote. Pages est traité au Chapitre 8, et Numbers au Chapitre 9.
- **iCloud :** Permet d'accéder au contenu de vos appareils grâce à un système qui stocke automatiquement vos données pour qu'elles soient toujours accessibles avec vos iPhone, iPad, iPod touch, Mac et PC. iCloud actualise vos e-mails, contacts et calendriers sur tous vos appareils, sans effort ni synchronisation. Pour plus d'informations sur iCloud, consultez le Chapitre 13.
- **AppleCare :** Il s'agit d'une extension de garantie et d'une assistance. Je conseille AppleCare aux possesseurs d'un MacBook, car les ordinateurs portables sont plus fragiles que les Mac de bureau, du fait de leur mobilité.

Acheter en ligne ou dans un magasin Apple

Est-il raisonnable de dépenser son argent directement sur Internet ? À mon avis, la réponse est oui ! En effet, l'achat en ligne présente trois avantages indéniables :

- **Vous pouvez économiser sur les taxes :** En fonction de votre pays de résidence (et de celui de la boutique en ligne), vous ne paierez peut-être pas la totalité des taxes qui courent dans votre zone géographique. Il est même parfois plus intéressant d'acheter à l'étranger malgré la taxe à l'importation. Toutefois, en matière informatique, en achetant à l'étranger, vous risquez de recevoir un Mac avec un clavier QWERTY et non pas AZERTY. Vos opérations de saisie risquent alors d'être complexes à réaliser.

- **Inutile de disposer d'un magasin Apple à proximité de votre domicile :** Tout le monde n'a pas la chance de vivre à côté d'une grande ville où vous trouverez probablement une boutique Apple. L'avantage de l'Apple Store, ou d'un revendeur Apple en ligne, est que vous pouvez le visiter 24h/24 et 7 jours/7.

- **Apple.com, la boutique Web Apple par excellence :** Vous pouvez y configurer votre Mac pour économiser de l'argent ou pour augmenter les performances de votre machine. Les achats réalisés sur l'Apple Store sont sécurisés, ce qui signifie que vous n'avez pas à craindre le piratage de votre numéro de carte bancaire.

Les deux principaux avantages d'un achat en ligne sont :

- De pouvoir poser vos questions à un vendeur, voire de lui téléphoner pour préparer votre achat.

- De commander tranquillement depuis chez vous, sans être obligé d'affronter la circulation et de respecter les horaires d'ouverture d'un magasin.

Chapitre 2

Configurer votre Mac

Prêt pour…

- Choisir un emplacement pour votre Mac
- Déballer votre Mac
- Connecter les câbles
- Localiser les ports
- Allumer votre Mac et configurer Mavericks
- Utiliser votre souris
- Modifier le mot de passe de votre compte d'utilisateur
- Ajouter un compte à votre système
- Basculer d'un compte à un autre
- Régler la date et l'heure de votre Mac
- Éteindre votre Mac

Je ne sais pas si vous vous souvenez de la campagne publicitaire de l'iMac. Elle tenait sur une idée essentielle : Internet est très facile à utiliser. OK, c'est très bien, mais comment installer puis configurer votre Mac pour qu'Internet soit justement aussi facile à utiliser qu'on vous l'affirme ? Avec ce chapitre, tous les mystères du fonctionnement d'un ordinateur Apple vous sont révélés.

Choisir un emplacement pour votre Mac

L'endroit où votre Mac fera l'admiration de tous vos amis et voisins ne doit pas être choisi à la légère. Sinon, vous risquez de le regretter. Le problème d'une maison ou d'un appartement est qu'ils ne sont pas forcément configurés comme votre lieu de travail. L'idéal est de disposer d'un bureau dédié à l'informatique. Si ce n'est pas possible, considérez les points suivants :

- **Prendre le frais.** Votre nouveau Mac est silencieux. Toutefois, ce silence ne doit pas masquer le fait que ses divers composants, *de facto* très rapides donc très puissants, dégagent beaucoup de chaleur. En conséquence, vous devez installer votre ordinateur dans un endroit bien ventilé. Veillez également à ne pas l'exposer à l'action directe des rayons du soleil. Si vous utilisez un ordinateur portable, je conseille de l'installer sur une station ventilée. Ainsi, la base de l'ordinateur se retrouve légèrement surélevée ce qui facilite la circulation d'air et, donc, le refroidissement des composants de votre machine.

- **Se tenir au courant !** D'accord, ce jeu de mots n'est peut-être pas très heureux. Je veux dire ici que votre ordinateur a besoin d'une alimentation électrique. Il est donc recommandé de l'installer à proximité d'une prise secteur murale. Toutefois, d'autres types de prises intéressent votre Mac :

- prise de courant standard (avec adaptateur pour les pays étrangers lorsque vous utilisez un portable) ;

- prise téléphonique. Elle est aujourd'hui moins fondamentale qu'autrefois dans la mesure où elle doit se situer à proximité de votre *box* (routeur) haut débit. Ensuite, votre Mac pourra s'y connecter *via* une prise CPL branchée à une prise secteur de votre bureau, ou par le biais de votre réseau sans fil Wi-Fi. En revanche, si vous disposez encore d'un modem bas débit pour surfer sur Internet, et pour envoyer et recevoir des fax, la prise téléphonique ne devra pas être éloignée de votre Mac.

- une prise Ethernet est indispensable pour se connecter directement au routeur (box Internet), ou à une prise CPL.

TRUC

Si vous préférez envoyer vos données dans les airs, utilisez les fonctionnalités sans fil de votre Mac. Votre revendeur local vous proposera une station Airport Extrem, Airport Time

Capsule, ou encore Airport Express sans fil qui permettra une connexion Wi-Fi à Internet. Bien entendu, cette connexion sera partagée avec tous les autres ordinateurs de votre domicile ou de votre bureau.

- **N'oubliez pas l'éclairage.** Pour travailler convenablement et sans malmener vos yeux, vous devez éclairer correctement votre bureau.
- **Ne négligez pas les possibilités d'extension.** En effet, il est recommandé de laisser un espace supplémentaire de chaque côté de votre Mac. Vous pourrez ainsi y connecter d'autres périphériques comme des haut-parleurs, un clavier externe, une souris, et pourquoi pas une imprimante et un scanner.

Déballer votre Mac

Je pense que vous allez adorer cette section, car la configuration d'un Mac est un véritable jeu d'enfant. Conformez-vous aux quelques indications suivantes lorsque vous déballez votre système informatique :

- **Contrôlez l'état du matériel.** Apple recourt aux services d'un transporteur pour livrer les ordinateurs que vous commandez directement sur son site. Personnellement, je n'ai jamais reçu un ordinateur Mac endommagé. Toutefois, il est conseillé de vérifier l'état de l'emballage avant de l'ouvrir. Ensuite, en présence du transporteur, déballez votre ordinateur et vérifiez qu'il est en bon état. Si, après le départ du transporteur, vous constatez des dommages, prenez des photos et contactez le service après-vente Apple.
- **Vérifiez la présence de tous les composants.** Lorsque vous déballez le matériel, vérifiez que le contenu de l'emballage correspond à ce qui est indiqué sur le bon de livraison et dans la mention figurant sur un des côtés du carton.
- **Conservez les emballages.** Ne jetez pas tous les emballages à la poubelle une fois que vous avez déballé votre ordinateur et ses périphériques. Il est conseillé de garder tous les

cartons jusqu'à l'expiration du délai de garantie légale. Les emballages préserveront toujours l'intégrité physique de vos composants lorsque vous serez obligé de les retourner au service après-vente Apple.

Les utilisateurs judicieux conservent les emballages au-delà de la période de garantie légale. En effet, si vous revendez votre Mac, vous pourrez l'expédier en toute sécurité.

- **Conservez votre facture.** Votre facture reste un papier absolument indispensable. Elle prouve la date d'achat de votre ordinateur, ce qui permet de bénéficier de la garantie légale. De même, conservez tous les manuels et les logiciels livrés avec votre Mac. L'idéal est de stocker l'ensemble de ces documents dans une pochette plastique imperméable. Ensuite, rangez-la dans un endroit sûr. N'oubliez pas que la facture sera également demandée par votre assureur en cas de cambriolage de votre domicile.
- **Lisez le manuel livré avec votre Mac.** Je sens une question vous brûler les lèvres. Pourquoi seriez-vous obligé de lire le manuel livré avec votre Mac alors que vous venez d'acheter mon livre ? C'est une excellente question et je vous remercie de me l'avoir posée. La réponse est très simple : la documentation fournie par Apple peut contenir des informations récentes, et des instructions de mises à jour qui n'existaient pas au moment où ce livre a été écrit.

Si vous perdez les documents en question, vous pourrez les télécharger dans un format électronique à l'adresse suivante : `http://www.apple.com/fr/support/`. (Les documents Apple sont au format Adobe PDF. Le système d'exploitation Mac OS X Mavericks permet de lire les fichiers PDF sans télécharger préalablement Adobe Acrobat.) Personnellement, je garde toujours sur mon disque dur une copie PDF du manuel de mon MacBook Pro.

Connecter les câbles

Les connexions nécessaires à la configuration de votre Mac sont assez simples à réaliser. Le premier câble que vous devez correctement brancher permet d'alimenter l'ordinateur en électricité. Donc, connectez la grosse prise livrée avec votre ordinateur sur une prise secteur murale.

Si vous disposez d'un accès Internet ou à un réseau informatique local, vous devrez procéder à quelques connexions supplémentaires décrites dans cette section.

Si vous utilisez une connexion Internet bas débit, et que votre ordinateur portable dispose d'un modem USB externe, vous devez effectuer trois branchements supplémentaires :

1. **Connectez le modem externe à un port USB de votre Mac.**
2. **Connectez un câble téléphonique à un des connecteurs de votre modem externe.**
3. **Connectez l'autre extrémité du câble téléphonique à votre prise de téléphone murale.**

Votre FAI (Fournisseur d'Accès Internet) comme Orange, Free, et j'en passe, vous a probablement fourni toutes les informations de votre compte afin de configurer votre accès bas débit.

En revanche, si vous disposez d'une connexion Internet haut débit, ce qui devrait être le cas de la majorité d'entre vous, vous pouvez rapidement en profiter en utilisant un câble Ethernet qui nécessite alors les deux connexions supplémentaires suivantes :

1. **Connectez l'extrémité d'un câble Ethernet au port Ethernet de votre Mac. (Un connecteur Ethernet ressemble à une prise téléphonique standard. Si vous ne parvenez pas à l'identifier, faites appel à un ami qui a de solides connaissances en informatique, ou bien rendez-vous chez un revendeur local.)**

2. **Connectez l'autre câble Ethernet au port Ethernet de votre routeur, de votre box, voire de votre prise CPL.**

   Votre port réseau correspond probablement à l'un des ports suivants : prise Ethernet murale, hub ou switch Ethernet, ou bien routeur Internet DSL (comme votre box par exemple).

   La configuration de votre clavier et de votre souris est tout aussi simple :

1. **Connectez la prise USB de votre clavier à un port USB de votre Mac.**
2. **Connectez la prise USB de votre souris au port USB de votre clavier Mac.**

   Des ports USB sont présents sur les claviers Apple. Ils libèrent ainsi les autres ports USB de votre ordinateur.

   Certains ordinateurs, comme l'iMac, ont un écran intégré qui est lui-même équipé de connecteurs USB.

Si vous souhaitez connecter un écran à votre Mac Pro ou Mac mini, suivez ces étapes :

1. **Raccordez votre écran à une prise électrique murale, et allumez-le.**

2. **Branchez le connecteur DVI de votre écran à la prise DVI de votre Mac. (DVI signifie** *Digital Visual Interface*. **Il s'agit d'une interface graphique qui permet de bénéficier d'une image numérique pure.)**

   Les câbles DVI sont devenus des connexions standard pour écrans LCD. Toutefois, si vous ne possédez pas un tel câble, achetez-en un auprès de votre revendeur local.

   Les Mac mini en revanche, sont équipés d'un connecteur mini-DVI. Il vous faudra un adaptateur mini-DVI vers DVI pour y connecter un écran.

Localiser les ports

Profitons de cette évocation des connexions pour localiser les *ports* de votre Mac. Informatiquement parlant, un *port* n'est pas le lieu de villégiature des bateaux de plaisance. Il s'agit d'une prise destinée à recevoir un connecteur. À chaque type de port correspond à une prise spécifique. Elle permet d'ajouter toutes sortes de périphériques qui étendent les capacités initiales de votre Mac.

Voici une brève explication sur les ports d'un ordinateur. Ils permettent de connecter des équipements externes, et des matériels réseau :

- **FireWire :** Ce port est un standard des ordinateurs Apple. Il permet de raccorder à votre ordinateur des disques durs externes et des enregistreurs de DVD, mais aussi des caméscopes numériques à la norme DV. En fonction du modèle de votre Mac, vous disposerez de ports FireWire 400 ou 800. Plus la valeur du port est élevée, plus le débit de données est important. Le manuel d'utilisation de votre Mac précise le type de port FireWire dont il est équipé.

- **USB :** Sigle de *Universal Serial Bus*,, le port USB est un incontournable de l'informatique moderne. La plupart des périphériques externes se branchent à un ordinateur par le port USB. C'est le cas de nombreux disques durs externes, scanners, imprimantes, et appareils photo numériques. Vous y connectez également votre iPod. En fonction du modèle de votre ordinateur, vous disposez d'au moins deux ports USB 2.0. Les ports USB d'ancienne génération, c'est-à-dire 1.1, sont devenus rares, et les nouveaux ports USB 3.0 ultra rapides commencent à faire leur apparition.

- **Ethernet :** Tous les Mac, sauf le MacBook Air, sont équipés d'un port Ethernet. Ainsi, votre ordinateur est prêt à être connecté à Internet *via* un réseau câblé (votre fameuse box !). La vitesse d'un réseau s'exprime en *gigabit* ou *gigaoctet.* Les ordinateurs Mac gèrent des vitesses de connexion très rapides aussi bien à domicile qu'au bureau.

Comme le MacBook Air est destiné à l'Internet sans fil, il ne dispose pas de port Ethernet. Si vous en avez besoin, vous devez équiper le MacBook Air d'un adaptateur Ethernet.

Les connexions vidéo et audio externes sont présentées dans la liste suivante :

- **Connecteur DVI :** Ce port permet d'envoyer un signal vidéo numérique de votre Mac à votre moniteur DVI. N'oubliez pas que les Mac portables, le Mac mini, et l'iMac sont équipés d'un connecteur mini-DVI. Il nécessite un adaptateur souvent vendu séparément pour pouvoir y connecter un écran.
- **Sortie casque/optique :** Vous pouvez envoyer un signal audio de qualité depuis votre Mac vers un casque standard ou un périphérique audio à entrée optique, comme un système home cinéma.
- **Entrée ligne optique :** Enfin, la prise d'entrée Jack optique permet de récupérer sur votre Mac un signal audio numérique provenant d'un périphérique audio que vous connectez ainsi à votre ordinateur. Ce dispositif est particulièrement utile lorsque vous désirez enregistrer des fichiers MP3 depuis des vinyles ou pour créer des boucles audio avec GarageBand.

Allumer votre Mac et configurer Mavericks

Une fois que vous avez appuyé sur le bouton Power (mise en marche) de votre Mac, le logo Apple apparaît sur votre écran au bout de quelques secondes. Une barre de progression permet de suivre le chargement de Mac OS X.

Rapidement, l'interface métal brossé et pleine de couleurs de Mavericks s'affiche sous vos yeux ébahis. Vous voici devant l'apparence brute de Mac OS qui ne demande qu'une seule chose : que vous le personnalisiez. Pour cela, n'hésitez pas à recourir à l'assistant de configuration qui apparaît lorsque vous démarrez Mac OS X Mavericks pour la première fois.

Les écrans de l'assistant sont très clairs. Il vous suffit de suivre les instructions pour configurer correctement votre Mac. Toutefois, voici quelques petites astuces qui vous rendront un fier service :

- **Quel mal élevé !** Comme vous habitez en France (ou dans un pays francophone), le clavier de votre Mac risque d'être configuré en QWERTY. De ce fait, Mac OS X ne transcrira pas correctement ce que vous écrivez. Pour sélectionner une autre langue de clavier, cliquez sur le bouton Tout afficher situé en bas de l'écran d'assistance.

- **De l'importance des comptes.** Lorsque Mac OS X vous demande si vous souhaitez créer votre compte, n'oubliez pas votre mot de passe. Le mot de passe est sensible à la casse. De ce fait, *CECI* est différent de *ceci* ou encore de *CecI*. Saisissez l'indice du mot de passe afin de le retrouver facilement en cas d'oubli. Bien entendu, la réponse à la question ne doit pas être trop simple. Ainsi, la question *Le nom de mon premier chien* est bien plus compliquée que *Mon prénom est*. Mac OS X utilise le nom et le mot de passe saisis pour créer votre compte. Donc, si plusieurs personnes utilisent le même ordinateur, chacun devra s'y connecter avec son nom d'utilisateur et le mot de passe associé. Ne notez jamais le mot de passe sur une feuille que vous laisseriez à côté de votre Mac.

- **Je dois corriger ça.** Vous pouvez cliquer sur le bouton Précédent pour revenir à la précédente étape de l'assistant. Mac OS X enregistre automatiquement les choix que vous effectuez. Donc, si vous interrompez accidentellement la configuration, tous les réglages réalisés avant l'interruption sont préservés.

- **Connexion au réseau local (LAN).** Si votre Mac est connecté à un réseau local, cliquez sur le bouton Oui pour configurer le serveur et permettre à l'ordinateur de profiter du réseau.

- **Créer un compte iCloud.** Si vous aviez un ancien compte MobileMe, vous pouvez facilement le faire migrer vers la nouvelle solution iCloud. Sinon, vous pouvez créer directement un compte iCloud. Pour plus d'informations, consultez le Chapitre 13.

- **Ayez vos paramètres de messagerie à portée de main.** Pour transférer un compte MobileMe vers iCloud, ou pour créer directement un compte iCloud, le programme Mail crée automatiquement une adresse de type `@me.com`. Toutefois, vous pouvez utiliser une adresse antérieurement configurée. Vous devez alors disposer de l'adresse e-mail elle-même, de votre ID, de votre mot de passe, et du serveur de mail sortant. (Mavericks sait faire beaucoup de choses, mais il ne peut pas deviner certaines informations.)

Utiliser votre souris

La Magic Mouse d'Apple, illustrée à la **Figure 2.1**, est une souris tactile très design qui présente deux différences majeures par rapport aux souris traditionnelles :

- **Elle n'a pas de boutons.** Toute la surface de la souris réagit à la pression ! Appuyez sur le bord gauche et vous effectuez un clic gauche. Faites de même sur le bord droit pour exécuter un clic droit.
- **Elle dispose d'une surface Multi-Touch.** Il suffit de faire glisser vos doigts dessus pour réaliser des défilements et des balayages. Tapotez sa surface pour effectuer des clics, des doubles-clics, et des clics droit. Sa conception ambidextre fait de cette souris un outil de pointage idéal pour gauchers et droitiers.

Lorsque vous glissez la souris sur la surface de votre Bureau, vous observez le déplacement d'un curseur sur l'écran. Il s'appelle *pointeur de la souris*. Pour Mavericks, ce pointeur est toujours situé au-dessus des fenêtres qu'il survole. Ainsi, les différents clics que vous réalisez intéressent toujours l'élément sur lequel se situe votre curseur. Par exemple, si le pointeur se trouve sur l'icône d'un programme, le fait de double-cliquer ouvrira le programme en question.

Figure 2.1 : Une souris que l'on caresse.

Modifier le mot de passe de votre compte d'utilisateur

L'assistant de configuration de Mavericks vous demande de créer un compte d'utilisateur. Il se composera d'un nom d'utilisateur et d'un mot de passe. Comme beaucoup de personnes, je modifie régulièrement mon mot de passe. Cette modification est importante lorsque vous soupçonnez quelqu'un d'utiliser votre mot de passe à votre insu. En d'autres termes, il est conseillé de changer le mot de passe lorsque plusieurs personnes utilisent le même ordinateur. Il serait en effet dommage que vous perdiez des données à cause d'une manipulation accidentelle d'un de vos enfants par exemple. Voici comment modifier le mot de passe de votre compte personnel :

1. **Cliquez sur l'icône Apple située dans le coin supérieur gauche de la barre des menus.**

2. **Dans le menu qui apparaît, cliquez sur Préférences Système.**

3. **Dans la boîte de dialogue Préférences Système, localisez la section Système. (C'est l'avant-dernière rangée d'icônes.) Cliquez sur l'icône Utilisateurs et groupes. Vous accédez aux paramètres illustrés à la Figure 2.2.**

4. **Cliquez sur le nom de votre compte affiché dans la colonne de gauche.**

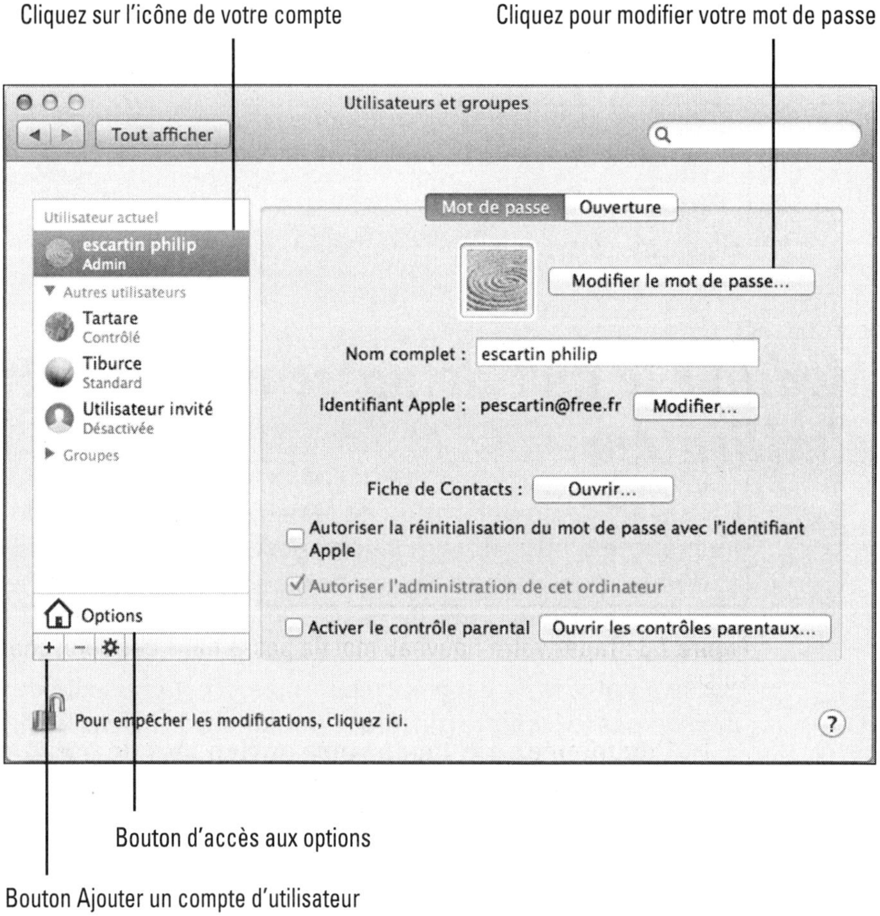

Figure 2.2

Il est possible que vous deviez préalablement cliquer sur l'icône du cadenas située dans la partie inférieure gauche de la boîte de dialogue. Mavericks vous demande alors de saisir votre mot de passe actuel. C'est une mesure de sécurité afin que tout le monde ne puisse pas modifier votre mot de passe.

5. Cliquez sur le bouton Modifier le mot de passe pour accéder aux paramètres de la Figure 2.3.

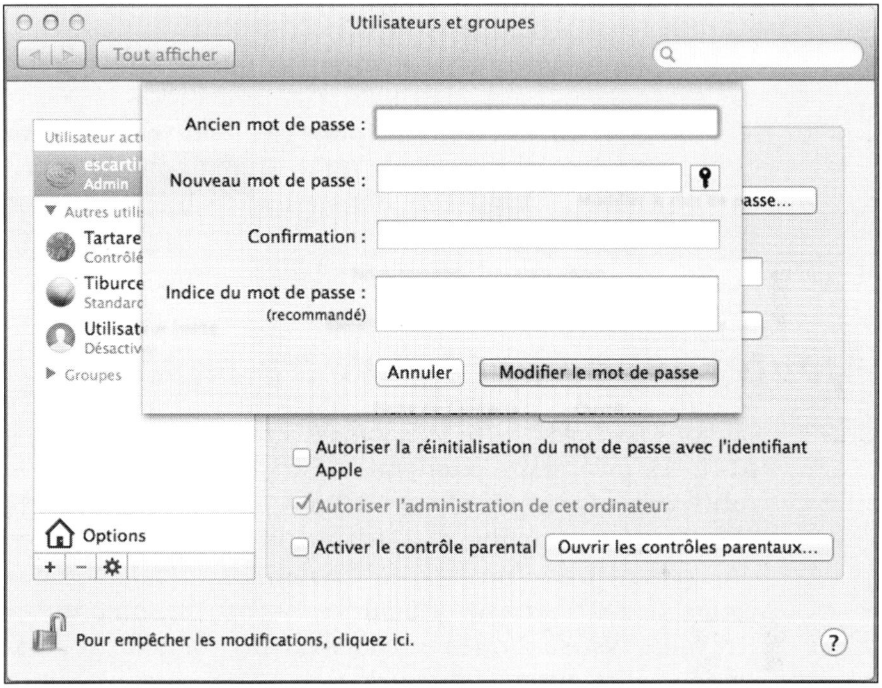

Figure 2.3 : Tapez votre nouveau mot de passe dans ces deux champs de saisie.

6. Commencez par taper votre ancien mot de passe, et appuyez sur la touche Tab de votre clavier pour placer le point d'insertion dans le champ suivant (Nouveau mot de passe).

7. Tapez un nouveau mot de passe dans le champ Nouveau mot de passe, et appuyez sur la touche Tab pour placer le point d'insertion dans le champ suivant.

8. **Tapez votre nouveau mot de passe et saisissez-le une seconde fois dans le champ Confirmation. (Il est en effet important de vérifier que vous avez saisi le bon mot de passe.) Appuyez sur Tab pour poursuivre la modification de votre mot de passe.**

9. **Dans le champ Indice du mot de passe, tapez un petit texte ou une question qui vous permettra de retrouver votre mot de passe en cas d'oubli.**

10. **Cliquez sur le bouton Modifier le mot de passe.**

11. **Cliquez sur le bouton rouge (fermeture) situé dans le coin supérieur gauche de la boîte de dialogue Utilisateurs et groupes. La boîte de dialogue se ferme et vos modifications sont enregistrées.**

Ajouter un compte à votre système

Si vous partagez votre Mac avec d'autres personnes, il est conseillé de créer un compte pour chacune d'elles. (Si vous êtes le seul utilisateur de votre ordinateur, vous pouvez ignorer cette tâche.) Mavericks est capable de s'adapter et de mémoriser l'ensemble des paramètres d'un compte d'utilisateur. Ainsi, lorsque chaque utilisateur d'un même ordinateur dispose de son propre compte, il travaille systématiquement dans un environnement personnalisé indépendant de celui des autres comptes. Voici les informations préservées par chaque compte d'utilisateur :

- les contacts de votre carnet d'adresses (application Contacts) ;
- les signets et les paramètres du navigateur Web Safari ;
- les paramètres du Bureau (y compris les images d'arrière-plan, la résolution de l'écran, et la configuration du Finder) ;

- les bibliothèques iTunes, au cas où chaque utilisateur de votre Mac achèterait sa propre musique (tous les goûts sont dans la nature).

Les comptes d'utilisateur permettent à chaque personne utilisant le même ordinateur de préserver l'ensemble de ses documents et de ses données personnelles. En effet, certaines applications peuvent générer des données très intimes. Je pense notamment à des programmes comme Messages, FaceTime, Mail, et l'ensemble des sites Web que vous visitez.

Chaque compte d'utilisateur dispose d'un dossier réservé appelé Départ. Toutefois, vous ne le verrez pas sous ce nom dans Mac OS X. Il est identifié par votre nom d'utilisateur et l'icône d'une maison. Il stocke l'ensemble des documents propres à l'utilisateur concerné. Ce dossier contient un ensemble de sous-dossiers dont Vidéos, Musique, Images, Sites, *etc.* Bien entendu, chaque utilisateur peut créer des sous-dossiers dans son dossier Départ, et autant de nouveaux sous-dossiers qu'il le désire.

Voici quelques petites informations intéressantes sur le dossier Départ : quel que soit le niveau d'autorisation de votre compte, la grande majorité du contenu d'un dossier Départ reste invisible aux autres utilisateurs. Ainsi, la vie privée de tout un chacun est préservée. Dans le dossier Départ, seuls les sous-dossiers Sites et Public sont accessibles aux autres utilisateurs, mais avec quelques limites.

« D'accord » me direz-vous, « mais comment puis-je ajouter d'autres comptes d'utilisateurs ? ». Dans la mesure où Mavericks attribue à votre premier compte par défaut le statut de compte Administrateur, il vous suffit de vous conformer aux étapes ci-après :

1. **Dans le Dock, cliquez sur l'icône Préférences Système (qui ressemble à un engrenage). Ensuite, dans la boîte de dialogue qui apparaît, cliquez sur l'icône Utilisateurs et comptes de l'avant-dernière rangée d'icônes (voir la Figure 2.2).**

Un mot sur les comptes et leur niveau d'autorisation

N'oubliez jamais que vous êtes administrateur de votre Mac. Dans le vocabulaire réseau, cela signifie que vous avez tous les pouvoirs sur votre ordinateur. Vous décidez de la création des comptes, de leur niveau d'accessibilité à l'ordinateur, et de l'utilisation ou non de certaines applications. En d'autres termes, vous êtes le monarque de Mac OS X Mavericks.

Le niveau suivant est un niveau d'utilisation Standard. Il est parfait pour la majorité des comptes. En effet, les utilisateurs standard peuvent exécuter la majorité des tâches proposées par l'ordinateur, à l'exception de celles qui pourraient porter atteinte à l'intégrité de la machine. Ainsi, ils ne peuvent pas procéder à des modifications drastiques ou bien encore créer de nouveaux comptes.

Enfin, la catégorie de comptes appelée Géré avec Contrôles parentaux ont des pouvoirs très limités. Ces limites sont définies par vous-même ou par un autre compte Administrateur. Ces comptes sont généralement utilisés pour les jeunes enfants.

Attention : N'attribuez le niveau administrateur qu'à une personne de confiance. Les comptes standard sont très faciles à paramétrer. Ils présentent le meilleur compromis entre accessibilité et sécurité. Vous constaterez qu'un accès standard permet aux utilisateurs de faire tout ce dont ils ont besoin avec un ordinateur. En d'autres termes, un compte standard frustre rarement la personne qui l'utilise.

Si vous ne voyez pas le Dock, c'est-à-dire une rangée d'icônes par défaut, placez le pointeur de votre souris dans la partie inférieure de votre écran. Le Dock surgit !

2. **Dans le coin inférieur gauche de la boîte de dialogue, cliquez sur le bouton Ajouter un compte utilisateur (signe +) pour accéder à la fiche de création d'un nouveau compte comme à la Figure 2.4.**

   Si le bouton Ajouter un compte utilisateur est grisé (inopérant), vous devez :

   a. *Cliquer sur l'icône du cadenas pour déverrouiller le panneau des comptes.*

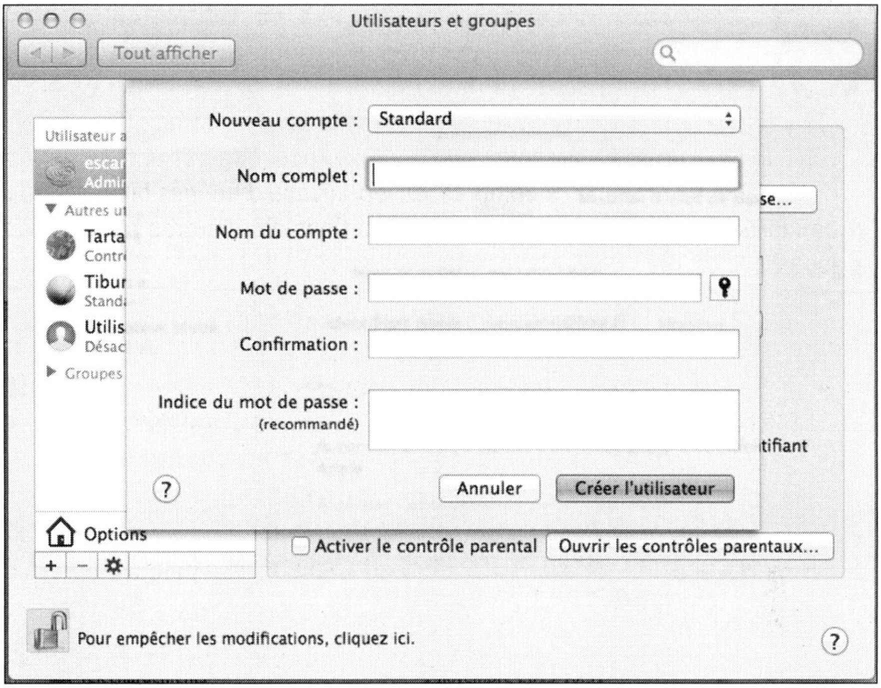

Figure 2.4 : Créer un nouveau compte d'utilisateur.

b. *Lorsque Mavericks vous demande le mot de passe de votre compte d'administrateur, tapez-le dans le champ Mot de passe.* (Il s'agit du mot de passe que vous avez saisi au moment de la création du tout premier compte utilisateur de votre Mac, ou bien du nouveau mot de passe si vous l'avez modifié selon les instructions de la précédente section.)

c. *Cliquez sur Déverrouiller.* L'icône montre alors un cadenas ouvert. Vous pouvez cliquer sur le bouton +.

3. **Cliquez sur le menu local Nouveau compte, et choisissez le niveau d'autorisation du compte :**

   - Choisissez entre Administrateur, Standard, ou Géré avec Contrôles parentaux.
   - Vous pouvez définir un ou deux comptes de niveau Administrateur, sachant que votre compte en fait déjà partie.

Sous Mavericks, vous notez l'existence d'un niveau d'autorisation nommé Partage uniquement. Avec ce type de compte, l'utilisateur peut accéder à des fichiers partagés à distance, mais il ne peut pas à ouvrir une session ni modifier des réglages du Mac.

Mavericks permet aussi de créer un compte Groupe. Il permet à plusieurs utilisateurs de partager les mêmes autorisations d'accès aux dossiers et aux fichiers. Ce type de compte est idéal pour le travail collaboratif.

4. **Dans le champ Nom complet, tapez le nom sous lequel sera identifié ce compte sur votre ordinateur. Appuyez sur Tab pour valider le nom et passer au champ suivant.**

5. **Dans le champ Mot de passe, saisissez le mot de passe que vous désirez assigner à ce compte. Appuyez sur Tab pour passer au champ suivant.**

   En règle générale, je conseille de créer un mot de passe d'au moins six caractères mélangeant des lettres et des chiffres.

   Vous n'avez pas d'idée de mot de passe ?! Pas de problème ! Cliquez sur l'icône de la clé pour exécuter l'Assistant de mot de passe. Ouvrez le menu local Suggestion et choisissez un des mots de passe proposés, ou bien tapez-y directement le vôtre. Pour définir un mot de passe plus long ou plus court que ceux proposés par défaut, faites glisser le curseur Longueur vers la droite ou la gauche. Dans la fiche de paramétrage du compte, vous constatez que le contenu du champ Mot de passe se met à jour automatiquement.

6. **Dans le champ Confirmation, retapez le mot de passe défini (ou choisi). Appuyez de nouveau sur Tab pour poursuivre le paramétrage du nouveau compte.**

7. **(Facultatif) Mavericks demande un indice de mot de passe après trois tentatives de connexion infructueuses à votre compte. De ce fait, la définition d'un indice de mot de passe est quasiment indispensable. L'indice idéal est une question dont vous seul connaissez la réponse. En re-**

vanche, l'indice n'est possible que pour un mot de passe relativement compréhensible. Il semble en effet bien difficile de trouver un indice pour un mot de passe très complexe généré par l'Assistant mot de passe de Mavericks. Donc, évitez les mots de passe trop simples à identifier comme votre date de naissance, celle de vos enfants, et j'en passe. En revanche, un mot de passe comme le nom de votre premier animal de compagnie est plus personnel. Dans ce cas, l'indice pourra être *nom de mon premier animal*.

8. **Cliquez sur le bouton Créer l'utilisateur.**

   Le nouveau compte apparaît dans le panneau gauche de la boîte de dialogue Utilisateurs et comptes.

Basculer d'un compte à un autre

Une fois un nouveau compte créé, son utilisateur peut ouvrir sa session de deux manières différentes :

- **Redémarrer ou se déconnecter.** Pour qu'un autre utilisateur puisse ouvrir une session sur votre Mac, vous devez quitter la vôtre. Pour cela, cliquez sur le menu Apple (pomme) puis sur la commande Redémarrer ou Fermer la session (qui mentionne le nom du compte actuellement ouvert). Dans le message qui apparaît, cliquez sur Fermer la session. L'écran de connexion de Mac OS X apparaît. L'utilisateur peut alors y taper son nom de compte et son mot de passe.
- **Utiliser la permutation rapide.** Cette fonction permet de basculer d'un compte à un autre sans redémarrer ni fermer préalablement la session en cours. Cette alternative est très pratique lorsque vous désirez vérifier rapidement votre courrier électronique, ou répondre à un commentaire Facebook. La permutation rapide consiste à cliquer sur le nom de l'utilisateur affiché dans la partie supérieure droite de l'interface de Mac OS X. Vous accédez alors à la liste des comptes d'utilisateurs créés sur votre Mac.

Attention, car pour profiter de la permutation rapide, vous devez préalablement l'activer. Voici comment procéder :

1. **Dans le Dock, cliquez sur l'icône Préférences Système (engrenage), puis sur l'icône Utilisateurs et groupes de l'avant-dernière rangée d'icônes. Vous accédez aux paramètres des comptes (voir la Figure 2.2).**

2. **Cliquez sur le bouton Options, puis sur l'icône du cadenas. Tapez votre mot de passe Administrateur, et cliquez sur le bouton Déverrouiller.**

3. **Cochez l'option Afficher le menu Permutation rapide d'utilisateur sous la forme.**

   Le cas échéant, vous pouvez modifier le format d'affichage par défaut en ouvrant le menu local de cette option. Vous avez alors le choix entre Nom complet, Nom du compte, et Icône.

4. **Cliquez sur le bouton rouge situé dans le coin supérieur gauche de la boîte de dialogue Utilisateurs et groupes pour valider vos modifications et quitter les Préférences Système.**

Voici comment basculer rapidement d'un compte à un autre :

1. **Dans le coin supérieur droit de Mac OS X, cliquez sur le nom du compte actuellement ouvert pour afficher le menu de permutation comme à la Figure 2.5.**

2. **Cliquez sur le nom de l'utilisateur dont vous désirez ouvrir le compte.**

   Mavericks affiche une petite fenêtre de connexion.

   TRUC

   Comme les paramètres du compte actuellement ouvert sont encore opérationnels, et que vous ne désirez pas les interrompre, vous n'allez ni redémarrer ni éteindre l'ordinateur !

3. **Pour accéder à ce compte, tapez simplement son mot de passe.**

4. **Pour revenir au compte précédent, effectuez une des choses suivantes :**

   a. *Dans le menu d'Apple, cliquez sur Fermer la session.*

   b. *Dans le menu Permutation rapide (nom de l'utilisateur actuel), cliquez sur le nom du précédent utilisateur.*

   Chaque fois que vous changez de compte, Mavericks demande la saisie de son mot de passe.

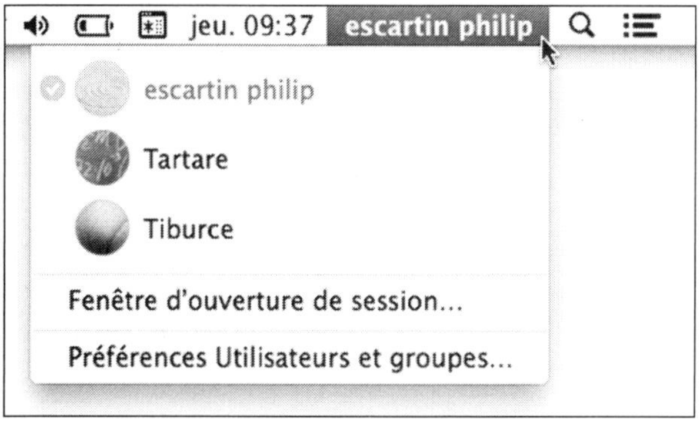

Figure 2.5 : Cliquez ici pour changer de compte.

Régler la date et l'heure de votre Mac

Il est très agaçant de constater que l'heure affichée par votre Mac diffère de celle de votre box ou de votre réveil. Heureusement, Mavericks facilite le réglage de votre horloge. En réalité, si vous disposez d'une connexion Internet haut débit, c'est-à-dire si vous êtes constamment connecté au Web, la mise à l'heure de votre ordinateur est automatique !

Toutefois, voici comment régler manuellement la date et l'heure de votre système informatique :

1. Dans la partie supérieure droite de la barre des menus, cliquez sur l'heure. Dans le menu local qui s'affiche, choisissez Ouvrir les préférences Date et heure. Si nécessaire, cliquez sur l'onglet Date et heure. Vous accédez à la boîte de dialogue illustrée à la Figure 2.6.

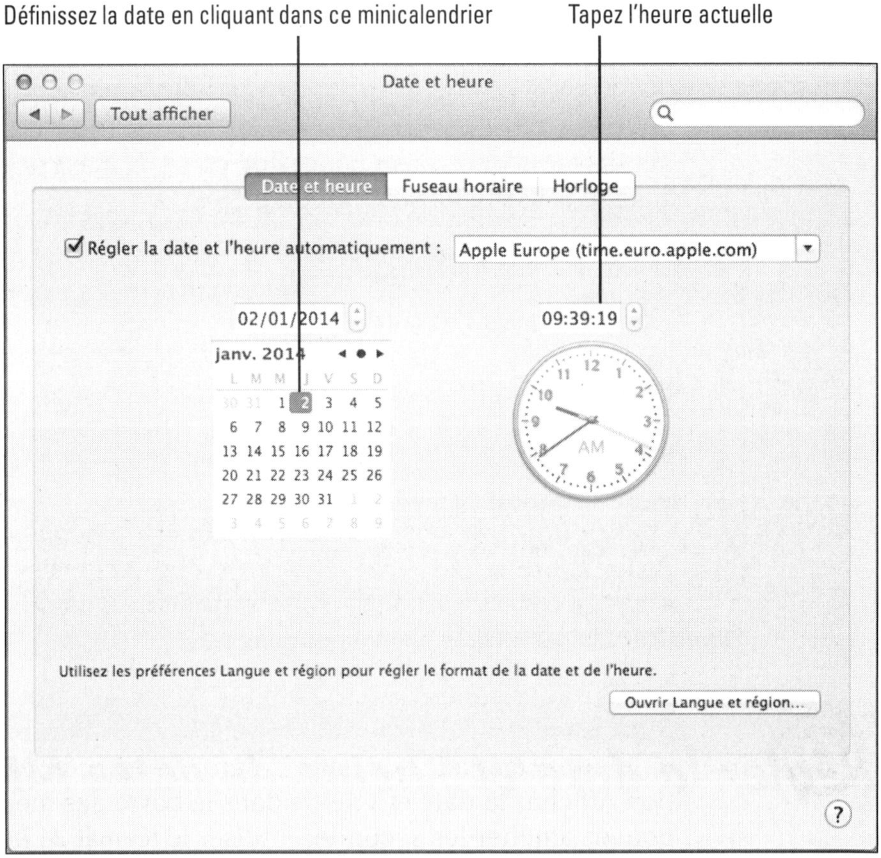

Figure 2.6

2. Dans le minicalendrier, cliquez sur la date du jour pour définir celle de votre système.

3. Cliquez dans le champ numérique situé au-dessus de l'horloge et tapez l'heure actuelle pour définir celle de votre système.

4. Cliquez sur le bouton rouge situé dans le coin supérieur gauche de la boîte de dialogue pour fermer les Préférences Système et enregistrer vos réglages.

Pour déterminer le fuseau horaire de votre Mac, cliquez sur le bouton éponyme. Ensuite, placez le pointeur de la souris sur la zone géographique où vous résidez, et cliquez dessus pour définir le fuseau horaire à appliquer à votre ordinateur. Si nécessaire, ouvrez le menu local Ville la plus proche pour choisir une grande ville située à proximité de votre localité actuelle.

Quelle est l'utilité de l'option Régler la date et l'heure automatiquement ? Eh bien, elle permet de synchroniser automatiquement l'heure et la date de votre Mac si vous êtes constamment connecté à Internet. Voici comment l'utiliser :

1. Cliquez sur l'heure affichée à droite de la barre des menus. Dans le menu local qui apparaît, choisissez Ouvrir les préférences Date et heure.

2. Cochez l'option Régler la date et l'heure automatiquement. Ensuite, ouvrez le menu local adjacent et choisissez le serveur correspondant à votre pays. Par exemple, pour la France, vous choisirez Apple Europe.

Cliquez sur le bouton Horloge pour sélectionner le format d'affichage de la date et de l'heure. Pour que l'heure soit systématiquement affichée dans la barre des menus, cochez l'option Afficher la date et l'heure dans la barre des menus. Vous pouvez afficher les secondes, utiliser le format 24 heures ou AM/PM, afficher le jour de la semaine, et enfin utiliser des séparateurs clignotants.

3. Cliquez sur le bouton rouge situé dans le coin supérieur gauche de la boîte de dialogue Date et heure pour quitter les Préférences Système et sauvegarder vos réglages.

Et voilà ! Vous avez mis les pendules à l'heure automatiquement.

Éteindre votre Mac

Mac OS X Mavericks permet de quitter votre Mac de trois manières différentes : Suspendre l'activité, Redémarrer, et Éteindre. Ces commandes sont accessibles *via* le menu Apple (pomme) situé dans le coin supérieur gauche de la barre des menus.

Chaque option entraîne des réactions très différentes de votre Mac :

- **Suspendre l'activité :** Il s'agit d'une mise en veille de votre ordinateur. Elle préserve toutes vos applications ouvertes, ce qui permet de reprendre une activité sous Mac OS X en bougeant la souris ou en appuyant sur une touche du clavier. Cette fonction est idéale pour économiser la batterie d'un Mac portable. Ainsi, les utilisateurs d'un MacBook Pro suspendent l'activité de leur Mac en fermant simplement son capot. Ils le sortent de cette veille en ouvrant ce même capot.
- **Redémarrer :** Cette commande est généralement utilisée à la suite d'une mise à jour ou lorsque votre Mac présente un comportement étrange, comme le dysfonctionnement d'un périphérique USB ou FireWire que vous venez de connecter. Dans ce cas, commencez par enregistrer tous vos travaux en cours, puis exécutez la commande Redémarrer.
- **Éteindre :** Lorsque vous êtes prêt à revenir au monde normal, vous savez, celui qui existe en dehors de l'informatique, le mieux est d'éteindre votre Mac. Les applications en cours d'utilisation vous invitent à enregistrer votre travail avant que Mavericks ne lance la procédure de redémarrage. Si vous avez créé plusieurs comptes d'utilisateur, vous pouvez éteindre votre Mac depuis l'écran d'ouverture de session.

TRUC

Vous pouvez également appuyer sur le bouton Marche/Arrêt (Power) de votre Mac jusqu'à l'affichage d'un message qui contient quatre propositions : Redémarrer, Suspendre, Annuler, et Éteindre. Pour quitter Mavericks, cliquez sur Éteindre.

Chapitre 3

Le Bureau de votre Mac

Prêt pour...

- Découvrir le Bureau
- Utiliser les icônes de Mavericks
- Ouvrir et changer de programmes avec le Dock
- Exécuter des programmes du disque dur
- Ajouter vos programmes favoris et d'autres éléments au Dock
- Empiler des fichiers ou des dossiers sur le Dock
- Modifier la taille et la position du Dock
- Vider la Corbeille
- Afficher le Dashboard, le Launchpad et Mission Control
- Contrôler vos notifications
- Rechercher avec Spotlight
- Utiliser la présentation en icônes, liste, colonnes et Cover Flow
- Ouvrir et travailler avec des fenêtres
- Fermer des fenêtres et des programmes

Le Bureau et le Finder sont les deux principaux éléments de l'interface de Mavericks où les utilisateurs exécutent des tâches répétitives. Dans ce chapitre, vous en découvrirez l'utilisation à travers la manipulation de leurs fenêtres.

Ainsi, vous apprendrez à travailler avec des fenêtres et à démarrer un ou plusieurs programmes. Très rapidement, vous allez émerveiller tous les membres de votre famille, passant pour un gourou de Mac OS X.

Pour travailler avec votre Mac, vous devez impérativement utiliser le Bureau, le Finder, des programmes, et manipuler des fenêtres. Bien que ces opérations semblent complexes à réaliser, vous constaterez qu'il est très facile d'ouvrir et de fermer des fenêtres, de localiser des fonctionnalités essentielles, et de parcourir l'interface de Mac OS X Mavericks.

Découvrir le Bureau

Le Bureau du Mac est comparable au bureau sur lequel vous avez installé votre ordinateur : il contient les éléments les plus importants, et il les met à votre disposition pour satisfaire l'ensemble de vos besoins informatiques. Le Bureau contient les éléments suivants, dont la plupart sont illustrés à la **Figure 3.1** :

- **La barre de menus du Finder :** Elle donne accès aux commandes du Finder. (Le Finder contient beaucoup de commandes que vous utiliserez pour travailler avec votre Mac.) Le Finder est présenté à la prochaine section.
- **Le Dock :** Le Dock contient les icônes des programmes ou des documents que vous utilisez le plus souvent. Ainsi, le Dock permet d'exécuter des programmes ou d'ouvrir des fichiers comme cela est expliqué à la section « Ouvrir et changer de programmes avec le Dock ». Lors de la première utilisation de votre Mac, le Dock contient les icônes les plus populaires. Bien entendu, vous pourrez personnaliser le Dock pour qu'il réponde à vos exigences de travail.
- **L'icône de votre disque dur :** Tous les ordinateurs Macintosh sont livrés avec au moins un disque dur interne. Il contient le système d'exploitation Mavericks, des programmes, et des données. En double-cliquant sur l'icône du disque dur affichée sur le Bureau de votre ordinateur, vous ouvrez une fenêtre du Finder et accédez à vos fichiers et à vos dossiers.
- **Les icônes des fichiers et des dossiers que vous placez sur le Bureau :** Le Bureau de Mavericks est quasiment vide lorsque vous y accédez pour la première fois. Sachez que

vous pouvez placer des fichiers sur votre Bureau virtuel, exactement comme vous empilez des feuilles sur votre bureau réel. Pour travailler dans de bonnes conditions, il est judicieux de ranger vos fichiers dans des dossiers afin de les retrouver plus facilement. Au Chapitre 5, vous en apprendrez davantage sur les fichiers et les dossiers.

- **Les fenêtres des programmes et du Finder :** Les *fenêtres* sont des conteneurs qui vous permettent d'interagir avec des programmes ou des outils. Pour le moment, identifiez simplement les fenêtres qui s'ouvrent sur votre Bureau. La prochaine section explique comment ouvrir une fenêtre du Finder, et les sections suivantes traitent de l'exécution des programmes et des fenêtres qu'ils affichent.

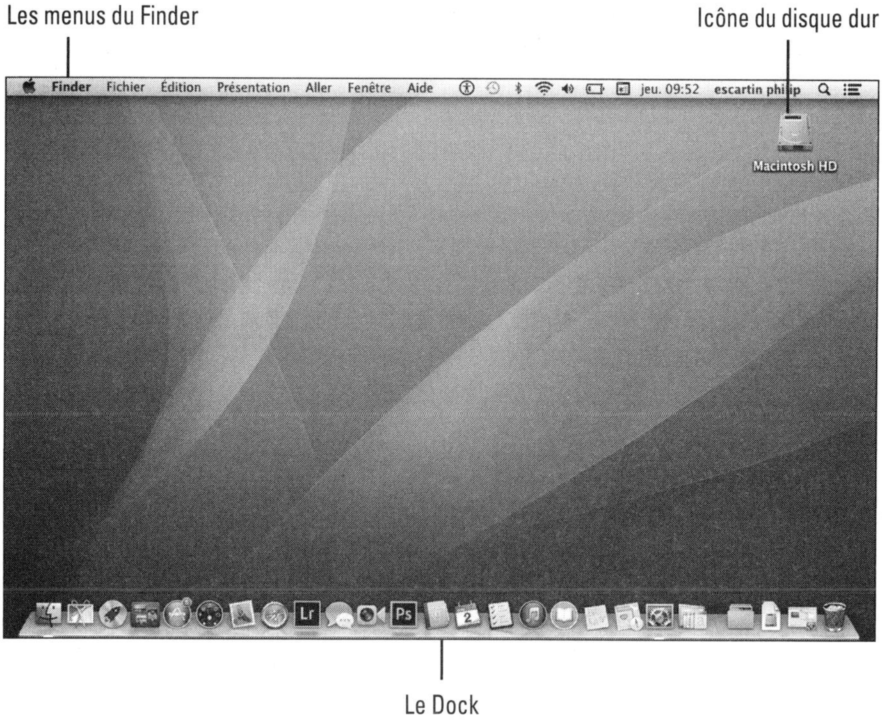

Figure 3.1 :

À la découverte du Finder

Lorsque vous avez besoin d'accéder au contenu de votre disque dur, d'exécuter un programme, ou de copier des éléments d'un emplacement à un autre, vous devez ouvrir une fenêtre du Finder. En d'autres termes, le Finder est le point de départ de la majorité des tâches que vous exécutez avec un Mac. Voici comment ouvrir une fenêtre du Finder :

- La méthode la plus simple est de double-cliquer sur l'icône du disque dur Macintosh HD du Bureau.
- Une alternative consiste à cliquer sur l'icône de Finder du Dock. Sur la **Figure 3.1**, le Finder est localisé à l'extrémité gauche du Dock.

TRUC

Le Finder est un élément de l'interface toujours ouvert. De ce fait, sa barre de menus est systématiquement disponible. Il est donc très facile d'activer le Finder quand vous travaillez dans plusieurs autres applications en cliquant tout simplement sur le Bureau ou sur l'icône du Finder du Dock.

TRUC

Une nouveauté de Mavericks, qui sera étudiée en détail, est que le Finder peut désormais afficher le contenu de divers dossiers sous la forme d'onglets. Cela facilite la copie des fichiers d'un dossier à un autre sans être obligé d'ouvrir plusieurs fenêtres du Finder.

Utiliser les icônes de Mavericks

Les icônes d'un système d'exploitation ne sont pas décoratives. Elles permettent d'exécuter des tâches. Leur apparence sert à identifier facilement les composants de Mac OS X. Les icônes sont présentes sur le Bureau, sur le Dock, et dans les fenêtres du Finder. Par exemple, Mac OS X utilise des icônes pour représenter les périphériques installés dans votre ordinateur. Cela comprend :

- le disque dur ;

- le CD ou le DVD (si un disque est inséré dans le lecteur du Mac) ;

- un iPod.

Je pense que vous saisissez l'idée. Il suffit de double-cliquer sur l'icône d'un matériel pour afficher les dossiers et les fichiers qu'il contient.

Pour accéder aux détails d'une icône, et ainsi savoir ce qu'elle représente et ce qu'elle exécute, cliquez une fois dessus pour la sélectionner. Ensuite, appuyez sur Cmd + I. Cette combinaison de touches ouvre la fenêtre Infos illustrée à la **Figure 3.2**. Elle donne des indications sur le type d'icône, ce qu'elle représente, sa localisation, et la taille du fichier qu'elle identifie. Lorsque l'icône représente un programme, la boîte de dialogue Infos en indique le numéro de version. Quand elle représente un fichier, l'icône indique sa date de création et celle de sa dernière modification.

Les icônes des dossiers et des fichiers sont traitées plus loin dans ce livre.

Ouvrir et changer de programmes avec le Dock

Le Dock est un élément d'interface relativement simple à utiliser, comme le montre la procédure suivante :

1. **Pour exécuter un programme depuis le Dock, cliquez simplement sur son icône. (Par défaut, plusieurs programmes sont ancrés au Dock.) La fenêtre du programme s'ouvre. (Vous constaterez que certains programmes exécutés depuis le Dock n'ouvrent pas de fenêtre. C'est le cas de Launchpad, Mission Control, et Dashboard.)**

2. **Cliquez sur une autre icône du Dock. Une nouvelle fenêtre apparaît sur celle ouverte à l'Étape 1.**

3. **Cliquez sur l'icône utilisée à l'Étape 1 pour en afficher le contenu afin de pouvoir y travailler. Vous venez d'activer une fenêtre. Cette activation peut également s'opérer en**

Figure 3.2 : Les détails de l'icône.

cliquant sur une partie visible de la fenêtre. Il est ainsi facile de passer d'une fenêtre à une autre par un simple clic de souris.

4. **Vous pouvez basculer d'une fenêtre à une autre, ou bien en ouvrir une troisième et une quatrième afin de bien apprendre à activer celle dans laquelle vous souhaitez intervenir.**

Une autre technique consiste à maintenir la touche Control (Ctrl) de votre clavier enfoncée, et à appuyer sur la touche Tab (tabulation) et à la relâcher immédiatement. Un petit menu local apparaît avec les icônes de toutes les applications ouvertes. Passez de l'icône d'un programme à un autre en appuyant une fois sur la touche Tab sans jamais relâcher la touche Control. Dès que l'icône du programme qui vous intéresse est active, relâchez ces deux touches. La fenêtre du programme correspondant apparaît.

Exécuter un programme et charger un document sont des tâches dévolues au Dock. Pour cette raison, il est essentiel d'apprendre à le personnaliser en y plaçant vos programmes et vos documents favoris, comme cela est expliqué à la prochaine section.

Exécuter des programmes du disque dur

Mac OS X est la rampe de lancement de vos programmes. La méthode la plus ancestrale consiste à exécuter un programme présent dans le Dock. D'accord, mais comment faire lorsque le logiciel qui vous intéresse est absent du Dock ? La liste ci-après présente différentes manières d'exécuter les programmes installés sur votre disque dur :

- **Naviguer jusqu'au dossier du programme correspondant.** Double-cliquez sur l'icône Macintosh HD du Bureau, puis sur le dossier contenant le programme à exécuter. Lorsque l'icône du programme est affichée dans le Finder, double-cliquez dessus pour l'exécuter. Par exemple, pour lancer le programme Échecs qui est absent du Dock, double-cliquez sur l'icône du disque dur Macintosh HD. Ensuite, dans le Finder, double-cliquez sur le dossier Applications. Une fois que l'ensemble des programmes sont visibles dans le Finder, faites défiler le contenu de sa fenêtre, et double-cliquez sur l'icône Échecs. Amusez-vous !

Vous pouvez également accéder au dossier Applications *via* le menu Aller du Finder.

- **Double-cliquez sur un document ou un fichier de données créé avec un programme de votre Mac.** Par exemple, si vous double-cliquez sur un fichier MP3, vous lancez l'application iTunes. Au Chapitre 5, vous en saurez davantage sur le travail avec les fichiers.

- **Double-cliquez sur un alias du programme.** L'utilisation des alias est expliquée au Chapitre 5.

Ajouter vos programmes favoris et d'autres éléments au Dock

Le Dock est un dispositif d'exécution de tâches, dont l'ouverture de programmes, particulièrement efficace. Pour cette raison, il est essentiel que vous appreniez à le personnaliser. Le Dock accepte les icônes des programmes que vous utilisez régulièrement, des dossiers, et même des sites Web que vous visitez quotidiennement.

Certes, vous pouvez vous contenter des icônes placées par défaut dans le Dock, mais il y a fort à parier que l'aspect pratique du Dock vous séduira au point de vouloir y ancrer vos propres applications, fichiers, et dossiers.

- **Pour ajouter un programme au Dock :** Il est conseillé d'ajouter au Dock les icônes des programmes que vous utilisez régulièrement pour éviter de passer par le dossier Applications du Finder. Dans un premier temps, vous devez utiliser le Finder pour localiser l'icône du programme que vous souhaitez placer dans le Dock. Ensuite, glissez-déposez cette icône directement sur le Dock. Le Dock déplace des icônes pour libérer un espace destiné à accueillir l'icône en question. Relâchez alors le bouton de la souris. Évitez de placer l'icône à droite du Dock, c'est-à-dire à proximité de la Corbeille. En effet, vous risquez de la mettre à la poubelle, ce qui désinstallerait le programme concerné. Vous ne pourriez plus l'utiliser. Si vous commettez cette erreur, reportez-vous à la section « Vider la Corbeille » afin de récupérer le programme. Quand vous placez accidentellement un programme dans la Corbeille, ne la videz surtout pas !

- **Pour ajouter un fichier au Dock :** Lorsque vous ouvrez régulièrement le même fichier, il est conseillé de le placer dans le Dock. En effet, il suffira alors de cliquer dessus depuis le Dock pour l'ouvrir dans l'application qui l'a créé. Donc, localisez le fichier *via* une fenêtre du Finder puis, à l'instar d'un programme, glissez-déposez son icône dans le Dock en évitant de le mettre dans la Corbeille.

TRUC

Le Chapitre 5 explique comment travailler avec des fichiers et des dossiers, et détaille la technique permettant d'identifier l'icône du fichier que vous souhaitez placer dans le Dock. Pour le moment, retenez simplement que vous avez la possibilité de réaliser cette opération très utile.

- **Pour ajouter plusieurs fichiers ou un dossier au Dock :** Mavericks utilise une fonction appelée *Pile*. Nous la traitons à la prochaine section. Elle permet d'ajouter au Dock plusieurs fichiers (ou le contenu de tout un dossier).
- **Pour ajouter un site Web :** Vous pouvez glisser-déposer n'importe quelle page d'un site Web (URL – *Universal Resource Locator*) depuis Safari jusqu'au Dock. En cliquant sur l'icône ainsi créée, vous exécutez Safari qui se connecte à la page en question.
- **Pour supprimer une icône du Dock :** Si le programme dont vous désirez supprimer l'icône est ouvert, fermez-le. Ensuite, cliquez sur son icône dans le Dock et, sans relâcher le bouton de la souris, glissez-déposez-la dans la Corbeille. Elle y disparaît dans un nuage de fumée (véridique !). Le fait de mettre une icône du Dock à la Corbeille ne désinstalle pas le programme de votre disque dur. En fait, vous supprimez son alias (voir Chapitre 5) qui n'est rien d'autre qu'une référence à l'application réelle. Comme le Dock occupe un espace limité par la résolution d'affichage de votre écran, il est conseillé de le débarrasser des éléments que vous n'utilisez plus. Vous pourrez les y rajouter ultérieurement si nécessaire.

Empiler des fichiers ou des dossiers sur le Dock

Les *piles* sont des groupes d'éléments (documents, applications, ou dossiers) que vous placez dans le Dock pour faciliter l'exécution de vos tâches quotidiennes. Par exemple, tous mes documents d'écriture sont regroupés dans un dossier Documents où mes fichiers y sont empilés et présentés en éventail (vous comprendrez de quoi il retourne dans un instant). Une pile peut être temporaire, et vous pouvez la supprimer sans problème, ou la rendre permanente.

- **Pour créer une pile**, glissez-déposez un groupe d'éléments dans la partie droite du Dock. Comme toujours, le Dock libère un espace à droite d'un trait en pointillé vertical indiquant ainsi que vous vous situez dans la bonne zone de création d'une pile.
- **Pour afficher les éléments d'une pile,** cliquez dessus :
- *Si la pile ne contient que quelques éléments*, ils s'affichent sous la forme d'un arc (éventail) comme à la **Figure 3.3**. Cliquez alors sur l'élément à ouvrir.

  TRUC : La forme de la pile se sélectionne dans le menu Options accessible lorsque vous cliquez droit sur l'icône de la pile.

- *Si la pile contient de nombreux éléments,* elle s'affiche sous la forme d'une grille permettant d'en faire défiler le contenu pour localiser l'élément à utiliser.
- **Pour supprimer une pile du Dock,** faites un Ctrl + clic (ou un clic droit) sur la pile et, dans le menu contextuel qui s'affiche, cliquez sur Options et exécutez la commande Supprimer du Dock. Une alternative consiste à glisser-déposer l'icône de la pile sur le Bureau. Quand vous relâchez le bouton de la souris, la pile disparaît dans un nuage de fumée (mais si !!!).

TRUC : Apple a créé pour vous la pile du dossier Téléchargements (Figure 3.3). Elle se situe à gauche de la Corbeille. Ce dossier contient tous les éléments que vous téléchargez sur Internet avec

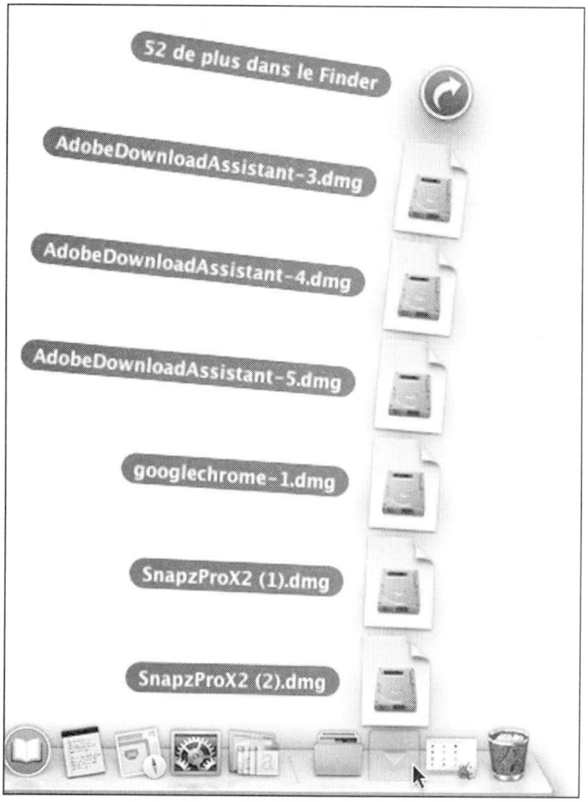

Figure 3.3 : Les éléments d'une pile.

Safari ou que vous recevez par courrier électronique. Mavericks fait rebondir l'icône de la pile Téléchargements pour vous indiquer qu'un nouvel élément a été téléchargé. Le Chapitre 14 présente la navigation Web avec Safari, et le Chapitre 15 vous explique comment télécharger des fichiers depuis un e-mail.

Modifier la taille et la position du Dock

Vous pouvez modifier la taille du Dock directement sur le Bureau. Plus le Dock est grand, et plus ses icônes sont faciles à identifier. En revanche, plus il est petit et plus vous pouvez afficher d'élément dans le Dock. Voici comment modifier la taille du Dock :

1. **Placez le pointeur de la souris sur la ligne verticale en pointillé située à l'extrême droite du Dock. Une fois en position sur cet élément, le pointeur de la souris prend la forme d'une double flèche verticale de redimensionnement.**

2. **Cliquez et, sans relâcher le bouton de la souris, faites glisser cette double flèche vers le bas pour réduire la taille du Dock et vers le haut pour l'augmenter.**

TRUC

Lorsque vous placez le pointeur de la souris sur une icône du Dock, vous constatez qu'elle s'agrandit. Quand sa taille ne change pas, c'est le signe que la fonction d'agrandissement est désactivée. Donc, vérifiez que les icônes changent de taille, comme à la **Figure 3.4** et, si cela ne fonctionne pas, suivez les étapes ci-après pour activer cette option :

Figure 3.4 : L'agrandissement modifie la taille des icônes.

1. **Ouvrez le menu Apple (pomme).**

2. **Choisissez Dock/Activer l'agrandissement.**

3. **Pour ajuster l'agrandissement, cliquez sur Apple/Dock/ Préférences du Dock. Là, cochez l'option Agrandissement et faites glisser le curseur vers la droite pour augmenter la taille des icônes, et vers la gauche pour la réduire.**

Pour régler la fonction de masquage ou la position du Dock, cliquez sur le menu Apple (pomme), puis placez le pointeur de la souris sur la mention Dock. Dans le sous-menu qui apparaît, vous avez le choix entre :

- **Activer le masquage :** Il s'agit d'une commande à bascule, c'est-à-dire qui devient Désactiver le masquage ou Activer le masquage en fonction de l'état actuel de cette option du Dock. Lorsque le masquage est activé, le Dock disparaît de l'écran quand le pointeur de la souris n'est pas positionné dessus. Dès que vous placez ce pointeur sur la zone de l'écran où devrait s'afficher le Dock, il réapparaît automatiquement comme par magie. Le masquage peut s'activer et se désactiver en exécutant le raccourci clavier Option + Cmd + D.
- **Positionner :** Cliquez sur un des trois choix proposés, c'est-à-dire Positionner à gauche, en bas, ou à droite. Le Dock apparaît alors à l'un de ces trois emplacements de votre écran. Par défaut, le Dock se situe dans la partie inférieure du Bureau, c'est-à-dire de votre moniteur.

Vider la Corbeille

La création de fichiers, de dossiers, de documents encombre rapidement votre ordinateur de nombreux éléments inutiles. Vous pouvez les supprimer, comme cela est expliqué au Chapitre 5, consacré aux fichiers et aux dossiers. Mais, de temps à autre, vous aurez besoin de vider la Corbeille afin d'éliminer une fois pour toutes les éléments que vous y avez déposés. Ainsi, vous libérez de l'espace disque sur votre ordinateur. Voici comment procéder :

1. **Cliquez sur l'icône de la Corbeille située sur le bord droit du Dock afin d'afficher son contenu dans une fenêtre du Finder.**
2. **Vérifiez que vous n'avez plus besoin des éléments actuellement mis à la poubelle. Pour récupérer, c'est-à-dire « remettre » selon le vocabulaire de Mavericks, un élément, consultez le Chapitre 5.**

3. Pour vider définitivement la Corbeille, ouvrez le menu Action du Finder (icône d'un engrenage) et exécutez la commande Vider la corbeille.

Si vous êtes aventureux, vous pouvez vider la corbeille sans en vérifier le contenu. C'est à vos risques et périls. Dans ce cas, la technique est très directe. Faites un clic droit sur l'icône de la Corbeille du Dock. Dans le menu contextuel qui apparaît, exécutez la commande Vider la corbeille.

Afficher le Dashboard, le Launchpad et Mission Control

Mavericks est livré avec des utilitaires destinés à harmoniser l'interface du système d'exploitation Mac OS X avec les périphériques portables d'Apple, et plus particulièrement l'iPad. Ainsi, vous retrouvez l'ancestral Dashboard, auquel s'ajoutent désormais le Launchpad et Mission Control. Ces trois utilitaires s'exécutent depuis le Dock en cliquant sur les icônes suivantes :

- Ouvre le Dashboard qui propose des *widgets* permettant d'accéder rapidement à des utilitaires aussi pratiques que la météo, un convertisseur de monnaie, une calculette, votre carnet d'adresses et bien d'autres choses encore.

- Le Launchpad reprend la philosophie de l'iPad 2. En cliquant sur cette icône, vous affichez l'ensemble des applications installées sur votre ordinateur. Cliquez sur celle que vous souhaitez utiliser.

- Mission Control permet de créer différents environnements contenant des applications bien précises. Il s'agit d'une fonction de configuration de bureaux virtuels. Par exemple, vous pouvez créer un environnement pour vos travaux bureautiques sur lequel seront déjà ouverts un programme de traitement texte, Apple Mail, et Numbers. Parallèlement, vous créerez un environnement photo et vidéo avec iPhoto, iMovie, et d'autres programmes de traitement photo et vidéo numérique ; enfin, vous définirez un environnement de loisirs numériques avec iTunes (pour écouter de la musique), le Lecteur DVD (pour regarder vos films), et QuickTime (pour vos films téléchargés). En invoquant Mission Control, vous pourrez facilement basculer d'un environnement à un autre.

Utiliser le Dashboard

Comme je viens de l'expliquer, le Dashboard donne accès à des widgets qui permettent, entre autres, de consulter la météo locale et internationale, de connaître les horaires d'avion, de disposer d'une calculette, et j'en passe. Voici comment utiliser le Dashboard de Mac OS X Mavericks :

1. **Dans le Dock, cliquez sur l'icône du Dashboard.**

2. **Pour ajouter un widget, cliquez sur le bouton + situé dans le coin inférieur gauche du Dashboard.**

3. **Pour ajouter une vignette au Dashboard, cliquez simplement dessus. (Au Chapitre 12, vous trouverez des informations sur le téléchargement de nouveaux widgets depuis le site Web d'Apple.)**

4. **Pour réorganiser les widgets, glissez-déplacez-les à la souris directement dans la fenêtre du Dashboard.**

5. **Pour retirer un widget, cliquez sur le bouton + exactement comme si vous vouliez en ajouter un, puis cliquez sur le bouton X (fermeture) du ou des widgets que vous ne désirez plus utiliser.**

6. **Une fois que vous avez déterminé vos widgets dans le Dashboard, appuyez sur la touche Esc de votre clavier afin de revenir au Bureau de Mavericks.**

La Figure 3.5 montre un Dashboard personnalisé contenant une calculette et un calendrier.

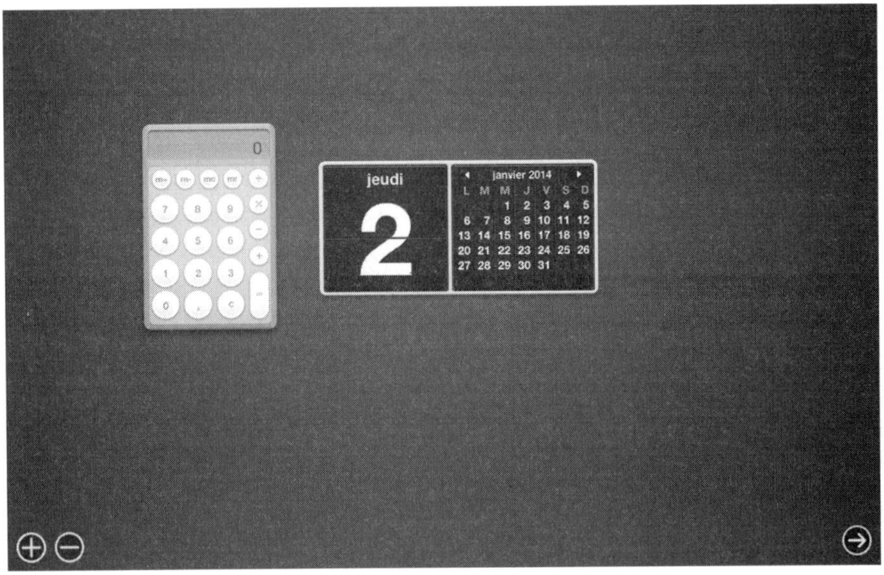

Figure 3.5 : Un Dashboard personnalisé.

Utiliser Launchpad

Le Launchpad n'est rien d'autre qu'une sorte de dossier Applications qui s'affiche sur votre Bureau. Vous y retrouvez l'ensemble des programmes installés sur votre Mac. Voici comment utiliser le Launchpad :

1. **Dans le Dock, cliquez sur l'icône du Launchpad. L'ensemble de vos applications apparaît à l'écran.**

2. **Cliquez sur l'icône du programme que vous désirez utiliser. Cette action ferme le Launchpad et ouvre le programme en question.**

3. **Vous pouvez également placer l'icône d'un programme sur le Dock depuis le Launchpad. Ouvrez le Launchpad, puis glissez-déposez simplement l'icône du programme sur le Dock.**

Utiliser Mission Control

Mission Control est un utilitaire qui permet de créer un certain nombre de bureaux virtuels auxquels vous accédez en deux clics de souris. En d'autres termes, vous avez plusieurs environnements à votre disposition. Chacun contient des programmes ouverts qui répondent à vos besoins spécifiques. Voici comment créer un bureau avec Mission Control :

1. **Dans le Dock, cliquez sur l'icône Mission Control.**

2. **Dans l'écran Mission Control, configurez un premier espace appelé, par défaut, Bureau. Pour cela, cliquez simplement sur son icône située tout en haut de la fenêtre Mission Control.**

3. **Vous revenez sur le Bureau de Mavericks. Là, ouvrez tous les programmes que vous désirez utiliser dans cet environnement. Par exemple, ouvrez le Finder, ensuite ouvrez Pages, Numbers, et Keynotes de la suite iWorks. Les trois fenêtres apparaissent sur le Bureau.**

4. **Maintenant, ouvrez de nouveau Mission Control. Vous constatez que l'environnement Bureau contient les applications que vous venez d'exécuter.**

5. **Pour ajouter un nouvel environnement, placez le pointeur de la souris dans la partie supérieure de Mission Control. Ensuite, cliquez sur le bouton + qui apparaît sur la droite.**

6. **Cela crée un environnement appelé Bureau 2. Cliquez sur sa vignette, et répétez l'Étape 3, mais avec d'autres logiciels. Par exemple, créez un environnement musical avec iTunes et GarageBand.**

7. **Pour travailler dans l'environnement qui vous intéresse, ouvrez de nouveau Mission Control. Ensuite, cliquez sur la vignette de l'environnement à utiliser.**

8. Pour retirer un élément d'un bureau virtuel, il suffit de cliquer sur le bureau en question depuis Mission Control, puis de fermer le programme que vous ne souhaitez plus utiliser dans ce bureau virtuel spécifique.

Contrôler vos notifications

Les notifications sont une nouveauté de Mac OS X Mavericks. Elles vous communiquent des informations pendant que vous travaillez ou que vous vous divertissez dans un programme. Par exemple, l'application Notifications vous avertira de l'arrivée d'un courrier électronique auquel vous pourrez répondre ou que vous pourrez supprimer sans basculer vers le programme Mail. Les notifications permettent de vous abonner à des sites Web pour recevoir des notifications sur l'actualité, les résultats sportifs et bien d'autres choses encore.

Voici comment configurer et activer/désactiver des notifications :

1. **Depuis le Dock, cliquez sur l'icône Préférences Système.**

   TRUC

   Une autre technique consiste à ouvrir le menu Apple (Pomme), et à cliquer sur Préférences Système.

2. **Dans la première rangée d'icônes de la boîte de dialogue Préférences Système qui s'affiche, cliquez sur Notifications (première icône en partant de la droite).**

   La boîte de dialogue du paramétrage des notifications apparaît, comme le montre la Figure 3.6.

3. **Dans la colonne de gauche, cliquez sur l'application dont vous souhaitez paramétrer les notifications.**

   Les options propres à ce programme apparaissent dans la partie droite de la boîte de dialogue. Vous retrouvez globalement les mêmes paramètres pour toutes les applications.

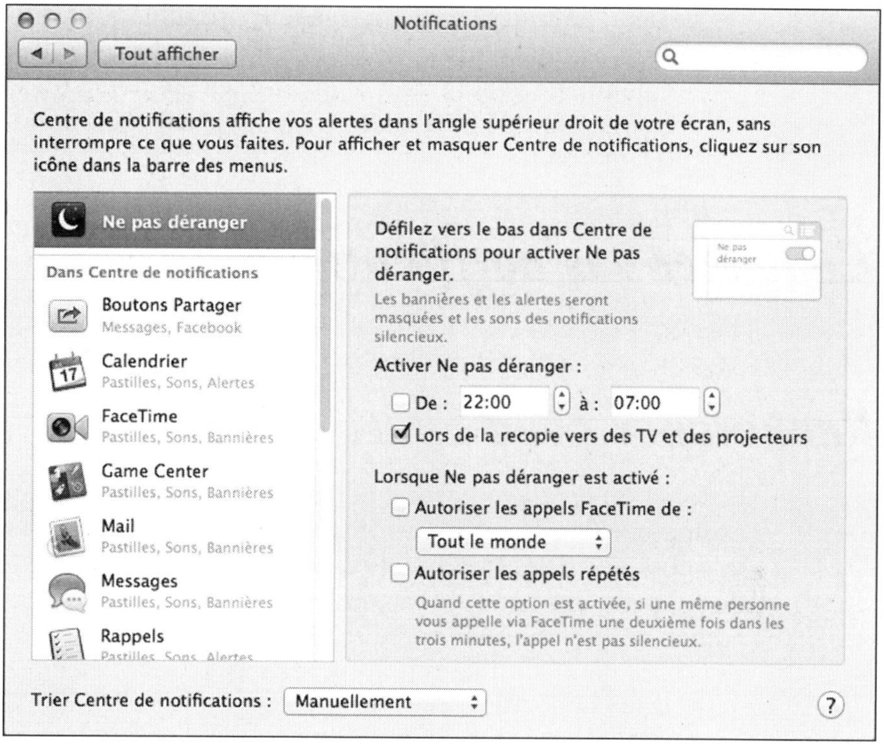

Figure 3.6 : Paramétrez des notifications.

4. **Définissez le style des alertes, c'est-à-dire l'apparence de l'avertissement quand il s'affiche sur votre écran.**

   Il suffit pour cela de cliquer sur Aucune, Bannières, ou Alertes.

5. **Cochez et décochez les options que vous souhaitez ou non utiliser.**

6. **Pour ne plus recevoir les notifications d'un programme, décochez l'option Afficher dans le centre de notifications.**

   Vous constatez alors que le programme en question passe de la section Dans centre de notifications à la section Hors centre de notifications de la colonne de gauche.

Ainsi, pour activer de nouveau les notifications d'un programme que vous avez exclu, faites défiler le contenu de la colonne de gauche afin d'afficher les éléments de sa section Hors centre de notifications. Activez le programme à réhabiliter, et cochez l'option Afficher dans Centre de notifications.

7. **Cliquez sur le petit bouton rouge situé dans l'angle supérieur gauche de la boîte de dialogue Notifications pour quitter les Préférences Système et appliquer vos réglages.**

Rechercher avec Spotlight

La fonction *Spotlight* permet de lancer des recherches sur votre ordinateur. Ainsi, utilisez Spotlight pour retrouver des documents, des contacts de votre carnet d'adresses, des messages de Mail, des dossiers, et des lecteurs auxquels votre Mac peut accéder. Voici comment effectuer une recherche avec Spotlight :

1. **Dans la partie supérieure droite de la barre des menus, cliquez sur l'icône de la loupe.**

   Le champ de recherche de Spotlight apparaît, comme à la Figure 3.7.

Figure 3.7 : Pour lancer une recherche avec Spotlight.

2. **Cliquez sur l'icône de la loupe pour faire apparaître le champ de saisie Spotlight.**

3. **Tapez-y l'objet de votre recherche. Au fur et à mesure que vous saisissez des caractères, une liste de rubriques répondant à vos lettres tapées apparaît. Bien entendu, plus vous tapez de lettres, et plus les résultats de la recherche se pré-**

cisent. En effet, Spotlight cerne beaucoup mieux le terme sur lequel vous désirez effectuer une recherche.

Les 20 rubriques répondant le mieux aux caractères saisis apparaissent dans cette liste (ou menu local) Spotlight. Les éléments ainsi listés sont des messages, des définitions, des documents, des dossiers, des images, et des contacts. Dans la rubrique Meilleur résultat, Spotlight affiche les rubriques qui, pour lui, se rapprochent le plus de l'objet de votre recherche.

4. **Si vous ne trouvez pas ce que vous cherchez, essayez avec d'autres termes. Pour cela, cliquez sur le bouton X situé sur le bord droit du champ de saisie. Ensuite, tapez un ou plusieurs autres mots.**

5. **Pour ouvrir les résultats les plus pertinents, appuyez simplement sur la touche Retour de votre clavier. Sinon, pour accéder à un autre élément, cliquez une fois dessus afin de :**

   - *L'exécuter* (s'il s'agit d'un programme).
   - *L'ouvrir dans les Préférences Système* (s'il s'agit d'un paramètre ou d'une description de la rubrique Préférences Système).
   - *L'ouvrir dans le programme qui lui est associé* (s'il s'agit d'un document ou de données).
   - *L'afficher dans une fenêtre du Finder* (si l'élément est un dossier).

Toute chaîne de texte est reconnue par Spotlight. Toutefois, voici quelques conseils pour réaliser une bonne recherche :

- **Pour trouver les coordonnées d'un de vos contacts, tapez son nom ou son adresse :** Comme Spotlight accède au carnet d'adresses de Mavericks, vous obtenez immédiatement la fiche de la personne.

- **Pour trouver un message électronique, tapez l'adresse de l'expéditeur ou un mot, voire une phrase de son message :** Pour ouvrir un message particulier sans exécuter Mail, contentez-vous de le retrouver *via* Spotlight en tapant l'adresse e-mail de la personne concernée, ou une partie de son message.
- **Tapez le nom d'un fichier ou d'un dossier :** Il s'agit d'une recherche assez standard en informatique. Spotlight scrute alors la totalité de votre système pour localiser le dossier ou le fichier objet de votre recherche.
- **Pour régler un paramètre dans les Préférences système, tapez un mot-clé de l'élément que vous désirez configurer :** Par exemple, tapez **arrière-plan**. Ensuite, cliquez sur l'élément affiché dans la rubrique Préférences Système de Spotlight. Il s'agit, en l'occurrence de Bureau et économiseur d'écran. Mavericks ouvre instantanément la fenêtre Bureau et économiseur d'écran des Préférences système, vous permettant ainsi de modifier votre image d'arrière-plan.
- **Pages Web :** Vous pouvez utiliser Spotlight pour effectuer des recherches sur des pages que vous avez consultées avec Safari. (Attention ! Cette fonctionnalité ne permet pas d'utiliser Spotlight comme un moteur de recherche tel que Google. Seules les pages stockées dans la mémoire cache de Safari seront analysées par Spotlight.)

Présenter le Finder en mode Icônes

Par défaut, le Finder présente son contenu sous la forme d'icônes comme à la **Figure 3.8**. Pour afficher le contenu du Finder sous forme d'icônes, cliquez simplement sur le bouton idoine de la fenêtre du Finder.

Le mode Icône présente plusieurs avantages :

- **Les éléments sont plus grands :** Les éléments sont plus faciles à identifier dans ce mode qu'en présentation Liste ou Colonnes.

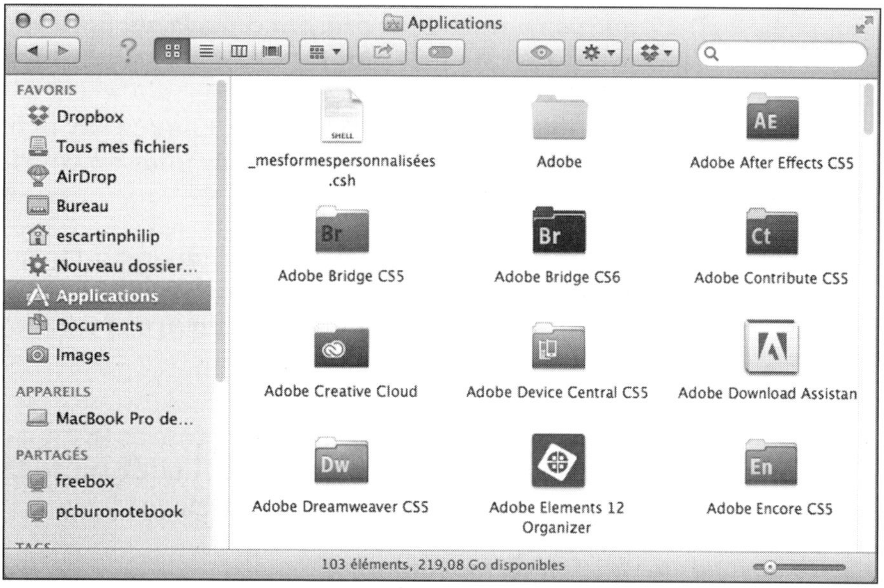

Figure 3.8 : Présentation du Finder en mode Icônes.

- **Le glisser-déposer peut s'avérer plus facile à réaliser :** La copie et le déplacement des éléments d'une fenêtre à une autre, ou d'un onglet à un autre du Finder sont souvent plus faciles quand les icônes sont de grande dimension.
- **La multisélection est plus simple à réaliser :** La grande dimension des icônes facilite la sélection de plusieurs éléments affichés dans le Finder.

TRUC

Vous n'êtes pas obligé d'utiliser le mode d'affichage Icône. Je dois même avouer que de nombreux utilisateurs l'occultent, car ils le jugent trop peu efficace et trop lent. Les prochaines sections de ce chapitre couvrent les autres modes de présentation du Finder que sont les modes Liste, Colonnes, et Cover Flow.

Présenter le Finder en mode Liste

Le *mode Liste* affiche les dossiers hiérarchiquement. Pour consulter le contenu d'un dossier, conformez-vous aux étapes suivantes :

1. **Cliquez sur un lecteur présent dans la section Appareils de la barre latérale du Finder.**

2. **Dans la partie centrale du Finder, cliquez sur le triangle situé à gauche du nom d'un dossier pour en révéler le contenu.**

   Une alternative consiste à double-cliquer sur l'icône du dossier pour afficher son contenu dans la partie centrale du Finder. Dans ce cas, ce contenu s'affiche dans le dernier mode utilisé pour ce dossier spécifique.

3. **Pour afficher le contenu d'un** *sous-dossier* **(c'est-à-dire un dossier contenu dans un dossier), cliquez sur le triangle situé à gauche du nom du sous-dossier.**

4. **Pour réduire le contenu du dossier, cliquez de nouveau sur son triangle de développement/réduction. Le dossier se ferme et le triangle pointe vers la droite et non plus vers le bas.**

   La Figure 3.9 montre la fenêtre du Finder en mode Liste.

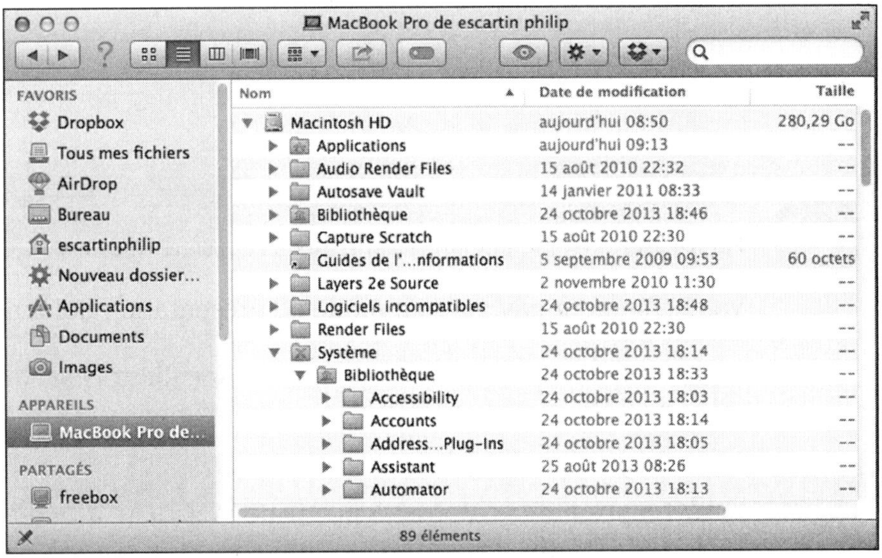

Figure 3.9 : Le mode Liste affiche hiérarchiquement le contenu du Finder.

Présenter le Finder en mode Colonnes

Il s'agit du mode de présentation du Finder que je préfère. Je le trouve efficace et rapide. La **Figure 3.10** montre la même fenêtre en mode Colonnes. La barre latérale située sur la gauche affiche tous les lecteurs du système. Chaque colonne de droite représente un niveau hiérarchique dont les dossiers et les sous-dossiers sont développés dans d'autres colonnes qui s'étendent vers la droite. Pour basculer dans ce mode de présentation, cliquez sur l'icône Colonnes de la barre d'outils de la fenêtre du Finder.

Figure 3.10 : Le mode Colonnes affiche des dossiers et des sous-dossiers.

Voici comment naviguer en mode de présentation Colonnes :

1. **Dans la barre latérale du Finder, localisez la section Appareils, et cliquez sur le nom du lecteur dont vous désirez afficher le contenu.**

2. **La première colonne à partir de la gauche affiche alors le contenu du lecteur en question. Pour afficher le contenu d'un des dossiers, cliquez simplement sur son icône. Ses éléments apparaissent dans la colonne suivante. Des co-**

lonnes s'ajoutent au fur et à mesure que vous descendez dans la hiérarchie des dossiers.

3. **Lorsque vous cliquez pour sélectionner un fichier ou un programme, et non pas un dossier, le Finder en affiche un aperçu agrémenté de quelques informations, dont son nom, sa taille, son type,** *etc.*

Chaque colonne possède une barre de défilement verticale qui permet d'accéder au contenu qui n'est pas visible à cause de la taille de la fenêtre du Finder. Vous pouvez également modifier la taille de chaque colonne. Pour cela, placez le pointeur de la souris sur les deux petits traits verticaux situés en bas de la colonne. Quand il prend la forme d'une double flèche de redimensionnement, cliquez et, sans relâcher le bouton de la souris, glissez la colonne vers la gauche ou la droite pour respectivement la rétrécir ou l'agrandir. Les autres colonnes se déplacent alors en conséquence dans la même direction que le redimensionnement.

Surfer en mode Cover Flow

Le mode de présentation Cover Flow, illustré à la **Figure 3.11**, affiche le contenu d'un lecteur ou d'un dossier sous la forme d'une espèce de tourniquet. Comme toutes les présentations de Mavericks, vous activez celle-ci par un clic sur le bouton de la barre d'outils du Finder illustré ci-contre.

Voici quelques conseils sur l'utilisation du mode de présentation Cover Flow :

- **Redimensionner le panneau Aperçu :** Pour mieux voir une photo ou un fichier PDF, redimensionnez le panneau Aperçu en plaçant le pointeur de la souris sur les trois petits traits horizontaux situés sous sa barre de défilement. Quand le pointeur prend la forme d'une main, cliquez et glissez-la vers le bas.
- **Développer et réduire :** Vous pouvez développer et réduire les dossiers du mode Cover Flow, comme vous le faites

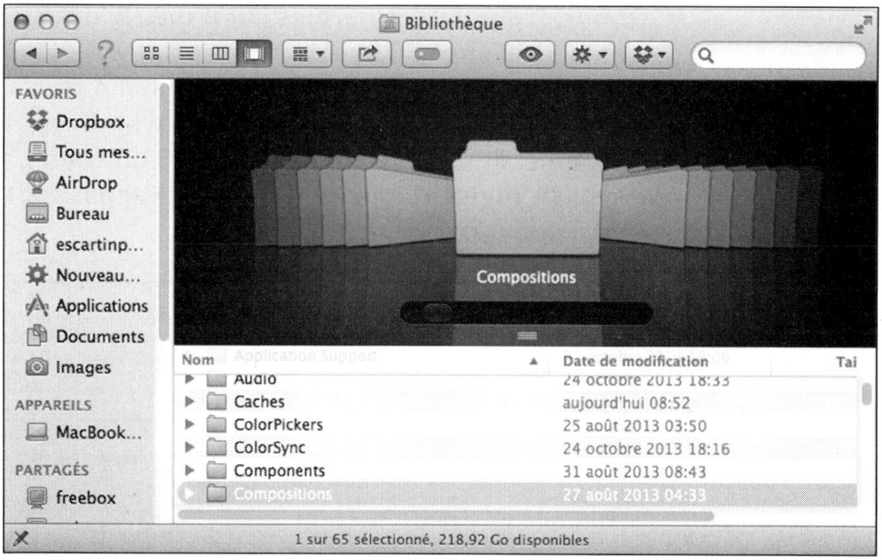

Figure 3.11 : En mode Cover Flow, les éléments sont affichés sous la forme d'un aperçu.

en mode Liste, en cliquant sur les petits triangles situés à gauche des dossiers.

- **Faire défiler le panneau Aperçu :** Glissez le curseur situé sous l'aperçu pour parcourir le contenu d'un lecteur ou d'un dossier.

Ouvrir et travailler avec des fenêtres

Si vous avez respecté l'ordre des chapitres de ce livre, vous connaissez plusieurs méthodes d'ouverture des fenêtres. Voici quelques indications qui vous aideront à bien comprendre cette fonction :

- **Généralement, les fenêtres s'ouvrent automatiquement.** En effet, dès que vous exécutez une application, elle s'affiche dans une fenêtre. Idem quand vous double-cliquez sur l'icône Macintosh HD. L'exécution d'un programme est expliquée plus haut dans ce chapitre. L'ouverture d'un fichier, donc de l'application qui l'a créé, est expliquée au Chapitre 5.

- **Certains programmes permettent d'ouvrir des fenêtres à la volée.** La **Figure 3.12** montre une fenêtre du Finder dans sa forme la plus simple. Par défaut, sous Mavericks, toute nouvelle fenêtre du Finder affiche les Favoris Tous mes fichiers. Pour ouvrir une nouvelle fenêtre du Finder, cliquez sur Fichier/Nouvelle fenêtre Finder, ou exécutez le raccourci clavier Cmd + N.

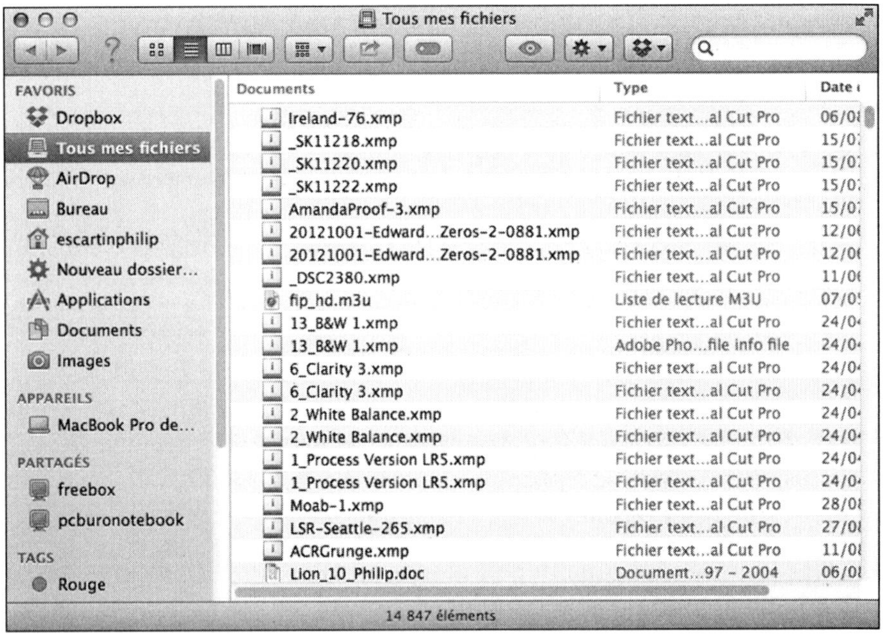

Figure 3.12 : Aspect du Finder lors de sa première ouverture.

Faire défiler les fenêtres

Votre disque dur contient beaucoup plus de documents et de données que ne peuvent en afficher les fenêtres. Donc, pour accéder au contenu masqué d'une fenêtre, vous devez utiliser ses barres de défilement.

Faites défiler la barre de défilement verticale, illustrée à la **Figure 3.13**, pour accéder au contenu situé dans la partie inférieure et invisible de la fenêtre.

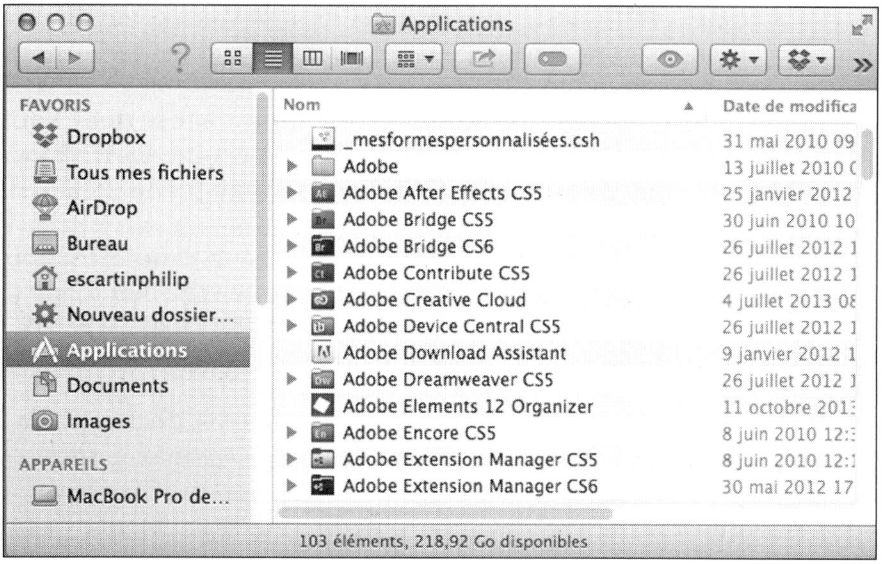

Figure 3.13 : Barre de défilement.

Le défilement s'effectue généralement de deux manières :

- **Cliquez sur le curseur de défilement et faites-le glisser.** Placez le pointeur de la souris sur le curseur de défilement puis cliquez et, sans relâcher le bouton de la souris, glissez le curseur vers le bas ou le haut.
- **Cliquez dans un espace vide situé au-dessus ou en dessous du curseur de défilement.** Ces clics permettent de sauter rapidement d'une partie à l'autre de la fenêtre.

TRUC

En fonction du type d'application que vous utilisez, vous pouvez faire défiler le contenu d'une fenêtre en cliquant sur des flèches ou en appuyant sur les touches Page Up et Page Down.

Réduire et restaurer des fenêtres

La **Figure 3.13** de la précédente section montre aussi trois boutons essentiels au fonctionnement des fenêtres. Celui qui nous intéresse ici permet de réduire une fenêtre, c'est-à-dire de la faire disparaître du Bureau, sans pour autant la fermer. Voici comment réduire puis restaurer une fenêtre :

1. **Pour réduire une fenêtre, cliquez sur le petit bouton jaune situé dans sa partie supérieure droite. La fenêtre ainsi réduite apparaît sous la forme d'une icône du Dock.**

2. **Pour restaurer la fenêtre, c'est-à-dire pour qu'elle s'affiche de nouveau sur le Bureau, cliquez sur son icône présente dans la partie inférieure droite du Dock. Mac OS X restaure son état et sa position sur le Bureau.**

Pour afficher une portion plus grande d'un document, le *zoom* permet à une fenêtre d'occuper un espace maximum sur le Bureau. Ainsi, votre application pourra s'afficher en plein écran. Voici ce que vous devez savoir pour zoomer correctement :

- **Vous pouvez zoomer en un clic.** Pour zoomer, placez le pointeur de la souris sur le bouton vert situé dans le coin supérieur gauche de la fenêtre. Il révèle un signe +. Cliquez ! La fenêtre occupe alors un espace maximal sur le Bureau de Mavericks.

  TRUC

  Une fois que vous avez fini de travailler, vous pouvez restaurer la dimension initiale de la fenêtre en cliquant de nouveau sur ce bouton +.

- **Zoomer produit des résultats mitigés :** Dans certains cas, le zoom permet à une fenêtre d'occuper la totalité de l'écran. Mais à d'autres moments, et avec les fenêtres de certaines applications, un espace vide reste présent sur le Bureau. En d'autres termes, la fenêtre ne s'agrandit pas au maximum.

- **Vous ne pouvez pas toujours zoomer :** Toutes les applications ne disposent pas d'un bouton de zoom. C'est le cas de certains jeux !

Déplacer et redimensionner des fenêtres

Plus vous ouvrez de fenêtres simultanément et plus votre Bureau est surchargé d'éléments rendant difficile leur visibilité. Travailler dans une fenêtre particulière peut devenir un pensum. Heureusement, les fenêtres peuvent se déplacer comme expliqué ci-après :

- **Déplacez les fenêtres pour consulter d'autres éléments.** Typiquement, une fenêtre a besoin d'être déplacée quand elle en masque d'autres, ou quand vous désirez consulter simultanément le contenu de plusieurs fenêtres.

- **Cliquez et faites glisser une fenêtre pour la déplacer.** Pour déplacer une fenêtre, cliquez sur sa barre de titre et, sans relâcher le bouton de la souris, glissez-déposez-la à un autre emplacement du Bureau. Lorsque vous relâchez le bouton de la souris, la fenêtre apparaît à sa nouvelle position.

- **Modifiez la largeur ou la hauteur d'une fenêtre.** En redimensionnant une fenêtre, vous affichez le contenu d'autres fenêtres qui étaient jusqu'à présent masquées. La modification de la largeur ou de la hauteur permet également de juxtaposer des fenêtres sur le Bureau. Pour modifier simultanément la hauteur et la largeur, placez le pointeur de la souris sur un angle de la fenêtre. Quand il prend la forme d'une double flèche de redimensionnement cliquez et, sans relâcher le bouton de la souris, faites glisser le pointeur vers l'intérieur pour réduire la taille de la fenêtre, et vers l'extérieur pour l'agrandir. Pour modifier la largeur d'une fenêtre, placez le pointeur de la souris sur un de ses bords gauche ou droit, et faites-le glisser dans la direction du redimensionnement voulu. Pour la redimensionner verticalement, procédez de la même manière, mais en agissant sur le bord supérieur ou inférieur de la fenêtre.

TRUC

Certaines applications permettent de réorganiser plusieurs fenêtres par un simple clic dans un menu. Cliquez sur leur menu Fenêtre, et exécutez la commande Tout réorganiser.

Ouvrir des onglets et fusionner des fenêtres du Finder

Mac OS X Mavericks dote le Finder d'une nouvelle fonctionnalité qui permet de ne plus encombrer le Bureau avec plusieurs occurrences de cet utilitaire. En effet, le Finder peut réunir plusieurs fenêtres en une seule grâce à des onglets. Nous verrons qu'il est également très facile de former un Finder à plusieurs onglets lorsque vous avez ouvert plusieurs fenêtres du Finder.

Les onglets du Finder

Plutôt que d'ouvrir plusieurs fenêtres du Finder, voici comment en équiper une seule avec des onglets :

1. **Si aucune fenêtre du Finder n'est ouverte, ouvrez une première fenêtre du Finder *via* Fichier/Nouvelle fenêtre.**

2. **Si vous avez besoin d'en ouvrir une autre pour, par exemple copier ou déplacer des fichiers et des dossiers d'un disque dur à un autre, cliquez sur Fichier/Nouvel onglet au lieu de Nouvelle fenêtre, ou exécutez le raccourci clavier ⌘ + T.**

   Comme le montre la Figure 3.14, ce n'est pas une nouvelle fenêtre du Finder qui s'ouvre, mais un onglet qui s'ajoute au premier. Le contenu de chaque onglet fonctionne comme une fenêtre du Finder autonome.

   Chaque onglet porte le nom du dossier ou du lecteur dont il affiche actuellement le contenu.

3. **Cliquez sur le titre de l'onglet dont vous souhaitez afficher le contenu.**

4. **Pour fermer un onglet, placez le pointeur de la souris dessus, puis cliquez sur le bouton X qui apparaît sur sa gauche.**

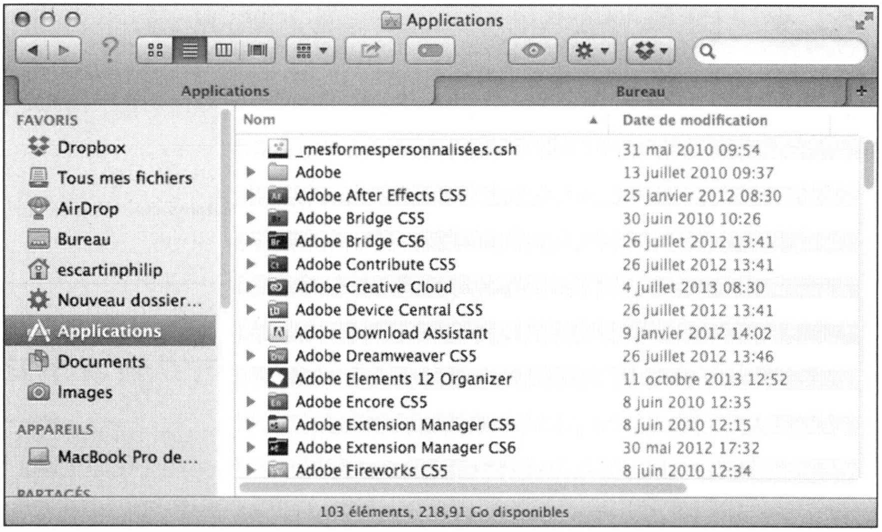

Figure 3.14 : Deux onglets du Finder.

Fusionner plusieurs fenêtres du Finder

Il est possible que vous ne résistiez pas à l'ouverture de plusieurs fenêtres du Finder, ou que vous en ouvriez plusieurs simplement en double-cliquant sur des icônes de vos différents lecteurs affichés sur le Bureau.

Voici comment réunir toutes les fenêtres du Finder en autant d'onglets d'une seule occurrence de cet utilitaire :

1. **Cliquez sur une des fenêtres du Finder pour l'activer.**

   La barre des menus du Finder s'affiche dans la partie supérieure du Bureau.

2. **Ouvrez le menu Fenêtre, et exécutez la commande Fusionner toutes les fenêtres.**

   Une jolie animation regroupe toutes ces occurrences du Finder en onglets d'une seule fenêtre du Finder.

Il est également possible de transformer un onglet en fenêtre en appliquant l'une des deux techniques suivantes :

- Glissez-déposez l'onglet depuis le Finder sur un espace vide de votre Bureau.
- Activez l'onglet en question, puis cliquez sur Fenêtre/Placer l'onglet dans une nouvelle fenêtre.

Fermer des fenêtres et des programmes

Lorsque vous avez fini de travailler sur un document, ou lorsque vous n'avez plus besoin d'une fenêtre ouverte, fermez-la pour libérer de l'espace sur votre Bureau. Voici comment procéder :

- **Cliquez sur le bouton Fermer.** Placez le pointeur de la souris sur le bouton de fermeture situé dans le coin supérieur gauche de la fenêtre (X). Vous pouvez également fermer une fenêtre en exécutant la commande éponyme du menu Fichier de l'application.
- **Enregistrez votre travail avant de fermer une fenêtre.** Lorsque vous fermez une fenêtre d'un programme sans sauvegarder vos dernières modifications, Mac OS X Mavericks affiche un message vous invitant à procéder à l'enregistrement de votre travail. Par exemple, si vous travaillez dans Word ou dans Pages et que vous cliquez sur leur bouton de fermeture sans enregistrer le travail en cours, un message demande confirmation de votre action tout en vous encourageant à sauvegarder vos dernières modifications. Dans ce cas, il est fortement conseillé de cliquer sur le bouton Enregistrer. Dès que vous avez confirmé la sauvegarde de vos données, la fenêtre de l'application se ferme automatiquement.

Pour fermer toutes les fenêtres d'un programme particulier, maintenez la touche Option enfoncée et cliquez sur le bouton Fermer d'une de ses fenêtres.

Fermer un programme

Mon sens de l'humour devrait me pousser à vous dire que, pour fermer une application, vous n'avez qu'à débrancher votre Mac. Toutefois, ce n'est probablement pas la méthode la plus saine pour quitter un programme. Je vous suggère donc les quelques méthodes suivantes :

- Exécutez le raccourci clavier Cmd + Q.
- Cliquez sur le nom de l'application et, dans le menu qui apparaît, exécutez la commande Quitter.
- Faites un Ctrl + clic (clic droit) sur l'icône de l'application affichée dans le Dock. Dans le menu local qui apparaît, exécutez la commande Quitter.

Vous pouvez également cliquer sur le bouton Fermer de la fenêtre du programme. Toutefois, cette technique ne vous fait pas quitter l'application. En effet, vous constatez qu'elle reste disponible dans le Dock.

TRUC

Lorsque vous fermez la fenêtre d'un programme, vous n'en quittez pas pour autant l'application. Par exemple, si vous fermez la fenêtre du navigateur Safari, ce programme reste ouvert. En revanche, si vous quittez le programme Safari (ou n'importe quelle autre application), toutes ses fenêtres seront à leur tour fermées.

Chapitre 4

Personnaliser Mavericks

Prêt pour...

- Ajuster Mavericks
- Modifier l'image d'arrière-plan du Bureau
- Changer le modèle de couleur du Bureau
- Choisir un économiseur d'écran
- Personnaliser le clavier
- Organiser les icônes du Bureau
- Personnaliser votre périphérique de pointage
- Régler votre écran pour un maximum de visibilité
- Utiliser les outils d'Accessibilité
- Remplacer les sons par des indicateurs visuels
- Configurer la reconnaissance vocale

Vous pouvez personnaliser Mavericks de plusieurs manières. Ainsi, vous avez la possibilité de modifier l'apparence du Bureau, de paramétrer le comportement de la souris et du clavier, et de configurer un économiseur d'écran qui rendra le sourire à votre Mac lorsque vous le quitterez momentanément pour vaquer à d'autres occupations.

Ajuster Mavericks

Votre Mac est très facile à personnaliser pour qu'il réponde à vos besoins. Ainsi, chaque compte peut être configuré selon les désirs de son utilisateur.

La plupart des modifications que vous apportez au système d'exploitation Mac OS X se déroulent dans les Préférences Système. Pour ouvrir cette application, cliquez sur son icône du Dock qui représente des engrenages.

Modifier l'image d'arrière-plan du Bureau

Avez-vous réellement besoin de personnaliser l'arrière-plan de votre Bureau ? Eh bien, tout dépend de vos goûts et de vos envies. Toutefois, personnaliser un environnement informatique, c'est comme personnaliser sa voiture pour qu'elle ne ressemble pas à celle du voisin et qu'elle reflète votre caractère.

Mes arrière-plans préférés sont :

- les dessins et les photos humoristiques qui vous raviront chaque fois que vous allumerez votre Mac ;
- les beaux paysages ;
- des couleurs unies qui peuvent mettre en évidence les fenêtres et les icônes ;
- des photos de votre famille et de vos amis.

Si vous décidez de modifier l'image d'arrière-plan de votre Mac, trois choix sont à votre disposition : les images livrées avec Mac OS X, une couleur unie, ou une de vos photos. Ces trois types d'arrière-plan sont accessibles dans les Préférences Système Bureau et économiseur d'écran représentées à la **Figure 4.1**.

TRUC

Pour accéder rapidement à ces préférences, faites un Ctrl + clic (clic droit) sur le Bureau. Dans le menu contextuel qui apparaît, choisissez Modifier le fond d'écran.

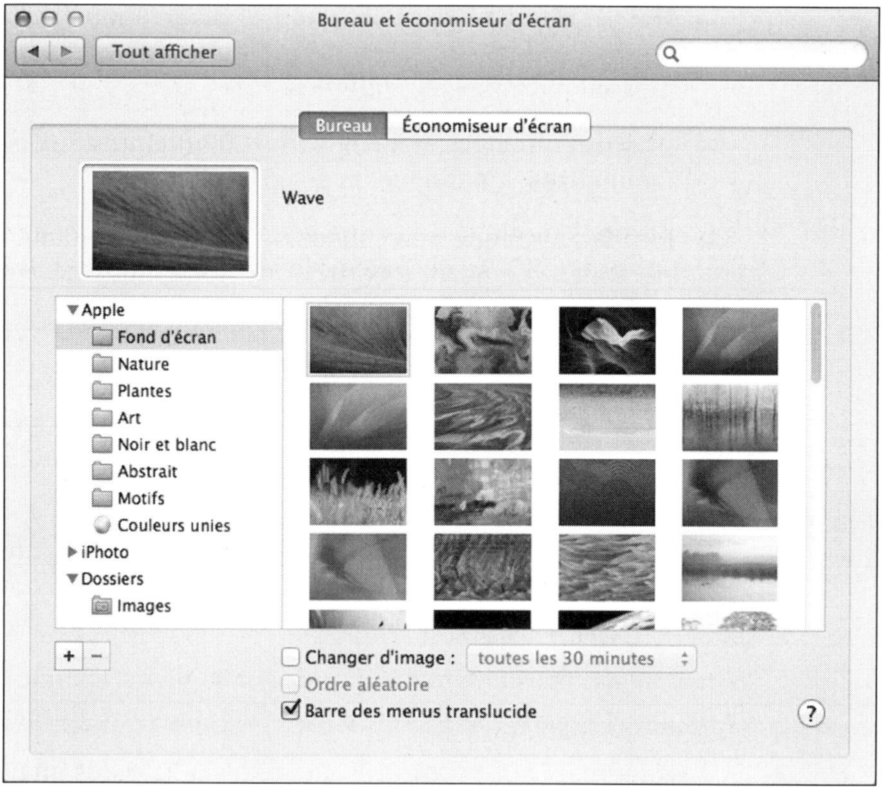

Figure 4.1 : Cliquez pour découvrir les images fournies par Apple.

Pour choisir un arrière-plan parmi les éléments fournis en standard par Apple, cliquez sur l'un des groupes suivants affichés dans la liste de gauche des préférences Bureau et économiseur d'écran :

- **Les images Apple :** Ces images vont de simples motifs à des formes complexes et éthérées. (Il faut les afficher pour comprendre ce que je veux dire.)
- **Nature :** Ces images représentent de magnifiques paysages, comme des étendues d'herbe, des dunes de sable, des collines enneigées, enfin toutes sortes de beautés naturelles.
- **Plantes :** Contient des gros plans végétaux avec des feuilles d'automne absolument magnifiques.

- **Noir et blanc :** Des photos noir et blanc époustouflantes qui donnent des résultats extraordinaires sur les écrans larges. Ce sont mes images préférées.
- **Abstrait :** Images de formes tourbillonnantes aux couleurs lumineuses. Idéal pour un psychanalyste.
- **Motifs :** Applique une espèce de motif ressemblant au papier peint des chambres à coucher de nos grands-parents.
- **Couleurs unies :** Applique une couleur dite solide, c'est-à-dire un aplat prédéfini ou personnalisé.
- **Dossier Images :** Ce dossier contient les images stockées dans le dossier Images du compte d'utilisateur actuellement utilisé.
- **Choisir un dossier :** Vous pouvez sélectionner n'importe quel dossier de votre système contenant des images, comme cela est expliqué un peu plus loin dans ce chapitre.

Si une image vous convient, cliquez sur sa vignette. Mac OS X l'affiche instantanément comme arrière-plan de votre Bureau.

TRUC

Si vos albums iPhoto sont présents dans la liste des images d'arrière-plan utilisables, vous pouvez utiliser les photos de sa bibliothèque comme images d'arrière-plan de votre Bureau.

En fonction du type d'image choisi, Mac OS X affiche un menu local au-dessus du panneau des vignettes pour y choisir la disposition de votre image d'arrière-plan :

- **Occuper tout l'écran.** Une couleur unie va couvrir la totalité de l'écran. Ici, les proportions originales de l'image sont préservées. En d'autres termes, l'image n'est pas déformée.
- **Adapter à l'écran.** Avec cette option, Mac OS X redimensionne l'image proportionnellement à la résolution de votre moniteur, de telle sorte que toute l'image soit visible. L'image n'est pas déformée, et aucun zoom ne lui est appliqué. Si l'image choisie est en mode portrait, Mac OS X remplit les espaces vides avec une couleur unie que vous pouvez modi-

fier en cliquant sur le petit rectangle qui apparaît à droite du menu local.

- **Étirer pour remplir l'écran.** Si votre image est trop petite pour remplir la résolution d'affichage de votre moniteur, Mac OS X modifie ses dimensions. Cela détériore considérablement la qualité d'affichage des petites images, car leurs pixels deviennent très gros, donc particulièrement visibles. Vous comprenez alors que les proportions d'origine de l'image ne sont pas préservées, et qu'un effet de miroir déformant risque d'altérer certaines photos.

- **Centrer.** Quelle que soit sa dimension d'origine, la photo est centrée sur le Bureau. Si la résolution de l'image est supérieure ou égale à celle du Bureau, l'image se positionnera au centre de l'écran. Les zones vides situées tout autour de l'image seront remplies par une couleur unie. Modifiez la couleur de fond en cliquant sur le petit rectangle qui apparaît à droite du menu local.

- **Disposer en mosaïque.** L'image se répète de manière à couvrir la totalité du Bureau. Cette option est généralement utilisée pour les tout petits motifs qui ne sont guère plus grands qu'une icône.

TRUC

Si vous désirez que l'image d'arrière-plan change périodiquement, cochez l'option Changer d'image située sous les vignettes des images d'arrière-plan. Vous activez alors un menu local qui permet de choisir la durée d'affichage de chaque image. D'une certaine manière, vous programmez le timing d'un diaporama. Pour éviter la routine, cochez l'option Ordre aléatoire. Ainsi, Mac OS X ne respectera pas l'ordre de tri des images du dossier sélectionné.

Comme je l'ai mentionné précédemment dans ce chapitre, vous pouvez appliquer une couleur unie personnalisable de manière à ne pas être perturbé par des photographies.

Enfin, depuis le Finder, vous pouvez glisser-déposer une image sur l'aperçu situé dans la partie supérieure gauche des Préférences Système Bureau et économiseurs d'écran.

Pour accéder à toutes les images stockées dans le dossier éponyme de Mac OS X, commencez par cliquer sur la flèche de développement/réduction située à gauche de la mention Dossier de la boîte de dialogue Bureau et économiseurs d'écran. Ensuite, cliquez sur le dossier Images. Si vous souhaitez utiliser les images d'un autre dossier, cliquez sur le bouton + situé dans le coin inférieur gauche de la boîte de dialogue Bureau et économiseur d'écran. Pour appliquer une image comme fond d'écran, cliquez sur sa vignette affichée dans le panneau central de la boîte de dialogue.

Changer le modèle de couleur du Bureau

Il est également possible de définir la couleur des boutons, des menus, et des fenêtres de Mavericks. Il suffit pour cela de sélectionner un modèle de couleur en respectant les étapes suivantes :

1. **Ouvrez les Préférences Système, et cliquez sur l'icône Général. Vous accédez aux paramètres illustrés à la Figure 4.2.**

2. **Ouvrez le menu local Apparence et choisissez la couleur principale de vos boutons et de vos menus.**

3. **Ouvrez le menu local Couleur de contraste et sélectionnez la couleur qui mettra en surbrillance le texte saisi dans vos applications ou un élément sélectionné dans une liste.**

4. **Appuyez sur Cmd + Q pour fermer les Préférences Système et enregistrer vos modifications.**

Choisir un économiseur d'écran

Les économiseurs d'écran restent des éléments informatiques très populaires. Ils étaient autrefois utilisés pour augmenter la durée de vie des moniteurs cathodiques. Aujourd'hui, les écrans LCD et LED ne risquent plus de « brûler » les pixels, rendant ainsi les économiseurs d'écran totalement désuets. Toutefois, les utilisateurs continuent d'employer ces économiseurs par habitude, mais aussi pour

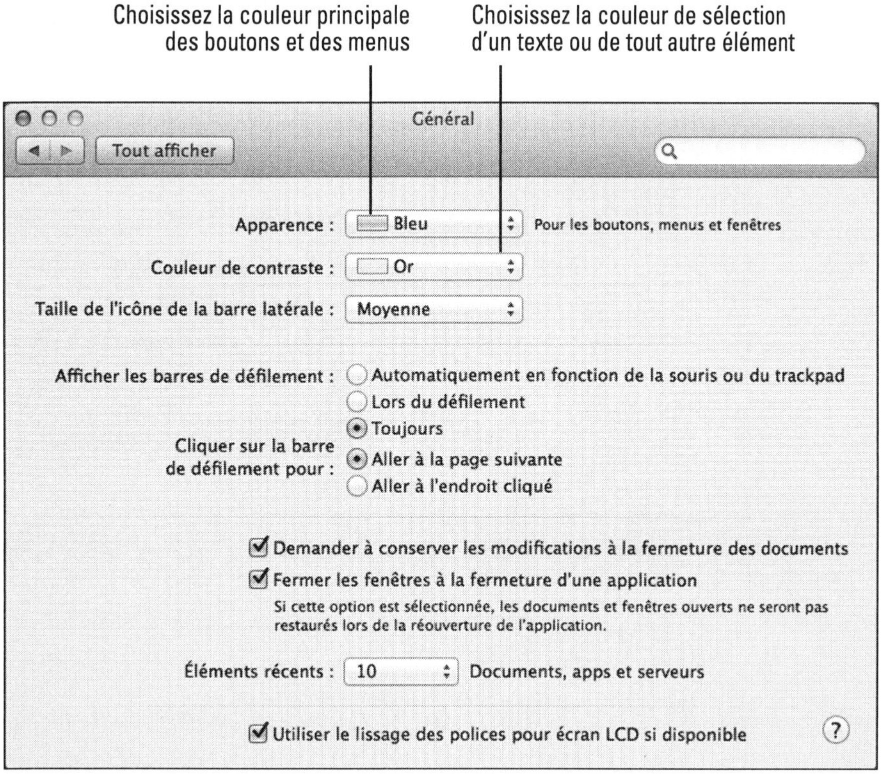

Figure 4.2 : Les préférences générales de Mavericks.

le plaisir des yeux. Un économiseur d'écran s'active automatiquement après une durée d'inactivité spécifiée de votre ordinateur.

Le choix d'un économiseur d'écran s'effectue dans les Préférences Système par un clic sur l'icône Bureau et économiseur d'écran, puis sur l'onglet Économiseur d'écran. Vous affichez alors les paramètres de la **Figure 4.3**. Choisissez un type d'économiseur d'écran dans la colonne de gauche. Ensuite, dans le menu local Démarrer après, choisissez la durée d'inactivité à partir de laquelle l'économiseur entrera en action. En revanche, si vous ne souhaitez pas utiliser un économiseur d'écran, choisissez Jamais.

Dès que vous choisissez un type d'économiseur dans la colonne de gauche, un aperçu s'anime dans celle de droite. Les économiseurs les plus classiques sont localisés dans la partie inférieure de la colonne gauche. C'est ainsi que vous retrouverez le traditionnel

Figure 4.3 : Le contenu de l'onglet Économiseurs d'écran.

Faisceaux. Certains d'entre eux disposent de paramètres auxquels vous accédez par un clic sur le bouton Options de l'économiseur d'écran. Pour changer automatiquement d'économiseur, sélectionnez la vignette Aléatoire tout en bas de la colonne de gauche.

Choisissez le contenu de l'économiseur, c'est-à-dire ce qu'il va diffuser en ouvrant le menu local Source. Vous disposez d'un certain nombre d'images prédéfinies, c'est-à-dire fournies par Apple comme National Geographic, Photos aériennes, Cosmos, ou Modèles de la nature. Pour utiliser vos photos personnelles, cliquez sur Choisir un dossier ou sur Bibliothèque. Parcourez alors vos disques durs, et choisissez un dossier dans lequel toutes les images seront utilisées par votre économiseur d'écran.

TRUC

Cliquez sur le bouton Coins actifs pour accéder à une boîte de dialogue permettant de définir l'angle de votre moniteur qui lancera l'économiseur ou le désactivera quand vous y positionnerez le pointeur de la souris. Une fois les coins actifs déterminés, cliquez sur le bouton OK pour les valider et revenir à la fenêtre Préférences Système.

Personnaliser le clavier

Fort heureusement, vous ne pouvez pas complètement réorganiser les touches de votre clavier AZERTY. Toutefois, Mavericks permet d'ajuster son comportement de bien des manières.

Pour personnaliser votre clavier, affichez les Préférences Système en cliquant sur leur icône (engrenage) du Dock. Ensuite, dans la fenêtre qui apparaît, cliquez sur Clavier. L'onglet Clavier dévoile alors ses paramètres, comme à la **Figure 4.4**. Voici les options que vous pouvez définir :

- **Répétition de touches :** Glissez le curseur de ce paramètre pour déterminer la vitesse à laquelle une touche est répétée lorsque vous la maintenez enfoncée.
- **Pause avant répétition :** Glissez ce curseur pour définir le temps durant lequel il faut maintenir une touche enfoncée pour qu'elle soit répétée.

Mavericks propose aussi des fonctions de *touches à automaintien* qui vous permettent d'exécuter des raccourcis clavier quand vous ne parvenez pas à appuyer sur plusieurs touches simultanément ou pour éviter la répétition de touches. Pour configurer ces options, ouvrez les Préférences Système, et cliquez sur Accessibilité, c'est-à-dire la dernière icône des Préférences système. Dans la fenêtre qui s'affiche, cliquez sur l'icône Clavier.

Les touches à automaintien permettent d'exécuter des raccourcis clavier sans être obligé d'appuyer simultanément sur toutes les touches. En d'autres termes, vous appuyez sur les touches les unes après les autres. Les touches lentes permettent une pause entre le moment où vous appuyez sur une touche et celui où Mavericks agit sur la combinaison de touches que vous souhaitez exécuter. Pour

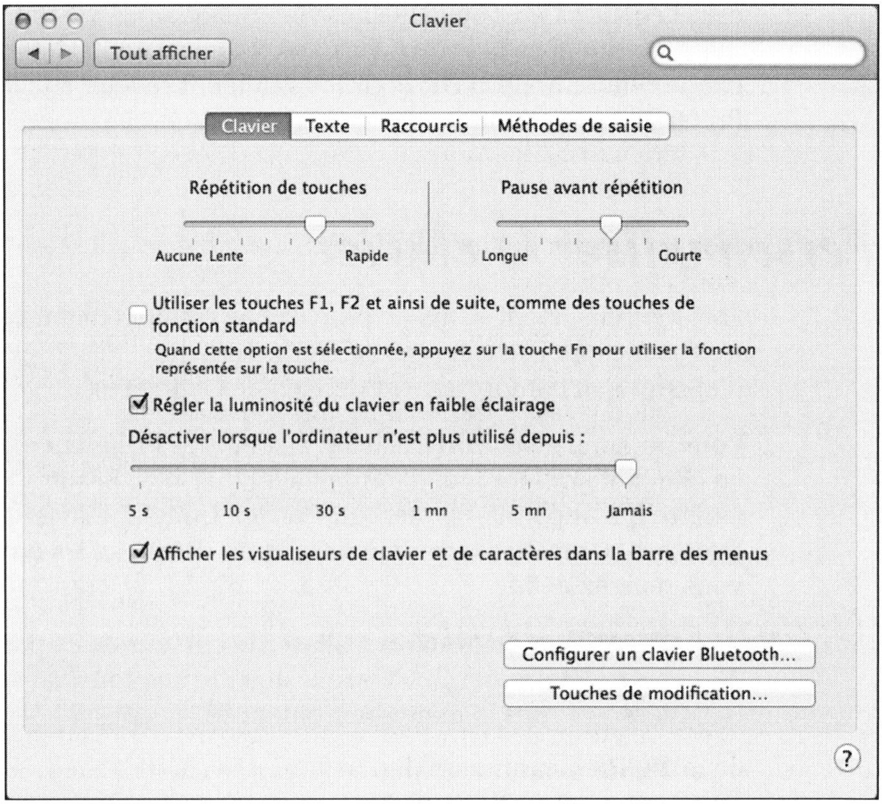

Figure 4.4 : Glissez ce curseur vers la gauche pour éviter des répétitions intempestives.

activer l'utilisation des touches à automaintien et des touches lentes, cliquez sur leur bouton radio Oui.

Vous pouvez modifier le fonctionnement des touches à automaintien en activant les options suivantes :

- **Appuyer 5 fois sur Maj pour activer/désactiver les touches à automaintien :** Cochez cette case pour activer et désactiver la fonction de touches à automaintien en appuyant 5 fois sur la touche Maj.
- **Émettre un son à chaque appui sur une touche :** Cochez cette case pour qu'un signal sonore soit émis à chaque pression exercée sur une touche.

- **Afficher les touches activées à l'écran :** Avec cette option, Mavericks affiche à l'écran la séquence de touches à auto-maintien. Ainsi, vous connaissez toujours la progression de l'exécution de votre raccourci. Un menu local permet de définir la position de l'affichage de cette séquence sur votre écran.

Vous pouvez modifier le comportement des touches lentes en utilisant ces options :

- **Émettre un son à chaque appui sur une touche :** Cochez cette case pour qu'un signal sonore soit émis à chaque pression exercée sur une touche.
- **Délai :** Glissez ce curseur pour spécifier la longueur du délai avant qu'une touche soit identifiée comme ayant été pressée.

Organiser les icônes du Bureau

Considérez la disposition des éléments du Bureau. Les options d'organisation des icônes du Bureau peuvent être configurées dans le menu Présentation du Finder, ou par un Ctrl + clic (clic droit) sur une zone vide du Bureau. Dans le menu contextuel qui apparaît, exécutez la commande Afficher les options de présentation. Une autre technique consiste à appuyer sur Cmd + J. Quelle que soit la méthode utilisée, Mavericks affiche la boîte de dialogue illustrée à la **Figure 4.5.**

Voici les modifications que vous pouvez apporter :

- **Redimensionner les icônes :** Glissez le curseur Taille des icônes pour augmenter ou réduire la dimension des icônes du Bureau. Cette taille est exprimée en pixels.
- **Définir l'espacement de la grille :** Glissez le curseur Espacement pour augmenter ou réduire la taille de la grille virtuelle du Bureau sur laquelle s'aligne les icônes. Ainsi, plus cette grille est large, moins les icônes sont rapprochées les unes des autres.

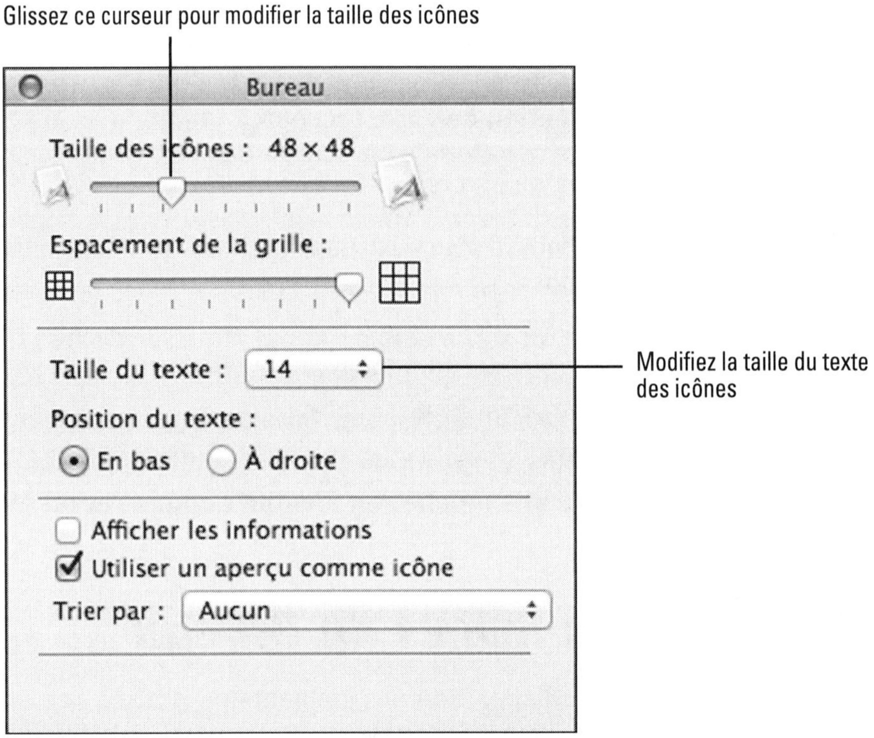

Figure 4.5 : Les options de présentation du Bureau.

- **Redimensionner les textes :** Ouvrez le menu local Taille du texte, et choisissez une dimension prédéfinie exprimée en points.
- **Position du texte :** Activez le bouton radio correspondant à la position souhaitée du texte des icônes. Vous avez le choix entre En bas et À droite.
- **Afficher les informations :** Avec cette option, Mac OS X indique le nombre d'éléments contenus dans un dossier, mais aussi la capacité de stockage d'un lecteur et son espace libre.
- **Utiliser un aperçu comme icône :** Si vous cochez cette case, le Finder utilise une vignette de l'image comme icône de son fichier. Cette fonction est sympathique, mais exige un traitement supplémentaire, car Mac OS X doit charger chaque

fichier image pour en créer une version réduite servant d'icône.

- **Trier les icônes :** Ce menu local propose de nombreuses options de tri, dont une commande Aligner sur la grille qui empêche de placer vos icônes n'importe où sur le Bureau. Vous constaterez d'ailleurs qu'en relâchant le bouton de la souris, l'icône est littéralement attirée par la grille virtuelle. Vous pouvez aussi trier les icônes par Nom, Date de modification, Date de création, Date de dernière ouverture, Date de l'ajout, Taille, Type, Étiquette, et Tags.

Une fois vos modifications apportées, reprenez normalement le cours de vos travaux en cliquant sur le bouton Fermer de la boîte de dialogue Bureau.

Personnaliser votre périphérique de pointage

Quel que soit le Mac que vous utilisez, vous avez toujours la possibilité de lui adjoindre un périphérique de pointage. Ce dispositif identifie une souris et une dalle tactile. En effet, sur un ordinateur portable, bien que vous puissiez utiliser la dalle tactile en lieu et place d'une souris, rien ne vous empêche d'ajouter ce petit rongeur à votre Mac. La dalle tactile peut complexifier l'utilisation de certains programmes, notamment les logiciels graphiques comme Photoshop.

Dans ce secteur particulier qui consiste à utiliser un périphérique pour déplacer un pointeur à l'écran, Mavericks vous permet de personnaliser votre souris ou votre dalle. Pour cela, commencez par cliquer sur l'icône des Préférences Système du Dock puis, dans la fenêtre qui apparaît, cliquez sur l'icône Souris ou Trackpad. (Trackpad est souvent utilisé comme synonyme de dalle tactile.) La **Figure 4.6** montre les paramètres d'une souris standard à fil.

- **Vitesse de déplacement :** Glissez ce curseur pour déterminer la vitesse à laquelle la souris se déplace sur l'écran.

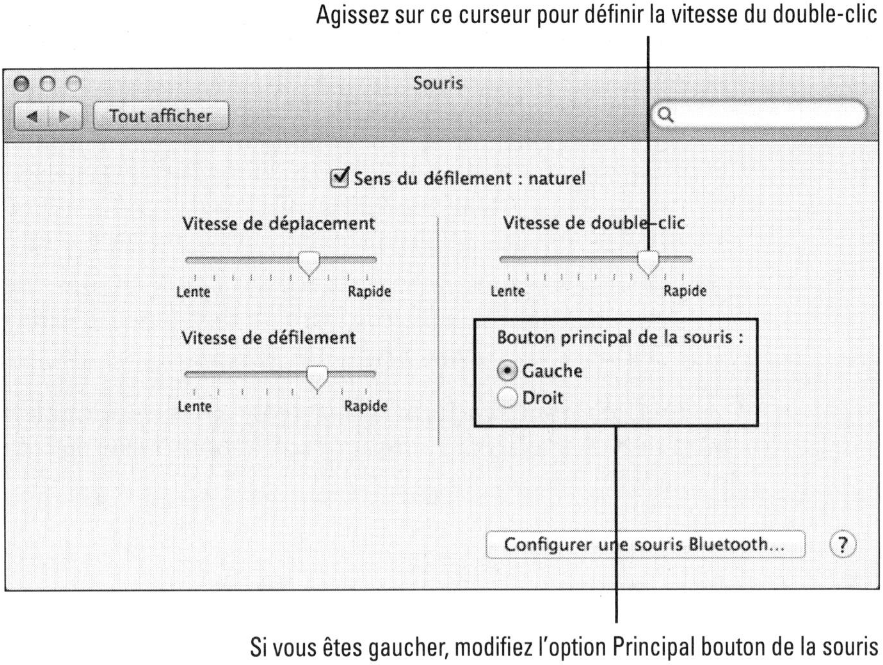

Figure 4.6 : Les réglages d'une souris standard.

- **Vitesse de double-clic :** Glissez ce curseur pour déterminer la vitesse à laquelle vous devez appuyer deux fois sur le bouton de la souris pour effectuer un double-clic.
- **Vitesse de défilement :** Faites glisser ce curseur pour spécifier la vitesse à laquelle le contenu d'une fenêtre défilera.
- **Principal bouton de la souris :** Cette option permet d'indiquer si la souris est utilisée par un gaucher ou par un droitier. Pour un droitier, le bouton principal de la souris est le bouton gauche. Pour un gaucher, c'est l'inverse.

Si vous utilisez un portable MacBook, vous trouverez des paramètres équivalents en cliquant sur l'icône Trackpad de la fenêtre Préférences Système.

Régler votre écran pour un maximum de visibilité

Mavericks vous permet de modifier la résolution d'affichage et la luminosité de votre écran. Si vous êtes malvoyant, vous pouvez améliorer l'affichage en intervenant sur les options d'Accessibilité.

Votre moniteur (ou écran) accepte différentes résolutions. Sa résolution la plus élevée permet d'obtenir une image de très bonne qualité, mais avec des éléments graphiques de très petite taille. En revanche, plus vous réduisez la résolution de votre écran, plus les icônes et les autres éléments sont visibles, mais plus l'espace disponible sur le Bureau est étriqué, et votre image devient de moins bonne qualité.

Voici comment modifier la résolution d'affichage de Mac OS X Mavericks :

1. **Ouvrez les Préférences Système, puis cliquez sur l'icône Moniteurs.**

   Vous accédez aux réglages de votre écran. Il est fort possible que dans la section Résolution, l'option Optimisée pour l'écran soit activée. Elle est censée appliquer la meilleure résolution supportée par votre écran pour que vous bénéficiiez d'une image de grande qualité.

2. **Pour changer la résolution, activez si nécessaire l'option À l'échelle.**

   Comme le montre la Figure 4.7, une liste de résolutions prédéfinies apparaît.

3. **Dans cette liste, cliquez sur la résolution que vous souhaitez utiliser.**

   TRUC

   Si vous rencontrez des problèmes pour discerner les éléments affichés sur le Bureau, optez pour une résolution inférieure.

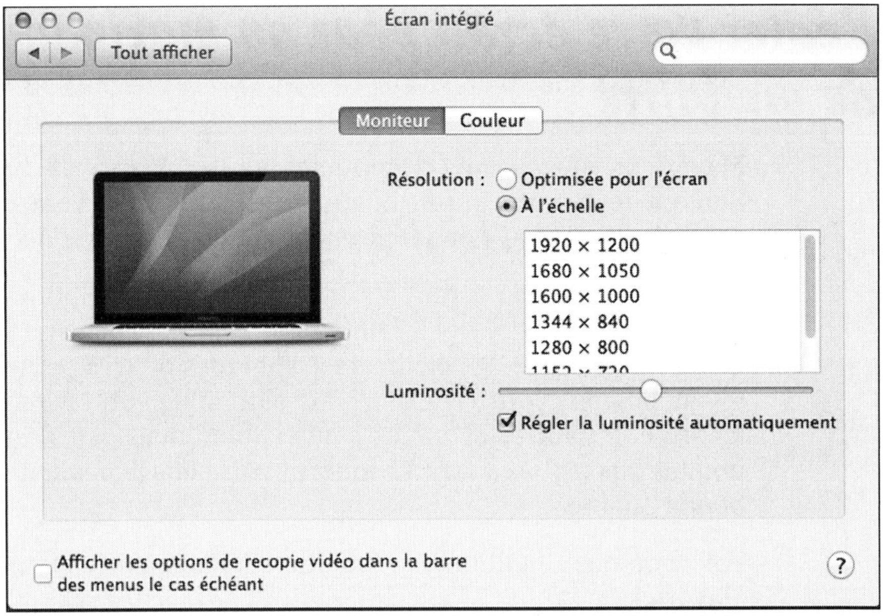

Figure 4.7 : Pour mieux voir les éléments du Bureau, optez pour une basse résolution.

4. **Glissez le curseur Luminosité pour régler la lumière de votre écran.**

   Vous pouvez également régler la luminosité avec les touches du clavier d'un Mac portable.

5. **Pour changer rapidement de résolution d'écran, cochez l'option Afficher les moniteurs dans la barre des menus. Ainsi, il vous suffira de cliquer sur l'icône du moniteur de la barre des menus pour accéder aux résolutions que vous utilisez le plus souvent.**

6. **Appuyez sur Cmd + Q pour fermer les Préférences système et enregistrer vos modifications.**

Mavericks gère d'une manière très personnelle plusieurs écrans. Les notions d'écran principal et d'écran secondaire ont disparu. Ainsi, chaque écran est totalement indépendant des autres. Vous pouvez personnaliser une interface par écran. Chacun d'eux aura sa propre barre de menus, et le Dock sera disponible, quel que soit l'écran actif. Vous avez la possibilité d'exécuter un programme en plein écran sur un de vos moniteurs et d'ouvrir plusieurs fenêtres sur un autre.

Utiliser les outils d'Accessibilité

Apple a pensé aux personnes atteintes de troubles de la vision. Grâce aux préférences d'Accessibilité, il est possible d'améliorer le contraste et d'activer une fonction de zoom qui aide les malvoyants à utiliser un ordinateur.

Pour configurer les options d'Accessibilité, conformez-vous aux étapes suivantes :

1. **Ouvrez les Préférences Système, et cliquez sur l'icône Accessibilité. Vous affichez les paramètres de la Figure 4.8.**

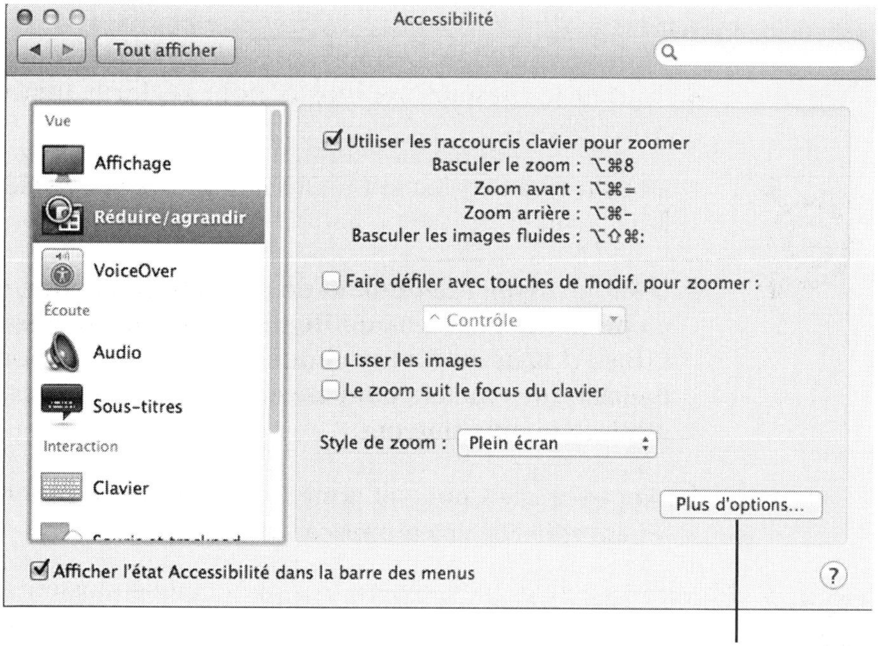

Figure 4.8 : Les options d'accessibilité.

2. **Pour activer la fonction Zoom de Mavericks qui permet de grossir une partie sélectionnée de l'écran, cliquez sur l'icône Réduire/agrandir de la colonne de gauche. Cochez la case Utiliser les raccourcis clavier pour zoomer.**

3. **Pour définir le degré d'agrandissement, cliquez sur le bouton Plus d'options. Dans cette nouvelle boîte de dialogue, vous pouvez définir le niveau de zoom maximum et minimum. Si vous avez besoin, en cours de travail, de zoomer au-delà de ces réglages, exécutez les raccourcis clavier Cmd + Option + = (signe d'égalité) pour un zoom avant, et Cmd + Option + – (signe de soustraction) pour un zoom arrière. Vous pouvez également afficher un rectangle d'aperçu de la zone sur laquelle vous zoomez.**

   Mac OS X peut lisser les images sur lesquelles vous zoomez afin de les afficher dans une meilleure qualité. Pour cela, cochez l'option Lisser les images.

   TRUC

   Dans les options du zoom, vous pouvez choisir le déplacement de l'écran en fonction de la position du pointeur de la souris. Par défaut, l'écran bouge en permanence avec le pointeur. Toutefois, rien ne vous empêche de demander à Mac OS X de déplacer l'écran uniquement quand le pointeur atteint un coin du moniteur. Une dernière option permet de recentrer systématiquement le pointeur sur l'image zoomée.

4. **Les malvoyants ont souvent besoin d'images fortement contrastées. Pour utiliser ces fonctionnalités, cliquez sur l'icône Affichage de la colonne de gauche. Cochez ensuite l'option Inverser les couleurs. Toutefois, en fonction de vos paramètres d'affichage, il peut être judicieux de préférer un affichage en niveaux de gris. Pour cela, cochez l'option Utiliser des niveaux de gris.**

5. **Appuyez sur Cmd + Q pour fermer les Préférences Système et enregistrer vos modifications.**

Remplacer les sons par des indicateurs visuels

Mavericks permet d'utiliser des indicateurs visuels qui assistent les malentendants. Voici comment procéder :

1. **Ouvrez les Préférences Système, et cliquez sur l'icône Accessibilité. Ensuite, cliquez sur l'icône Audio de la section Écoute de la colonne de gauche pour afficher les paramètres de la Figure 4.9.**

2. **Cochez l'option Faire clignoter l'écran lorsqu'un signal d'alerte retentit. Pour vérifier que le paramètre fonctionne correctement, cliquez sur le bouton Faire clignoter l'écran.**

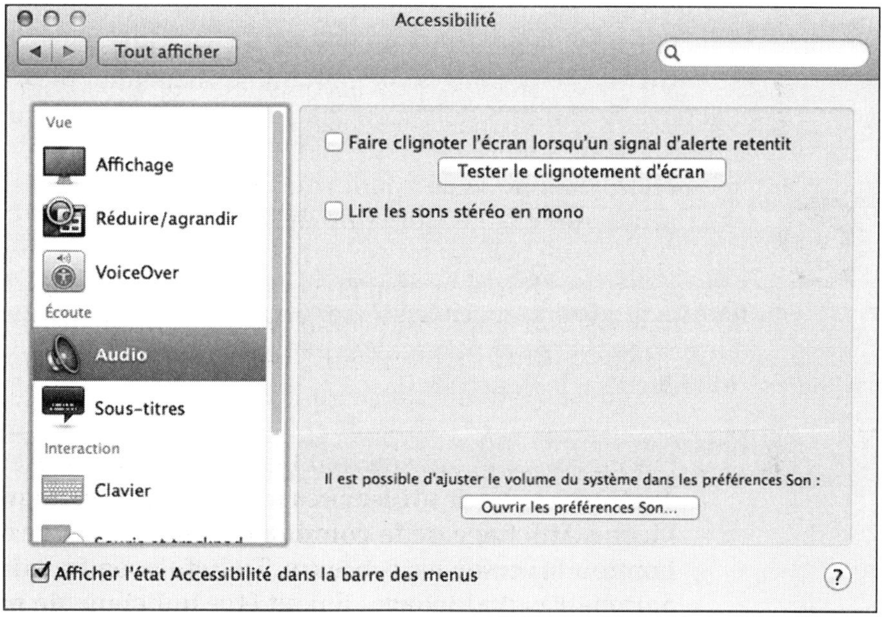

Figure 4.9 : Les paramètres audio pour les malvoyants.

Pour régler le volume général de Mac OS X, cliquez sur le bouton Ouvrir les préférences son. Vous accédez aux paramètres Son des Préférences Système. En bas de cette fenêtre, glissez le curseur Volume de sortie vers la droite ou la gauche pour respectivement baisser et augmenter le son.

Configurer la reconnaissance vocale

Depuis l'avènement de Mac OS, Apple a donné la parole à ses ordinateurs. Mavericks marque une évolution majeure dans un secteur qui tient à cœur aux ingénieurs informatiques, c'est-à-dire la reconnaissance vocale. Dans une acception idéaliste, cette fonctionnalité devrait améliorer la productivité des utilisateurs.

La reconnaissance vocale de Mac OS X vous permet de dire un mot ou une phrase que l'ordinateur traduit en langage informatique, lui permettant de réagir à ce qu'il vient d'entendre (et de comprendre). Ainsi, théoriquement, votre Mac est capable d'exécuter de nombreuses actions ordonnées par votre voix.

La majorité des Macintosh sont équipés d'un micro intégré. Ainsi, vous utiliserez le microphone intégré à l'écran de votre iMac ou de votre MacBook pour communiquer verbalement avec votre machine. Si votre modèle d'ordinateur n'est pas équipé d'un microphone, il vous suffit d'en ajouter un. Il se connecte à la prise Line-In ou Micro du composant audio de votre ordinateur. Sachez qu'il existe aussi des micros qui se branchent à un port USB.

Pour utiliser la reconnaissance vocale de Mac OS X, ouvrez la fenêtre des Préférences Système. Dans la section Système, cliquez sur l'icône Dictée et parole. Vous accédez au panneau de configuration illustré à la **Figure 4.10**.

Parole des Préférences Système se compose de deux onglets :

- **Dictée vocale :** Ses paramètres déterminent la manière dont votre Mac vous écoute. Vous l'activez ou pas, choisissez la langue et la touche de raccourci d'activation et de désactivation de cette fonction. La case Utiliser la dictée améliorée permet de dicter en continu dans vos applications.

- **Synthèse vocale :** Donne la parole à votre Mac. Vous définissez la manière dont il va lire tout ce qui se déroule à l'écran. Le souci est que le français est lu avec un accent anglais qui rend parfois le contenu totalement incompréhensible.

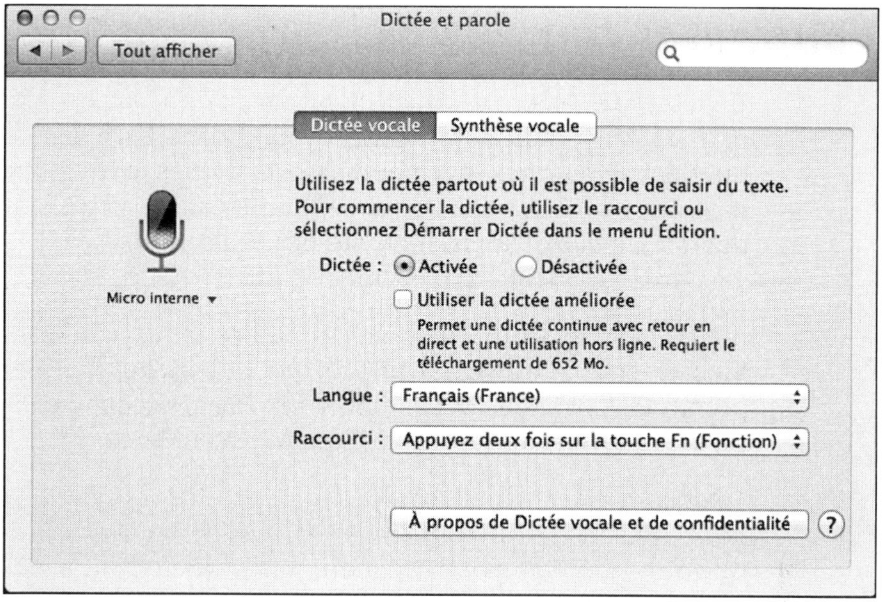

Figure 4.10 : Les réglages de la parole sous Mavericks.

TRUC

Un élément circulaire apparaît sur le Bureau. Il contient l'icône d'un micro et mentionne la touche Esc. On appelle cet élément *fenêtre d'écho vocal.* Si vous utilisez régulièrement la reconnaissance vocale, vous ne pourrez plus vous en passer.

Chapitre 5

Fichiers et dossiers sous Mavericks

Prêt pour...

- Stocker des fichiers sur votre Mac
- Organiser des fichiers dans des dossiers
- Ouvrir des fichiers et des dossiers
- Afficher des documents avec Coup d'œil
- Afficher des images et des documents PDF avec Aperçu
- Créer un lien vers un fichier ou un dossier
- Démarrer les documents et les programmes récemment utilisés
- Sélectionner des éléments
- Créer des dossiers
- Renommer des éléments
- Supprimer les éléments inutiles
- Copier et déplacer des fichiers et des dossiers
- Déplacer des éléments
- Sauvegarder sur CD ou DVD

Mac OS X Mavericks est un système d'exploitation visuel qu'il est bien difficile d'utiliser sans périphérique de pointage. Par conséquent, tout ce que vous exécuterez dans Mavericks se fera à la souris ou ne se fera pas (ou presque).

Ce chapitre présente des éléments aussi indispensables que les *fichiers* et les *dossiers*. Il explique également comment exécuter des programmes et ouvrir des documents, c'est-à-dire les opérations de base de tout travail informatique. Enfin, vous apprendrez à gérer vos fichiers et vos dossiers le plus gracieusement du monde.

Stocker des fichiers sur votre Mac

Bien que vous sachiez comment vos informations sont stockées dans des fichiers, je tiens à vous rappeler les principaux concepts qui leur sont liés :

- **Les informations que vous utilisez et les documents que vous créez sont enregistrés sous la forme de fichiers.** Un *fichier* est un élément à part entière. Il possède un nom et des propriétés (ou attributs) comme ses dates de création et de modification, et le programme avec lequel il a été créé. Par exemple, une lettre que vous écrivez et des données généalogiques que vous collectez sont des éléments stockés dans des fichiers. Informatiquement parlant, tous les documents que vous créez ou consultez avec un ordinateur sont des fichiers. Par conséquent, vos photos numériques sont des fichiers comme les autres pour votre Mac.

- **Vous exécutez des programmes pour créer et modifier des fichiers.** Un *programme* est utilisé pour accomplir un travail. Par exemple, vous utiliserez le programme Pages de la suite iWork pour taper votre courrier. Dans l'univers Mac, un programme est aussi appelé *application* ou *logiciel*.

- **Les fichiers sont liés à des programmes.** Cela signifie que lorsque vous double-cliquez sur un fichier, il s'ouvre dans le programme avec lequel il a été créé. Par exemple, si vous double-cliquez sur un fichier créé avec le programme Pages, Mavericks exécute cette application et y affiche le document. Vous n'avez plus qu'à le modifier.

TRUC

Bien que chaque fichier soit nommément individualisé, Mavericks essaie de l'identifier visuellement pour vous permettre de reconnaître son programme au premier coup d'œil. Ainsi, la majorité des programmes utilisent une icône spéciale identifiant leurs fichiers de données. Par exemple, la **Figure 5.1** montre l'icône d'un fichier créé avec Pages.

- **Les fichiers de traitement de texte et de P.A.O. sont aussi appelés documents.** Un *Document* est un type spécial de fichier.

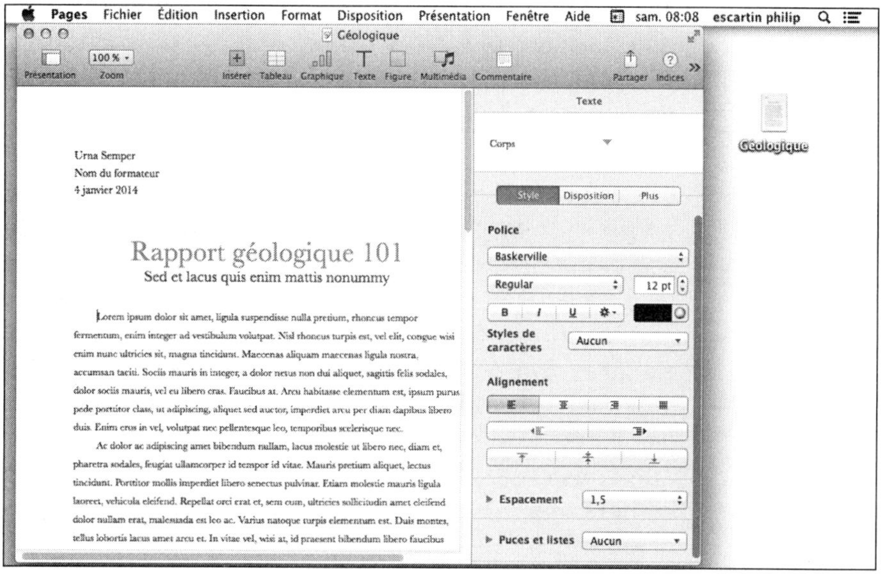

Figure 5.1 : Un document Pages et l'icône de son fichier.

Organiser des fichiers dans des dossiers

Enfin ! L'informatique va vous débarrasser de toute cette paperasserie encombrante ! Alors, réjouissez-vous du fait d'avoir cassé votre tirelire pour vous offrir un superbe Mac !

- Sous Mavericks, un *dossier* est un conteneur qui stocke des fichiers.

- Vous pouvez organiser vos fichiers sur le Bureau et dans le Finder par copiage et déplacement dans et hors des dossiers. Le Chapitre 8 explique comment couper, copier, et coller.
- Les dossiers peuvent être nommés, renommés, et supprimés exactement comme des fichiers. Il est tout à fait possible (pour ne pas dire recommandé) de créer des *sous-dossiers* de dossiers.
- Comme vous pouvez le voir à la **Figure 5.2**, les dossiers de Mac OS X Mavericks ont un aspect tridimensionnel. Les dossiers système, c'est-à-dire créés par Apple, sont ornés d'icônes qui facilitent leur identification.

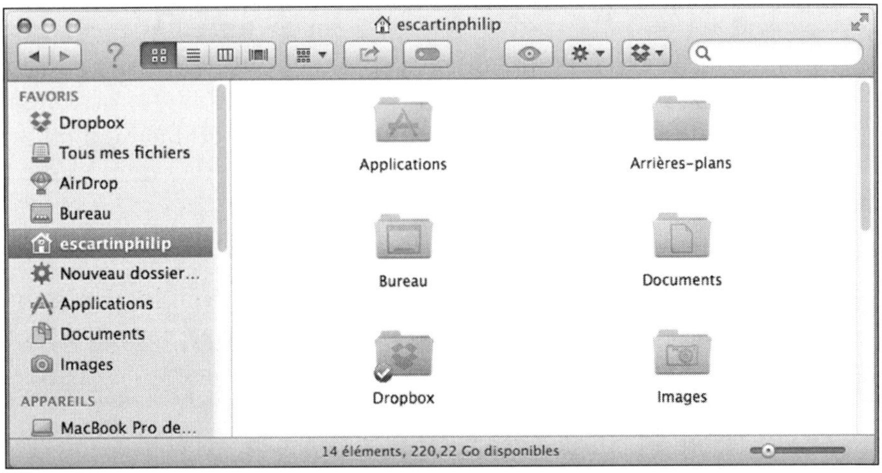

Figure 5.2 : Des dossiers affichés dans le Finder.

Chaque compte d'utilisateur créé sur votre Mac dispose d'un dossier spécial appelé Départ, mais qui porte le nom de l'utilisateur du compte actuellement ouvert. Il contient des documents et des données. Aucun compte ne peut accéder au dossier Départ des autres comptes.

Voici les sous-dossiers par défaut les plus importants du dossier Départ :

- **Documents :** Ce dossier permet de stocker tout type de documents que vous avez créés, comme des projets Pages.

- **Téléchargements :** Vous trouverez également ce sous-dossier dans le Dock. Par défaut, Safari y stocke tous les éléments que vous téléchargez depuis Internet.
- **Vidéos, Musique, et Images :** Le nom de ces trois dossiers est assez évocateur de leur finalité. Ils permettent de stocker respectivement des vidéos, de la musique, et des photos. La musique comprend votre bibliothèque iTunes ; les images sont celles téléchargées depuis votre appareil photo numérique ou prises avec votre webcam.

Ouvrir des fichiers et des dossiers

Une fois que vous aurez saisi la méthode de stockage de vos fichiers dans des dossiers, vous comprendrez rapidement comment les déplacer et *ouvrir* les éléments qu'ils contiennent. Dans cette section, j'explique comment ouvrir des dossiers et des fichiers (ou des *documents* si vous voulez vous la jouer gourou de l'informatique).

Pour ouvrir un dossier dans Mavericks, double-cliquez dessus. Une alternative consiste à cliquer sur le dossier pour le sélectionner puis à exécuter le raccourci clavier Cmd + O.

Voici la technique la plus simple pour charger un document :

1. **Si le Finder n'est pas ouvert, double-cliquez sur l'icône du disque dur Macintosh HD du Bureau.**
2. **Localisez le dossier contenant le fichier, puis double-cliquez sur son icône. Si nécessaire, double-cliquez sur l'icône du sous-dossier contenant ce document.**
3. **Localisez le document, puis double-cliquez sur son icône.**

   Si le programme avec lequel vous avez créé ce document est ouvert, il s'y affiche directement. Par exemple, si TextEdit est ouvert et que vous double-cliquez sur l'icône d'un fichier texte simple, il s'affiche instantanément dans ce programme.

Bien entendu, vous pouvez ouvrir un document dans un programme en cours d'utilisation en suivant cette procédure :

1. **Cliquez sur Fichier/Ouvrir, ou appuyez sur Cmd + O. La boîte de dialogue Ouvrir apparaît comme à la Figure 5.3. La présentation du contenu de la boîte de dialogue Ouvrir est identique à celle de la fenêtre du Finder. Ainsi, vous avez le choix entre les modes Icônes, Liste, et Colonnes (parfois Cover Flow).**

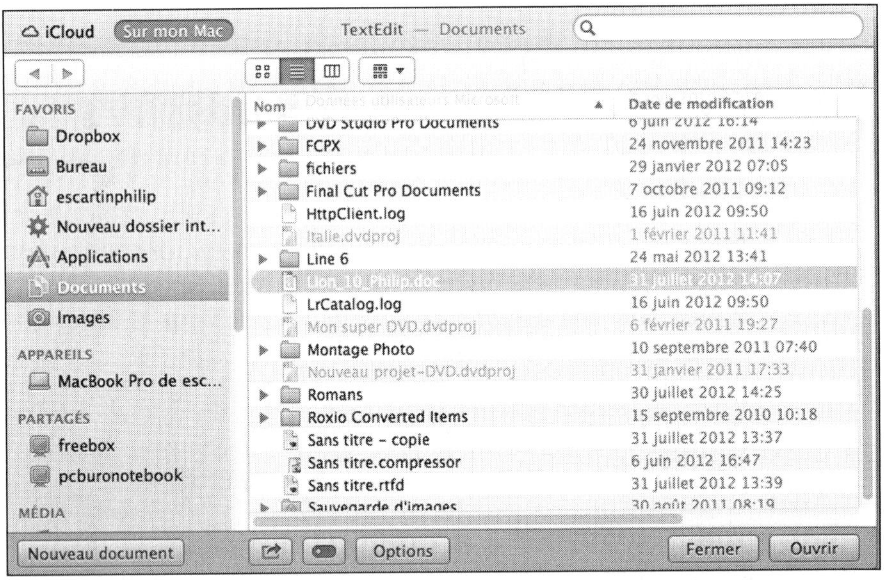

Figure 5.3 : La boîte de dialogue Ouvrir très spécifique à TextEdit.

2. **Naviguez jusqu'au document à ouvrir en utilisant une des deux méthodes suivantes :**

   - **Utilisez le menu local pour atteindre directement un des emplacements favoris de Mavericks –** comme le Bureau, le dossier Départ, ou encore un emplacement récemment utilisé.
   - Si le dossier ciblé n'est pas présent dans le menu local, **cliquez sur le dossier Départ (nom d'utilisateur) de la barre latérale de la boîte de dialogue Ouvrir.** Si le

dossier se trouve sur un autre lecteur que le disque dur de votre Mac, cliquez sur son icône dans la section Appareils de la barre latérale.

3. **Cliquez sur le dossier dans lequel se trouve le fichier.**

   Si vous affichez la boîte de dialogue Ouvrir en mode Colonnes, la colonne de droite montre alors le contenu du dossier ou du sous-dossier sur lequel vous avez cliqué. Ainsi, il est facile d'ouvrir d'autres sous-dossiers jusqu'à ce que vous localisiez le fichier à utiliser.

4. **Une fois que vous avez trouvé le document, double-cliquez dessus, ou bien cliquez une fois sur son nom pour le sélectionner, puis cliquez sur le bouton Ouvrir de la boîte de dialogue.**

La boîte de dialogue Ouvrir peut être redimensionnée ! Cela permet d'afficher le contenu de plusieurs colonnes afin de localiser plus facilement l'élément à utiliser. Pour cela, placez le pointeur de la souris dans l'angle inférieur droit de la boîte de dialogue. Quand il prend la forme d'une double flèche de redimensionnement, cliquez et, sans relâcher le bouton de la souris, glissez le pointeur vers l'extérieur.

Afficher des documents avec Coup d'œil

Le lien qui existe entre un programme et un document est une chose merveilleuse. Cependant, vous avez parfois simplement besoin de prendre connaissance du contenu d'un fichier, sans pour autant souhaiter l'ouvrir dans l'application utilisée pour le créer. Pour cela, mettez à contribution la fonction Coup d'œil de Mac OS X Mavericks, comme l'explique la procédure suivante :

1. **Ouvrez le Finder, et cliquez sur un fichier pour le sélectionner.**

2. **Cliquez sur le bouton Coup d'œil (icône d'un œil) de la barre d'outils du Finder, ou appuyez sur la barre d'espace**

de votre clavier. La Figure 5.4 montre cette fonction en action, affichant un fichier texte Pages.

Vous pouvez redimensionner cette fenêtre en plaçant le pointeur de la souris dans son coin inférieur droit. Quand il prend la forme d'une double flèche de redimensionnement, cliquez et glissez-la vers l'intérieur ou l'extérieur.

Pour afficher cet aperçu en plein écran, cliquez sur la double flèche diagonale située dans l'angle supérieur droit de la fenêtre. Vous reviendrez au Finder en appuyant sur la touche Esc de votre clavier ou en cliquant sur le bouton Quitter le mode plein écran ou Fermer de la barre d'outils qui apparaît lorsque vous bougez le pointeur de la souris.

3. **Appuyez sur Esc (ou cliquez sur le bouton de fermeture situé dans le coin supérieur gauche de la fenêtre Coup d'œil) dès que vous avez fini de vérifier le document.**

Un bouton de cette fenêtre Coup d'œil permet d'ouvrir le document dans le programme qui l'a créé.

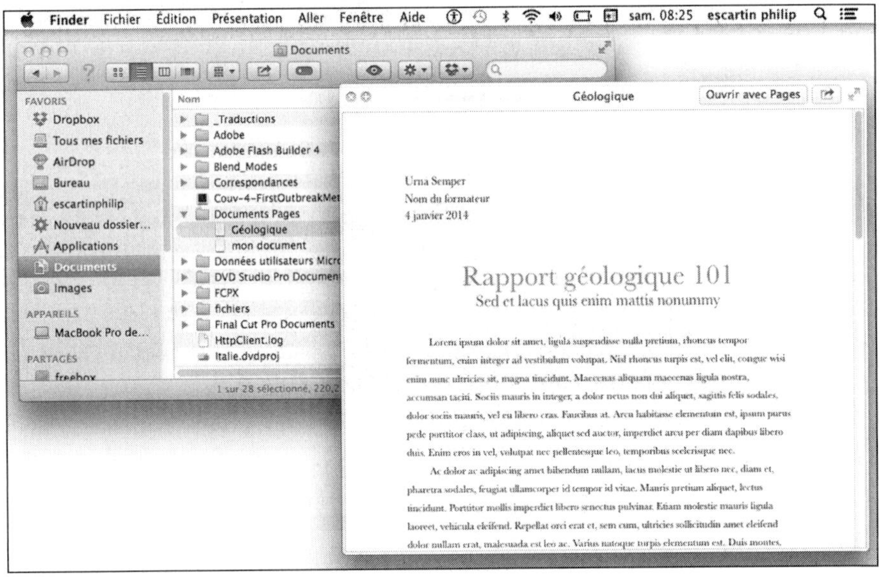

Figure 5.4 : Coup d'œil sur un fichier créé avec Pages.

Afficher des images et des documents PDF avec Aperçu

Mavericks met à votre disposition l'utilitaire Aperçu qui permet de visualiser des fichiers images et des documents PDF. Aperçu peut afficher la plupart des formats d'images numériques produites par les appareils photo d'aujourd'hui, et même des images que vous téléchargez depuis le Web.

Mavericks ouvre automatiquement Aperçu quand vous double-cliquez sur une image qui a été enregistrée dans un format qu'il prend en charge, ou lorsque vous effectuez une opération similaire sur un document PDF. La **Figure 5.5** montre une photo ouverte par Aperçu. Ce programme joue également le rôle d'aperçu avant impression.

Figure 5.5 : Aperçu permet de consulter des photos et bien d'autres fichiers sans ouvrir le programme qui les a créés.

Pour exécuter Aperçu sans y ouvrir préalablement de fichier, cliquez sur l'icône du Finder dans le Dock, ou activez l'une de ses fenêtres ouvertes. Dans sa barre latérale, cliquez sur Applications.

Faites défiler le contenu de la fenêtre du Finder pour localiser Aperçu, et double-cliquez sur son icône. Vous pouvez également double-cliquer directement sur un fichier image pour l'ouvrir dans Aperçu sans exécuter préalablement ce programme.

Aperçu n'est pas limité au rôle que laisse supposer sa dénomination. Voici une liste non exhaustive des fonctionnalités de cette petite application :

- Utilisez Aperçu pour ajouter des signets à une page PDF. Pour cela, cliquez sur Signets/Ajouter aux signets.
- Vous pouvez utiliser Aperçu pour remplir un formulaire dans un document PDF. Pour cela, cliquez sur Outils/Annoter/Texte. Ensuite, cliquez dans la zone d'un champ de saisi du document, et tapez-y votre texte. Une fois ce formulaire rempli, vous pouvez l'imprimer ou l'expédier par télécopie.
- Capturez une image, *via* Fichier/Effectuer une capture d'écran/<option de votre choix>. Avec aperçu, vous pouvez capturer une sélection de l'écran, c'est-à-dire une zone que vous définissez manuellement, la fenêtre active que vous déterminez en cliquant dessus avec l'icône de l'appareil photo, et enfin l'écran entier, c'est-à-dire que vous enregistrez un instantané de ce que vous voyez sur toute la surface de votre Bureau.

Créer un lien vers un fichier ou un dossier

Un *alias* est un lien vers un élément stocké sur le disque dur de votre ordinateur (ou un disque dur externe, voire un CD/DVD). Par exemple, pour lancer le programme Adobe Acrobat, vous passerez logiquement par le dossier Applications pour double-cliquer sur l'icône de ce logiciel. Pour aller plus vite, vous pouvez créer un alias d'Adobe Acrobat sur le Bureau de Mavericks. Dès lors, exécutez ce programme en double-cliquant sur cet alias. Comme l'alias n'est qu'un lien vers le programme du dossier Applications, il occupe un espace de stockage de quelques octets, ce qui est très peu par rapport au programme qu'il représente.

Un alias est identifié par une petite flèche incurvée située dans le coin inférieur gauche de son icône.

Voici une des deux techniques qui permettent de créer un alias :

1. **Sélectionnez l'élément dans le Finder.**
2. **Cliquez sur Fichier/Créer un alias, ou appuyez sur Cmd + L. La Figure 5.6 montre l'alias du programme Adobe Reader créé dans le dossier de l'application (ce qui ne sert alors strictement à rien).**

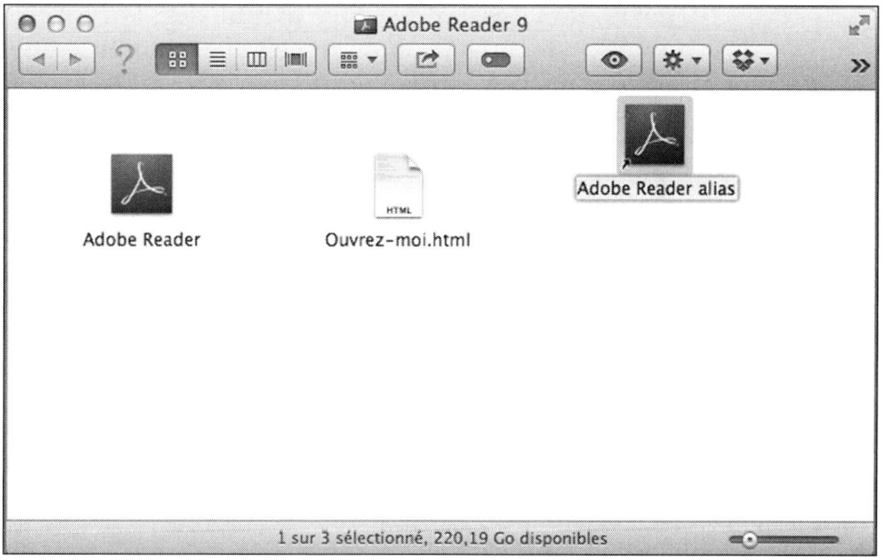

Figure 5.6 : Alias d'une application.

TRUC

L'utilité d'un alias est de vous permettre d'exécuter rapidement un programme depuis le Bureau. Par conséquent, dès que vous créez un alias dans le dossier d'une application, glissez-déposez son icône sur le Bureau.

Voici la seconde technique de création d'un alias :

1. **Maintenez enfoncées les touches Cmd + Option.**

2. **Glissez l'icône du programme jusqu'à l'emplacement où vous désirez afficher l'alias. Relâchez le bouton de la souris. L'alias est créé !**

TRUC

Avec cette méthode, le terme *alias* n'est pas ajouté comme suffixe au nom de l'icône.

Bien que je l'aie expliqué précédemment, vous doutez peut-être encore de l'utilité d'un alias. Voici deux bonnes raisons de créer des alias :

- **Lancer un programme ou ouvrir un document depuis n'importe quel dossier de votre disque dur.** Par exemple, vous pouvez exécuter le programme Pages depuis le dossier où vous stockez les projets que vous avez créés avec ce logiciel. Rapidité, organisation, et confort – la vie est belle !
- **Mettre un alias à la poubelle sans affecter l'élément auquel il est lié.** Lorsqu'un alias n'a plus aucune utilité, notamment quand un projet est terminé, vous pouvez le placer dans la Corbeille en toute sécurité. Les éléments d'origine ne sont jamais affectés par la suppression de leur alias.

TRUC

Si vous déplacez ou renommez le fichier d'origine, Mavericks actualise l'alias de manière à préserver le lien. En revanche, si vous supprimez ledit fichier, l'alias ne fonctionnera plus.

Démarrer les documents et les programmes récemment utilisés

Apple est conscient que la majorité des utilisateurs travaillent quotidiennement sur les mêmes documents. Peut-être utilisez-vous iPhoto pour modifier vos images, ou bien rédigez-vous quotidiennement des documents avec Pages.

Pour faciliter l'utilisation des programmes et des documents que vous utilisez régulièrement, Mavericks propose une liste des Éléments récents$garder la cap merci$ que vous consultez de la manière suivante :

1. **Cliquez sur le symbole Apple situé à l'extrême gauche de la barre des menus.**

2. **Placez le pointeur de la souris sur Éléments récents. Une liste des applications, des documents, et de vos accès au serveur apparaît.**

3. **Cliquez sur l'élément que vous désirez ouvrir.**

Sélectionner des éléments

Bien souvent, les commandes des menus ou du clavier que vous exécutez depuis le Finder ont besoin d'être appliquées à un élément. Par exemple, vous déplacerez un fichier d'une fenêtre à une autre ou d'un onglet à un autre du Finder, ou bien vous créerez un alias établissant un lien avec ce fichier (ou un document, voire un programme).

Pour définir le ou les éléments qui seront affectés par votre action, commencez par le (ou les) sélectionner sur le Bureau ou dans le Finder.

Mavericks met à votre disposition deux options quand vous sélectionnez un élément sur lequel vous souhaitez exécuter une action :

- **Placez le pointeur de la souris sur l'élément concerné, puis cliquez dessus.** Une bordure grise apparaît autour de l'icône de l'élément indiquant qu'il est sélectionné.
- **Si une icône est déjà sélectionnée sur le Bureau ou dans une fenêtre, utilisez les flèches du pavé directionnel pour sélectionner un autre fichier.** Pour déplacer la sélection dans l'ordre alphabétique croissant, appuyez sur Tab. Pour la déplacer dans l'ordre alphabétique décroissant, appuyez sur Maj + Tab.

TRUC

Sélectionner des éléments dans le Finder ne les altère que si vous exécutez une action.

Vous pouvez sélectionner plusieurs éléments en utilisant une des techniques suivantes :

- **Éléments adjacents.** *Tracez un cadre de sélection* englobant tous les éléments à sélectionner. Pour réaliser facilement ce type de sélection, placez le pointeur de la souris en haut à gauche du premier élément à sélectionner. Cliquez et, sans relâcher le bouton de la souris, glissez le pointeur vers la droite et le bas. Tous les éléments touchés par le cadre de sélection qui apparaît en incrustation grise se retrouvent sélectionnés, comme à la **Figure 5.7**.

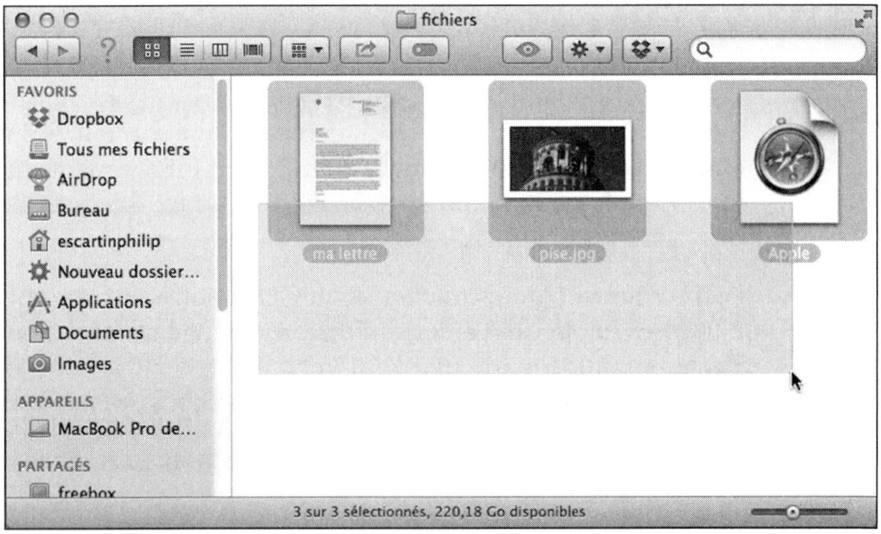

Figure 5.7 : Cadre de sélection tracé à la souris englobant trois fichiers.

Cliquez sur le premier élément à sélectionner et maintenez la touche Maj enfoncée, puis cliquez sur le dernier élément concerné. Tous les éléments situés entre les deux sont ajoutés à la sélection.

- **Les éléments non adjacents.** Pour sélectionner des éléments qui ne sont pas situés les uns à côté des autres dans une fenêtre ou sur le Bureau, maintenez la touche Cmd enfoncée et cliquez sur chaque élément à ajouter à la sélection.

La barre d'état du Finder indique le nombre d'éléments sélectionnés sur le nombre d'éléments contenus dans la fenêtre.

Créer des dossiers

Sous Mac OS X Mavericks, vous créez des *dossiers* depuis la fenêtre du Finder en utilisant une des méthodes suivantes :

- **Avec la souris :** Faites un Ctrl + clic (ou clic droit) dans la fenêtre du Finder ou sur un espace vide du Bureau. Dans le menu contextuel qui apparaît, exécutez la commande Nouveau dossier.
- **Avec le clavier :** Appuyez sur Cmd + Maj + N.
- **Depuis la barre d'outils du Finder :** Cliquez sur le bouton Action (icône d'un engrenage), puis dans le menu local qui apparaît, choisissez Nouveau dossier.

Quelle que soit la méthode utilisée, Mavericks sélectionne automatiquement le nouveau dossier et y place le point d'insertion pour que vous lui attribuiez un nom. Tapez le nom adapté au futur contenu du dossier, et validez-le en appuyant sur la touche Retour.

Vous créerez des dossiers pour organiser vos documents et vos fichiers. Par exemple, vous grouperez dans un seul dossier des photos traitant du même thème.

Renommer des éléments

Les dossiers et les documents que vous créez ont souvent besoin d'être renommés pour organiser vos fichiers de manière cohérente. Dans ce domaine, Mac OS X met à votre disposition deux méthodes :

- **La souris :** Cliquez sur le nom d'une icône pour que Mavericks la sélectionne. Cliquez de nouveau, ou appuyez sur la touche Retour, pour sélectionner le nom. (On dit qu'il passe en surbrillance.) Ensuite, tapez un nouveau nom, et validez-le en appuyant sur Retour ou en cliquant dans un espace vide du Bureau ou du Finder.

Attendez quelques secondes entre les deux clics, sinon vous risquez d'opérer un double-clic qui ouvrira l'élément dans l'application qui l'a créé.

- **Dans la boîte de dialogue Infos :** Sélectionnez l'élément et appuyez sur Cmd + I pour afficher sa boîte de dialogue Infos. Si nécessaire, cliquez sur le triangle de développement/réduction de la section Nom et extension. Glissez la souris sur le nom affiché dans le champ de saisie, et tapez le nouveau nom de l'élément. Validez cette modification en appuyant sur la touche Tab.

La première méthode est plus simple à réaliser.

Ne renommez jamais les dossiers et les fichiers de votre répertoire Système, ni les sous-dossiers par défaut créés par Apple et qui sont regroupés dans le dossier Départ (nom d'utilisateur). En effet, un changement de leur nom rendrait très difficile la localisation de vos documents, et pourrait même endommager l'installation de Mac OS X.

Supprimer les éléments inutiles

Même les plus grands génies commettent des erreurs et leurs travaux ainsi devenus obsolètes finissent à la poubelle. Cette section explique comment supprimer des éléments de votre système.

Vous découvrirez que mettre des éléments à la Corbeille ne signifie pas qu'ils sont irrémédiablement supprimés.

Voici comment jeter des fichiers à la Corbeille du Mac :

- **Glissez les fichiers inutiles contre leur volonté.** Rassurez-vous, ils ne résisteront pas. Par défaut, la Corbeille du Mac apparaît dans le coin droit du Dock. Si vous sélectionnez plusieurs éléments, cliquez sur l'un d'eux et, sans relâcher le bouton de la souris, glissez-déposez-les dans la Corbeille. Dès qu'un élément est placé dans cette Corbeille, des feuilles apparaissent sur son icône.

- **Supprimer avec les menus.** Quand des éléments sont sélectionnés, vous pouvez les supprimer en cliquant sur Fichier/ Placer dans la Corbeille. Une autre méthode consiste à faire un Ctrl + clic (clic droit) sur un élément, et à exécuter la commande Placer dans la Corbeille du menu contextuel.
- **Supprimer avec le clavier.** Appuyez sur Cmd + Retour arrière. Enfin, si vous sélectionnez un élément dans une fenêtre, ouvrez le menu local Action et cliquez sur Placer dans la Corbeille.

Copier et déplacer des fichiers et des dossiers

L'informatique est principalement question d'organisation. Très vite, votre ordinateur va regorger de fichiers en tout genre. Dans ce contexte de surabondance de données, vous devrez créer des dossiers, et copier ou déplacer vos fichiers du disque dur interne de votre Mac vers un disque dur externe. Cette section explique comment copier des éléments depuis une fenêtre du Finder vers une autre, ou depuis un emplacement spécifique comme un CD-ROM vers un autre tel que le Bureau.

Quand vous ouvrez une fenêtre du Finder, vous accédez aux fichiers qu'il contient. Pour afficher les éléments d'un dossier ou d'un autre lecteur, il suffit de cliquer dessus dans la barre latérale de cette fenêtre.

Vous pouvez copier des éléments sur le même lecteur, par exemple d'un dossier de votre disque dur à un autre. Toutefois, le plus souvent, vous copiez des éléments d'une clé USB ou d'un DVD vers votre disque dur, ou du DVD vers cette clé USB.

- **Pour copier un élément d'un emplacement à un autre du même lecteur :** Maintenez la touche Option enfoncée puis glissez-déposez l'élément de sa position actuelle au nouvel emplacement.

Pour placer une copie d'un élément dans un dossier, déposez-la directement sur son icône sans l'ouvrir au préalable. Vous constaterez que si vous laissez l'élément sur le dossier pendant une ou deux secondes, Mavericks l'ouvre dans une nouvelle fenêtre. Ainsi, vous voyez le contenu du dossier de destination de votre copie.

- **Pour copier plusieurs éléments d'un emplacement à un autre du même lecteur :** Commencez par sélectionner tous les éléments. Ensuite, maintenez la touche Option enfoncée, puis glissez-déposez-les dans la fenêtre (ou le dossier) de destination.

Mavericks vous indique toujours l'emplacement où seront copiés vos éléments. S'il s'agit d'un dossier, l'icône du dossier arbore un cadre gris dès que vous placez le pointeur de la souris dessus. S'il s'agit d'une fenêtre, un cadre bleu entoure l'intérieur de la zone où vous envisagez de coller vos éléments.

- **Pour copier un ou plusieurs éléments sur un autre lecteur :** Glissez-déposez l'icône (ou les éléments sélectionnés) de leur fenêtre d'origine jusqu'à la fenêtre du lecteur de destination. Inutile de maintenir la touche Option enfoncée, car Mavericks suppose ici que vous souhaitez réaliser une copie et non pas un déplacement. Vous pouvez également glisser-déposer ces éléments sur l'icône du lecteur affichée sur le Bureau.

Si vous essayez de déplacer ou de copier un élément dans un emplacement où il est déjà présent, une boîte de dialogue vous demande s'il faut remplacer l'élément par le nouveau, s'il faut effectuer une copie en conservant les deux éléments, ou bien s'il faut interrompre l'opération.

N'oubliez pas que le Finder peut afficher le contenu de plusieurs lecteurs et dossiers sous la forme d'onglets. Voici comment copier un fichier d'un onglet à un autre du Finder, c'est-à-dire d'un dossier et/ou d'un autre dossier ou d'un lecteur également affiché dans un onglet :

1. **Dans le Finder, cliquez sur Fichier/Nouvel onglet.**

Le Finder contient alors deux onglets qui vont permettre de copier un élément d'un dossier à un autre.

2. **Dans le premier onglet, affichez le contenu du dossier ou du lecteur de destination.**

3. **Dans le second onglet, affichez le contenu du dossier ou du lecteur source, c'est-à-dire qui contient le fichier source.**

4. **Cliquez sur le fichier à copier et, sans relâcher le bouton de la souris, glissez-déplacez-le sur le premier onglet (destination, c'est-à-dire directement sur son nom).**

5. **Lorsque cet onglet s'affiche, faites glisser le fichier sur l'espace vide ou contenant d'autres éléments, et appuyez sur la touche Option (Alt) de votre clavier.**

   Une icône + apparaît à la base du fichier indiquant qu'il va être copié et non pas déplacé, comme à la Figure 5.8.

6. **Relâchez le bouton de la souris.**

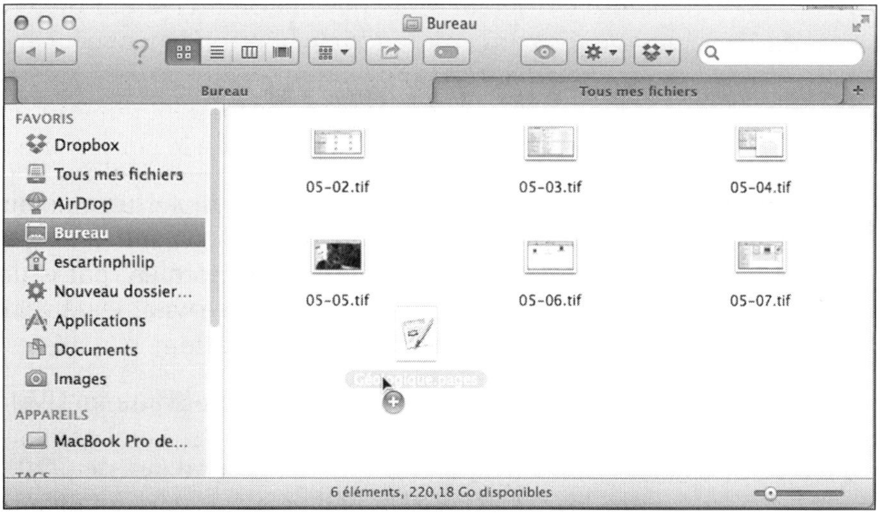

Figure 5.8 : Copiez vos éléments via les onglets du Finder.

Le fichier a été copié d'un dossier ou d'un lecteur à un autre à partir d'une seule fenêtre du Finder.

Déplacer des éléments

Déplacer des éléments d'un emplacement à un autre d'un même lecteur est l'opération la plus simple que vous puissiez réaliser. En effet, il suffit de le glisser-déposer au nouvel emplacement. L'élément disparaît de son dossier actuel pour apparaître dans celui de destination.

En revanche, lorsque vous glissez-déposez un élément d'un lecteur à un autre, Mavericks estime que vous effectuez une copie. Donc, pour réaliser un déplacement, vous devez maintenir la touche Cmd enfoncée.

Pour déplacer des éléments depuis plusieurs onglets du Finder, répétez la précédente procédure mais, au moment de glisser-déposer le fichier dans l'onglet de destination, n'appuyez pas sur la touche Option (Alt).

Sauvegarder sur CD ou DVD

La fonction Time Machine d'Apple permet de réaliser une sauvegarde de votre disque dur sur un disque dur externe. Toutefois, pour sauvegarder vos données sensibles, il est judicieux de les copier régulièrement sur un CD ou DVD enregistrable. Ainsi, il sera facile d'emporter vos données en voyage pour poursuivre vos travaux ou les montrer à quelqu'un.

Voici comment copier des données sur un CD ou un DVD :

1. **Insérez un disque vierge dans le graveur de CD/DVD de votre Mac. La boîte de dialogue illustrée à la Figure 5.9 apparaît.**

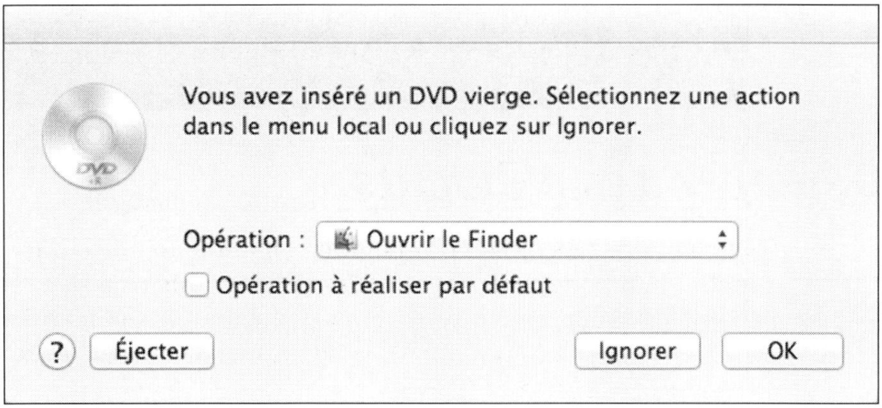

Figure 5.9 : Que souhaitez-vous faire à l'insertion d'un CD/DVD ?

2. **Cliquez sur OK. L'icône d'un disque libellée Sans titre apparaît sur le Bureau. (Vous pouvez la renommer en appliquant la même technique que pour les fichiers et les dossiers.)**

3. **Double-cliquez sur l'icône du disque pour l'ouvrir dans le Finder.**

4. **Glissez-déposez-y les fichiers que vous désirez sauvegarder, comme à la Figure 5.10. Vous constatez que les fichiers apparaissent sous la forme d'alias. Cela est tout à fait normal, puisque les fichiers d'origine restent à leur emplacement sur votre disque dur.**

5. **Une fois que vous avez ajouté tous les fichiers à sauvegarder, cliquez sur le bouton Graver situé dans le coin supérieur droit de la fenêtre.**

6. **Dans la boîte de dialogue de gravure, optez pour la vitesse la plus rapide.**

7. **Cliquez sur Graver.**

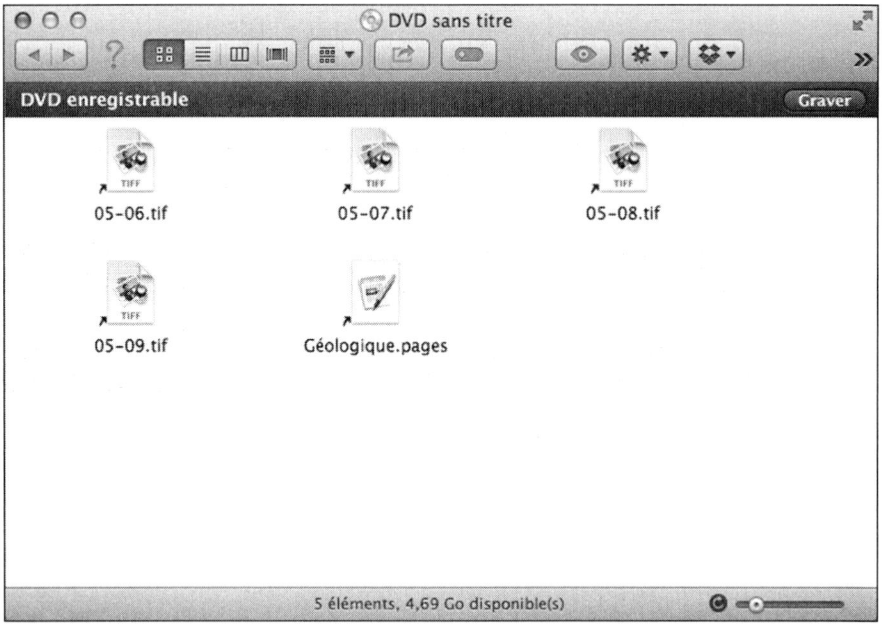

Figure 5.10 : Des fichiers prêts à être gravés sur CD/DVD.

Chapitre 6

Travailler avec des imprimantes, des scanners, et des fax

Prêt pour...

- Ajouter une imprimante USB à votre système
- Imprimer un fichier
- Choisir une imprimante par défaut
- Supprimer une imprimante inutile
- Créer un document PDF
- Installer un scanner USB
- Envoyer un fax

Que vous ayez des besoins d'impression domestiques ou professionnels, votre Mac est capable de sortir des documents avec la majorité des imprimantes disponibles sur le marché.

Mais les possibilités ne s'arrêtent pas là ! Vous n'êtes pas limité à l'impression. En effet, les ordinateurs Macintosh peuvent utiliser des scanners pour envoyer des fax, et pour produire des documents électroniques au format PDF Adobe Acrobat.

Dans ce chapitre, vous découvrirez comment :

- Installer une imprimante locale USB.

- Imprimer un fichier.
- Supprimer une imprimante de votre système.
- Produire un document électronique PDF.
- Installer un scanner USB.
- Envoyer une télécopie (fax).

Ajouter une imprimante USB à votre système

L'impression de documents est l'une des tâches les plus communément réalisées par le possesseur d'un Macintosh. Aujourd'hui, la plupart des imprimantes disposent d'une connexion USB (*Universal Serial Bus*). Il suffit alors de brancher le câble USB de l'imprimante à un port USB de votre Mac. Ensuite, le système d'exploitation identifie l'imprimante et installe les pilotes appropriés.

TRUC

Bien souvent, vous devez installer les pilotes avant de brancher l'imprimante. Conformez-vous au manuel d'instructions fourni par le constructeur de votre matériel.

Je sais que ce processus, appelé Plug-and-Play, paraît beaucoup trop beau pour être vrai. Pourtant, en tant que consultant et technicien informatique, j'ai installé le plus simplement du monde des dizaines d'imprimantes USB.

Imprimer un fichier

Il me semble bien difficile de lire ce chapitre sans brûler d'envie d'imprimer quelque chose. Pour satisfaire vos désirs, je vais vous expliquer la procédure d'impression de documents.

Par défaut, vous allez utiliser un papier au format A4, c'est-à-dire dont les dimensions sont de 21 x 29,7 cm. Une fois votre imprimante sous tension et son bac à feuilles correctement alimenté, conformez-vous aux étapes suivantes :

1. **Vérifiez que la fenêtre de l'application dans laquelle est chargé le document que vous voulez imprimer est bien active. Ensuite, cliquez sur Fichier/Imprimer, ou appuyez sur Cmd + P.**

2. **Mac OS X affiche alors une version simplifiée de la page à imprimer, comme le montre la Figure 6.1.**

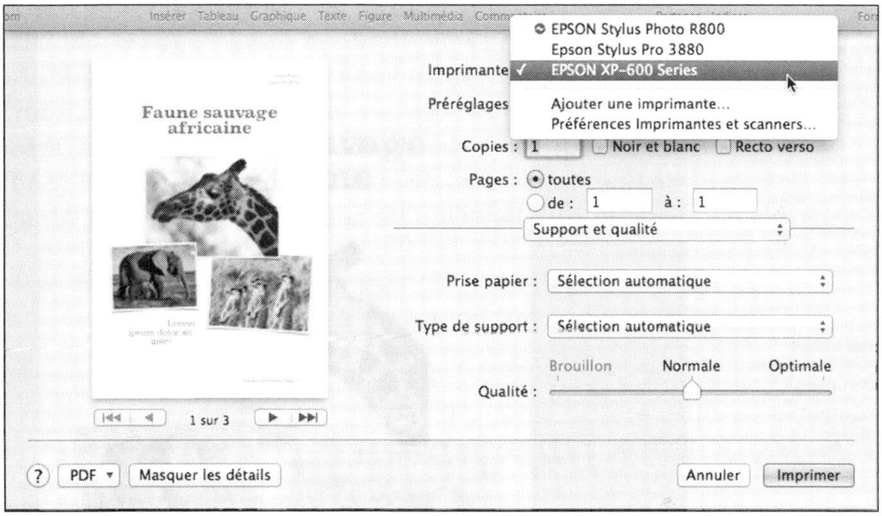

Figure 6.1 : Cliquez pour choisir votre imprimante.

TRUC

Certaines applications, comme Word, utilisent une boîte de dialogue d'impression personnalisée. Avant de lancer l'impression, vous devez effectuer un aperçu. En effet, il est très dangereux de sauter d'un avion sans parachute n'est-ce pas ? En fonction des applications, un bouton Aperçu est disponible dans la boîte de dialogue. Cliquez dessus pour afficher votre document tel qu'il sera imprimé sur une feuille. Si le document vous semble correct, fermez l'aperçu pour revenir à votre travail d'impression.

3. **Dans le champ Copies, spécifiez le nombre d'exemplaires que vous souhaitez imprimer.**

Pour regrouper les pages automatiquement, ouvrez le menu local de la section Pages, et choisissez Gestion du papier. Vérifiez alors que l'option Trier les pages est cochée.

4. **Décidez de ce que vous voulez imprimer :**

   - *Toutes les pages :* Cela permet d'imprimer la totalité du document. Cette option est active par défaut.
   - *Les pages de x à x :* C'est-à-dire une plage de pages.

5. **(Facultatif) Pour définir les options de votre imprimante, ouvrez de nouveau le menu local Pages et choisissez Fonctions d'imprimante. Vous pouvez alors indiquer la qualité du papier utilisé, option qui peut avoir son importance si vous imprimez des photos, la qualité de l'impression elle-même, la vitesse, et éventuellement demander à l'imprimante qu'elle effectue son travail en noir et blanc.**

6. **Une fois l'ensemble des paramètres déterminés, cliquez sur le bouton Imprimer.**

Choisir une imprimante par défaut

Il n'est pas rare que plusieurs imprimantes soient installées dans une même maison. Parfois, une imprimante laser noir et blanc est réservée au courrier, et une imprimante jet d'encre couleur aux photographies numériques. Ou bien, une imprimante professionnelle est connectée à un des Mac, et une imprimante Wi-Fi permet à tous les ordinateurs du réseau d'imprimer des documents n'exigeant pas une qualité extrême.

Dans ce cas, si vous désirez utiliser systématiquement une imprimante, déclarez-la à Mac OS X comme imprimante par défaut, en suivant ces quelques étapes :

1. **Dans le Dock, cliquez sur l'icône Préférences Système.**

2. Dans la deuxième rangée d'icônes, cliquez sur Imprimantes et Scanners.

3. Ouvrez le menu local Imprimante par défaut pour définir l'imprimante qui sera systématiquement sélectionnée pour imprimer vos documents.

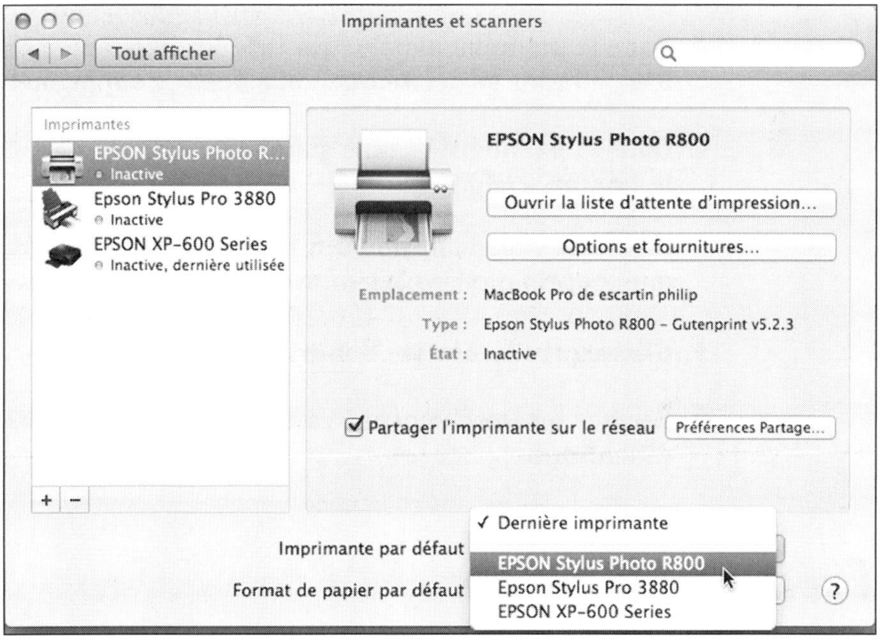

Figure 6.2 : Choisissez l'imprimante par défaut

TRUC

Si vous optez pour Dernière imprimante, Mac OS X propose l'imprimante la plus récemment utilisée.

4. Fermez les Préférences Système pour enregistrer vos paramètres.

Supprimer une imprimante inutile

Mavericks ne supprimera pas automatiquement une imprimante que vous remplacez par un nouveau modèle. Heureusement, la suppression manuelle d'un périphérique d'impression est simple à réaliser, comme le montre cette procédure :

1. **Dans le Dock, cliquez sur l'icône Préférences Système.**
2. **Dans la section deuxième rangée d'icônes de la boîte de dialogue qui apparaît, cliquez sur Imprimantes et scanners.**
3. **Dans le panneau gauche qui liste les imprimantes installées, cliquez sur celle que vous désirez supprimer.**
4. **Dans la partie inférieure gauche de ce panneau, cliquez sur le bouton – (signe moins).**

   En fonction de l'imprimante, un message peut vous demander confirmation de la suppression.

5. **Cliquez sur le bouton Supprimer l'imprimante.**
6. **Fermez les Préférences Système pour sauvegarder vos modifications.**

Créer un document PDF

L'application Adobe Acrobat est utilisée pour créer des documents électroniques au format PDF qui peuvent s'afficher sur tous les ordinateurs de la planète. En effet, Acrobat Reader est un programme gratuit qui permet de lire ces documents sur toutes les plateformes informatiques. Les documents PDF sont devenus une référence universelle de la publication numérique. Ils sont de plus en plus présents sur Internet, et la plupart des manuels d'utilisation de logiciels et de matériels sont livrés sur CD-ROM sous la forme d'un fichier PDF.

Bien que vous puissiez installer Acrobat Reader sur votre Mac, sachez que Mavericks n'en a pas besoin pour lire les fichiers PDF. Voici donc les étapes à suivre pour créer un fichier PDF sous Mavericks :

1. **Dans l'application où vous travaillez, cliquez sur Fichier/ Imprimer, ou appuyez sur Cmd + P.**

2. **Mac OS X ouvre une boîte de dialogue d'impression identique à celle illustrée à la Figure 6.1.**

3. **Dans la partie inférieure gauche de cette boîte de dialogue, cliquez sur le bouton PDF. Dans le menu local qui apparaît, exécutez la commande Enregistrer au format PDF. Mavericks affiche la boîte de dialogue Enregistrer illustrée à la Figure 6.3.**

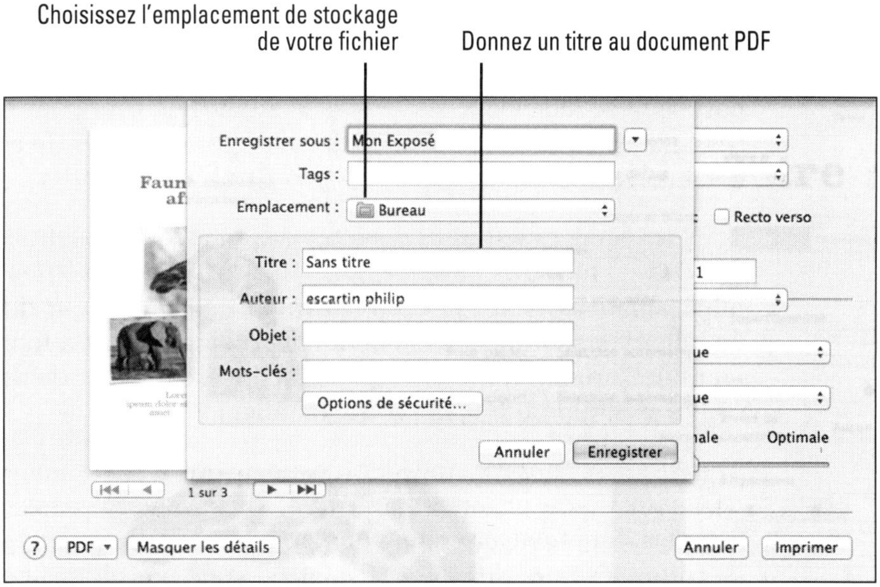

Figure 6.3 : Enregistrer au format PDF.

4. **Naviguez jusqu'au dossier où vous souhaitez stocker ce document, puis attribuez-lui un nom dans le champ Enregistrer sous.**

Vous pouvez également saisir des données incorporées, comme le titre et le nom de l'auteur, qui seront utilisées par Spotlight pour vous aider à localiser ce document en cas de besoin. Ces données étant facultatives, rien ne vous oblige à les communiquer.

5. Cliquez sur le bouton Enregistrer pour créer votre fichier PDF.

Installer un scanner USB

Une fois encore, la norme USB prouve qu'elle est très simple à mettre en œuvre. Elle permet d'installer facilement un scanner sur votre ordinateur. Ce périphérique convertit des documents papier en fichiers numériques lisibles par un Mac. Combiné à une imprimante, le scanner permet d'effectuer des photocopies et d'envoyer des fax.

Dès lors que votre scanner bénéficie d'un pilote d'installation compatible avec Mac OS X Mavericks, il suffit d'en brancher le câble USB à un port USB de votre ordinateur pour profiter de ce matériel dans les plus brefs délais.

Tous les scanners sont livrés avec des programmes et des pilotes (ou drivers) fournis par leur constructeur. Par conséquent, n'oubliez jamais d'insérer le CD du scanner dans le lecteur du Mac pour installer l'ensemble des éléments nécessaires au bon fonctionnement de l'appareil. Une fois le disque inséré, il suffit de double-cliquer sur Setup ou Install (voire Installer).

Une fois le scanner installé, conformez-vous à son manuel d'utilisation pour savoir exactement ce que vous pouvez réaliser avec ses logiciels. En règle générale, vous pouvez scanner (c'est la moindre des choses), faire des photocopies (si vous possédez une imprimante bien entendu), ou bien encore convertir un document papier en un fichier PDF.

Envoyer un fax

Les jours heureux du bon vieux fax font bel et bien partie du passé. Aujourd'hui, la grande majorité des documents sont expédiés par courrier électronique. Toutefois, il reste une bonne nouvelle. Si vous disposez d'un accès bas débit *via* un modem classique interne ou externe connecté à une ligne téléphonique, vous pouvez encore envoyer des télécopies.

Voici comment entrer les informations du destinataire puis envoyer un document par fax :

1. **Dans votre application, cliquez sur Fichier/Imprimer, ou appuyez sur Cmd + P.**

2. **Cliquez sur le bouton PDF situé dans la partie inférieure gauche de la boîte de dialogue d'impression. Dans le menu local qui apparaît, choisissez Faxer le document PDF. Mavericks affiche alors la boîte de dialogue Fax.**

   Cette commande n'est présente que si un fax est installé sur votre Mac.

3. **Tapez le numéro de téléphone directement dans le champ À, ou bien cliquez sur le bouton qui permet d'accéder à votre Carnet d'adresses.**

4. **Si nécessaire, indiquez le préfixe d'appel.**

5. **(Facultatif) Si vous avez besoin d'une page de garde, cochez l'option adéquate, puis cliquez dans la zone de saisie de texte pour y taper un commentaire.**

6. **(Facultatif) Indiquez un objet.**

7. **(Facultatif) Cliquez sur le bouton Aperçu pour voir le fax avant de l'envoyer.**

8. **Lorsque tout est prêt, cliquez sur le bouton Faxer.**

Chapitre 7

Demander de l'aide

Prêt pour…

- Explorer la fenêtre d'aide
- Rechercher de l'aide
- Trouver de l'aide sur les forums Apple
- Partager des écrans
- Rechercher d'autres ressources de support Mac

N'avez-vous jamais entendu à la maison ou au travail une voix stridente hurler : À l'aide ! Eh oui ! Quelle que soit la fiabilité d'un ordinateur et de son système d'exploitation, tôt ou tard quelqu'un, et pourquoi pas vous-mêmes, aura besoin d'une assistance technique.

Ce très court chapitre vous guide dans les diverses ressources d'aide disponibles dans Mavericks et dans les applications natives de Mac OS X. Je vous montre comment obtenir des ressources supplémentaires par l'intermédiaire d'Apple et comment trouver des supports externes sur Internet.

Dans ce chapitre, vous apprendrez à :

- Utiliser l'aide de Mavericks et de ses applications.
- Effectuer des recherches dans le système d'aide de Mavericks pour trouver des informations spécifiques.
- Autoriser d'autres personnes à vous venir en aide en accédant à votre Mac grâce aux écrans partagés.

- Accéder à des forums Apple et à des supports vocaux.
- Obtenir de l'aide auprès de tiers.

Explorer la fenêtre d'aide

Votre première ligne de défense est le Centre d'aide de Mac OS X Mavericks illustré à la **Figure 7.1**. Vous l'invoquez *via* Aide/Centre d'aide, ou en exécutant le raccourci clavier Cmd + ?. Le menu Aide est sensible au contexte. *De facto*, son contenu varie en fonction des applications que vous utilisez.

Comme vous pouvez le voir sur la **Figure 7.1**, le Centre d'aide se divise en trois sections majeures :

- **Barre d'outils :** Elle contient des boutons de navigation, un menu local Action (engrenage), un bouton d'accès à la page principale de l'aide, deux boutons de consultation et de création de signets, et un champ de recherche.
- **Liens :** Le panneau de gauche et le volet central contiennent des liens sur lesquels vous devez cliquer pour consulter l'aide correspondant au sujet traité. Ainsi, quand vous cliquez sur « Naviguer sur le Web, discuter et passer des appels vidéo », un certain nombre de rubriques connexes s'affichent dans le volet central. Cliquez sur la rubrique pour laquelle vous avez besoin d'informations complémentaires.
- **Accès à l'aide des applications natives :** Cliquez simplement sur le lien « Aide applicable à toutes les apps » situé dans le coin inférieur gauche du Centre d'aide. Vous accédez alors aux icônes de tous les programmes Apple installés sur votre Mac.

Le Centre d'aide paraît très laconique de prime abord. Toutefois, à l'usage, vous verrez qu'il résoudra un grand nombre de vos problèmes. L'un de ses principaux atouts est la présence d'un champ de recherche qui permet de cibler très rapidement le sujet qui vous pose problème.

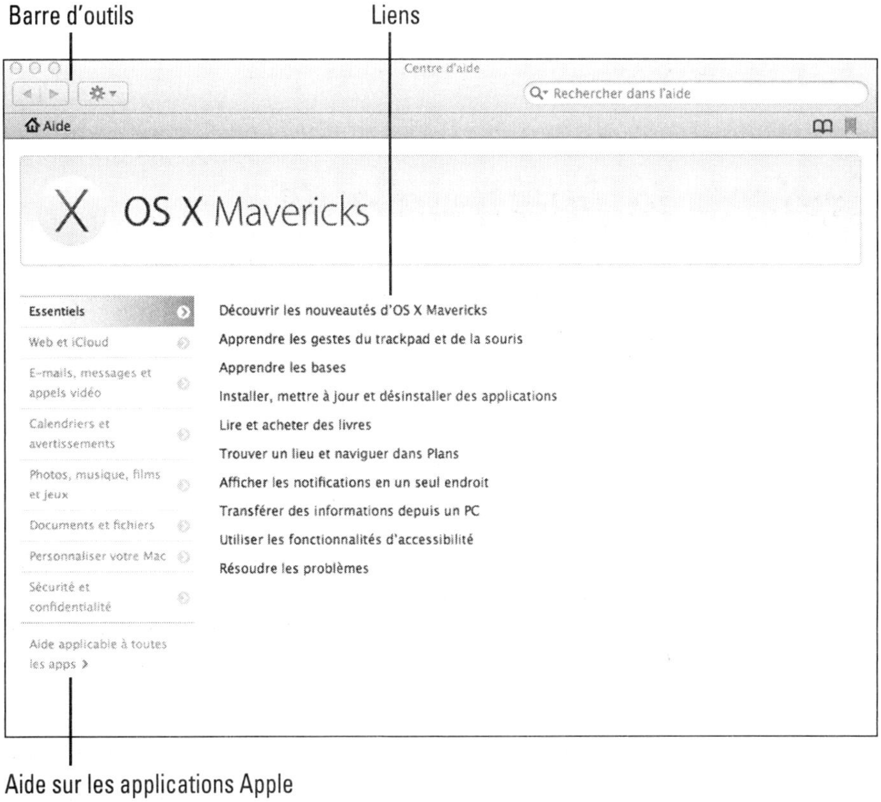

Figure 7.1

Rechercher de l'aide

Vous disposez de deux options de recherche d'aide pour un sujet spécifique :

- **Depuis le menu Aide du Finder :** Sous Mavericks, vous pouvez obtenir de l'aide depuis le Finder. Comment ? Cliquez simplement sur le menu Aide et, dans le champ Recherche, tapez un ou deux mots-clés significatifs du problème que vous cherchez à résoudre. Inutile de valider en appuyant sur Retour. Au fur et à mesure que vous saisissez des caractères, les résultats de la recherche se précisent. Au final, il ne reste plus qu'à cliquer sur l'élément qui semble contenir des informations sur le sujet qui vous préoccupe.

- **Depuis le Centre d'aide :** Cliquez dans le champ Rechercher dans l'aide, et saisissez un ou deux termes correspondant à la question que vous vous posez, et validez-la en appuyant sur Retour. La **Figure 7.2** montre les résultats obtenus pour une recherche portant sur les DVD vidéo.

Figure 7.2 : Rechercher dans le Centre d'aide de Mavericks.

Quelle que soit la méthode employée, les sujets sont triés selon leur pertinence. Les résultats qui, selon Mavericks, répondent le mieux à la demande de l'utilisateur apparaissent toujours en premier.

Si vous ne voyez aucune rubrique correspondant à l'objet de votre recherche, cliquez sur le lien Tout afficher. Enfin, cliquez sur la rubrique dont vous désirez lire le contenu. Elle apparaît comme à la **Figure 7.3**.

Cliquez pour revenir à la rubrique précédente

Figure 7.3 : Consultation d'une rubrique.

Le Centre d'aide fonctionne comme le navigateur Web Safari. Pour revenir à la rubrique précédemment consultée, cliquez sur le bouton Précédent de la barre d'outils.

Trouver de l'aide sur les forums Apple

Vous trouverez un support technique en ligne sur les produits Apple à l'adresse `www.apple.com/fr`. Cliquez sur l'onglet Assistance de la barre de navigation de la page d'accueil. Ensuite, cliquez sur Mac puis sur le modèle de votre ordinateur.

L'ensemble des discussions et commentaires publiés sur ce forum permet aux utilisateurs de trouver rapidement une solution à leurs problèmes. Sachez toutefois que les techniciens Apple ne répondent jamais directement sur le forum pour la simple et bonne raison que l'assistance technique directe n'est pas gratuite.

Cliquez sur le lien Communautés qui, malheureusement est en anglais. Là, parcourez les catégories de problèmes, et choisissez celle qui répond le plus à vos besoins d'assistance.

Si l'anglais vous pose problème, sachez que vous trouverez de nombreuses réponses dans la page d'assistance d'Apple. Par exemple, si vous possédez un MacBook Pro et qu'il semble dysfonctionner, affichez la page d'accueil du Centre d'aide, et cliquez sur le lien Résoudre les problèmes. Des solutions vous sont alors proposées, comme à la **Figure 7.4**.

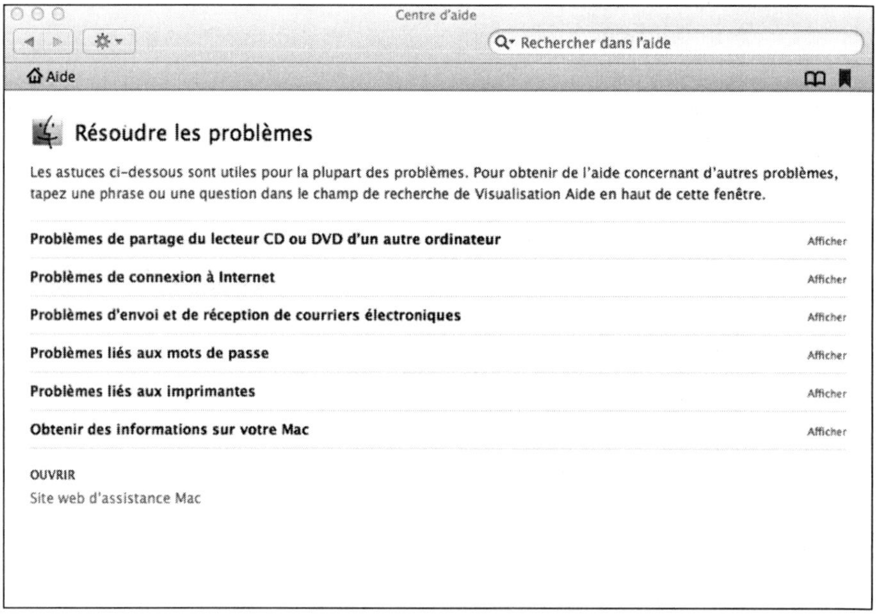

Figure 7.4 : Pas de problème sans solution sur Mac.

Partager des écrans

Il est rare que vous n'ayez pas au moins un membre de votre famille qui ne connaisse pas un tant soit peu l'univers Mac. Dans ce cas, vous pouvez l'autoriser à prendre, à distance, les commandes de votre ordinateur grâce à la fonction de *partage d'écran*. Cette collaboration n'est possible que si vous disposez tous deux d'une connexion Internet haut débit.

Le Partage d'écran de Mac OS X Mavericks est disponible depuis Messages, et s'active dans les Préférences Système à la rubrique Partage. Voici comment partager votre Mac avec d'autres utilisateurs distants :

1. **Cliquez sur l'icône Préférences Système du Dock.**
2. **Dans la section Internet et sans fil, cliquez sur Partage.**
3. **Dans la colonne de gauche de la fenêtre Partage, cochez l'option Partage d'écran, comme à la Figure 7.5.**

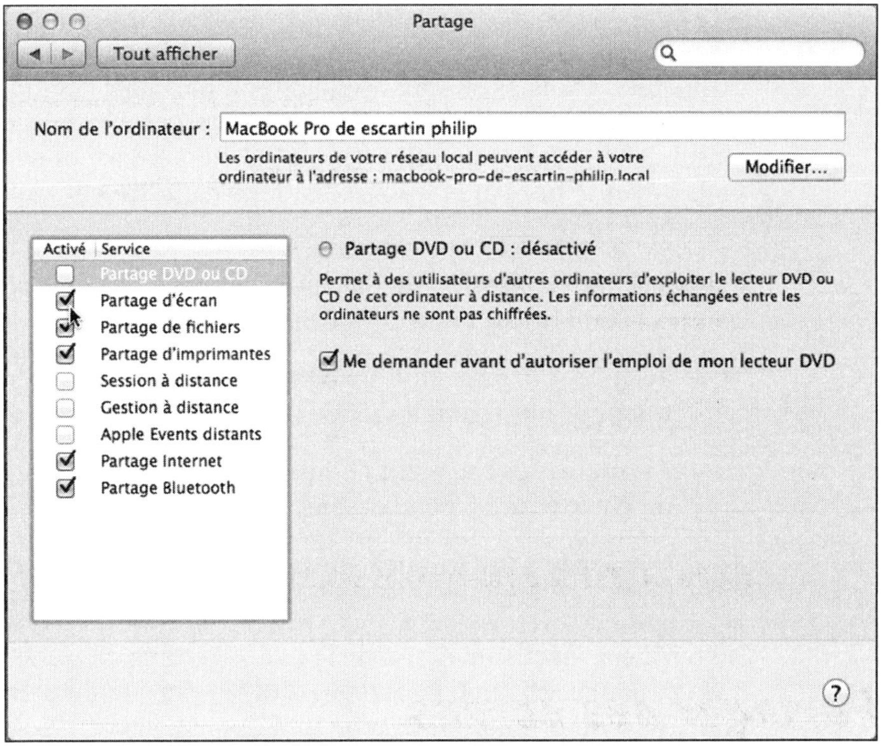

Figure 7.5 : Partage d'écran activé.

4. **Pour limiter l'autorisation d'accès à distance à des comptes spécifiques, activez l'option Uniquement ces utilisateurs. Ensuite, cliquez sur le bouton Ajouter (+) pour sélectionner un utilisateur.**

5. **Fermez les Préférences Système pour sauvegarder vos modifications.**

Pour partager effectivement l'écran, vous devez spécifier cette fonction dans Messages. Donc, ouvrez cette application, puis cliquez sur Vidéo/Partage d'écran activé. Une coche apparaît à gauche de cette fonction attestant de son activation dans Messages.

Maintenant, cliquez sur Amis/Partager mon écran avec pour inviter une autre personne à collaborer sur votre Mac.

Pour qu'une autre personne vous autorise à intervenir sur son ordinateur, choisissez Amis/Demander à partager l'écran de. Si la personne accepte l'invitation de partage, Messages initialise automatiquement une discussion audio. De manière assez surprenante, vous voyez le bureau et les applications de votre contact, et vous contrôlez sa souris.

Pendant toute la session de partage d'écran, Messages affiche un panneau semi-transparent proposant trois boutons :

- **Terminer la session de partage d'écran :** Cliquez sur ce bouton pour mettre fin au mode de partage d'écran.
- **Permuter les bureaux :** Cliquez sur ce bouton pour basculer de votre écran à celui du Mac distant et inversement.
- **Couper le son :** Cliquez sur ce bouton pour couper le son de la discussion.

Ne partagez jamais un écran avec une personne en qui vous n'avez pas confiance. En effet, le partage d'écran permet de prendre le contrôle d'un ordinateur exactement comme si votre contact se trouvait devant votre Mac. Bien entendu, la plupart des tâches exigent que vous tapiez votre mot de passe, mais un individu mal intentionné parviendra toujours à supprimer des fichiers, et à mettre à mal votre système. Donc, ne partagez votre écran qu'avec des personnes dignes de confiance !

Rechercher d'autres ressources de support Mac

Il arrive que certains problèmes et autres questionnements ne trouvent pas de réponse dans le Centre d'aide de votre Mac ou sur les forums Apple. Vous devez alors recourir à d'autres types d'assistance.

Apple met à votre disposition un support technique vocal. Vous trouverez son numéro de téléphone dans le manuel livré avec votre Mac ou dans la section Contactez l'assistance Apple de la page Web d'assistance du site `apple.com/fr`. La durée de l'assistance dépend de différents facteurs, comme le temps écoulé depuis que vous avez installé Mac OS X Mavericks, ou bien encore si vous avez adhéré au plan d'assistance proposé par Apple moyennant finances.

Il existe un grand nombre de publications et de ressources papier ou en ligne qui peuvent vous aider à surmonter vos problèmes informatiques. Voici mes préférées :

- **MacWorld (**`www.macworld.fr/`**)** et **MacLife (**`www.maclife.com`**)** sont deux magazines papier également disponibles en ligne.
- **Cnet (**`http://telecharger.cnet.com/mac/`**)**, une ressource en ligne proposant les dernières mises à jour des applications Mac tierce partie.
- **MacFixIt (**`www.macfixit.com`**)**, désormais hébergé sur CNET, MacFixIt se consacre à l'univers Mac pour lequel il propose des téléchargements, des informations, et des espaces de discussion exigeant un abonnement.

Vous trouverez aussi des ressources locales dans des villes de moyenne et de grande importance. Une boutique agréée Apple vend des Mac et en assure souvent la réparation. Les techniciens qui y travaillent sauront répondre à vos questions.

Avec de la chance, vous trouverez un groupe d'utilisateurs local que vous rejoindrez pour profiter des connaissances et de l'expérience de chacun. Pour trouver un groupe proche de chez vous, visitez la page `www.apple.com/usergroups`, ou bien interrogez le site français `www.macafond.fr`.

Deuxième partie

S'amuser et travailler avec un programme

« J'ai tapé "bulles" dans la zone de recherche, c'est tout ma chérie. »

Chapitre 8

Créer des documents avec Pages

Prêt pour...

- Créer un document Pages
- Ouvrir un document Pages existant
- Taper et modifier du texte dans Pages
- Couper du texte
- Copier du texte
- Coller depuis le Presse-papiers
- Mettre en forme du texte avec panache
- Insérer des tableaux
- Ajouter des photos
- Repositionner et redimensionner une image
- Ajouter une forme à l'arrière-plan d'un document
- Vérifier l'orthographe
- Imprimer des documents
- Enregistrer votre travail

Il y a quelques années, lors d'une conférence Apple à Cupertino, tout le monde tomba d'accord sur le fait qu'il manquait à l'univers Mac un nouveau programme de traitement de texte capable de rivaliser avec Microsoft Word. Suite à ces remarques, Apple développa le programme Pages proposé dans la suite iWork.

Malheureusement, toutes les personnes qui ont poussé Apple à créer ce programme ne viendront jamais vous en expliquer le fonctionnement. En conséquence, ce chapitre vous apprend comment :

- Créer des documents Pages ou ouvrir des fichiers existants.
- Enregistrer un document Pages.
- Taper et modifier du texte.
- Manipuler du texte et des images avec les fonctions Couper, Copier, et Coller.
- Mettre du texte en forme.
- Insérer des tableaux, des formes, et des photos à votre document.
- Redimensionner des objets.
- Vérifier l'orthographe d'un document Pages.
- Imprimer vos documents.

Créer un document Pages

L'utilisation du programme Pages passe par la création ou l'ouverture d'un document. Voici comment créer un document avec ce logiciel de traitement de texte :

1. **Double-cliquez sur l'icône du disque dur de votre bureau, puis sur le dossier Applications.**
2. **Faites défiler le contenu de ce dossier pour localiser l'icône du programme. Double-cliquez dessus.**

Pour localiser plus rapidement l'icône du programme Pages, cliquez sur la première icône venue du dossier Applications afin de la sélectionner. Ensuite, appuyez autant de fois que nécessaire sur la touche P de votre clavier pour activer l'icône Pages.

3. **Dans la boîte de dialogue Pages qui apparaît, vous avez la possibilité de choisir d'ouvrir un document existant. Pour créer un document, cliquez sur le bouton Nouveau document situé dans l'angle inférieur gauche de cette boîte de dialogue.**

   Comme le montre la Figure 8.1, Pages s'ouvre sur une interface proposant de choisir un modèle.

4. **Dans le panneau gauche, choisissez le type de document que vous désirez créer. Les documents disponibles s'affichent dans le volet droit.**

5. **Cliquez sur le modèle qui correspond le mieux à vos besoins.**

6. **Enfin, ouvrez le document choisi par un clic sur le bouton Choisir.**

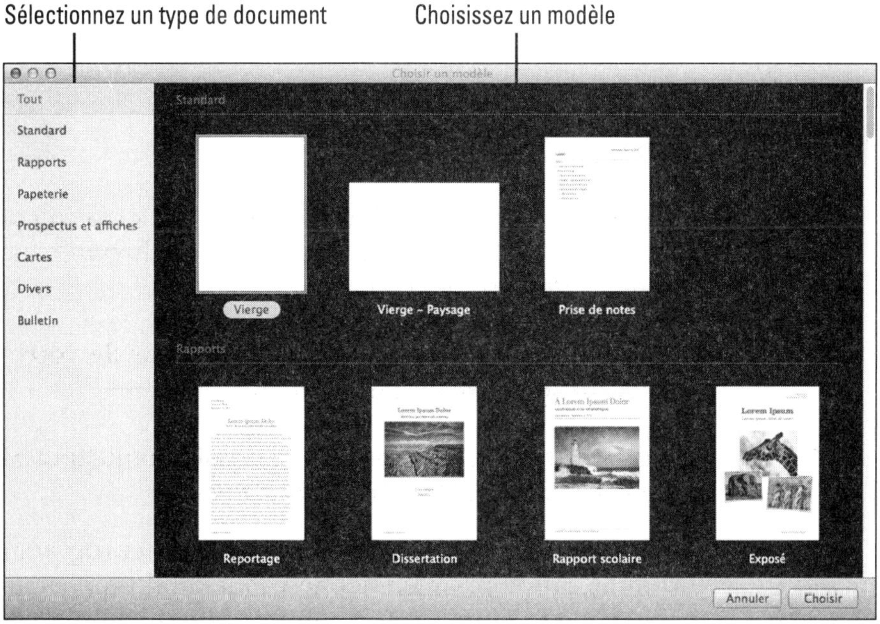

Figure 8.1 : À l'ouverture de Pages.

Ouvrir un document Pages existant

Bien entendu, vous pouvez ouvrir un document Pages depuis une fenêtre du Finder. Il suffit pour cela de localiser le document sur lequel vous souhaitez travailler, et de double-cliquer sur son icône. (Le Chapitre 5 explique comment localiser un fichier avec le Finder.) Une autre technique consiste à ouvrir un document Pages depuis le programme lui-même en vous conformant aux étapes suivantes :

1. **Double-cliquez sur l'icône de Pages pour exécuter le programme.**

2. **Dans la boîte de dialogue qui apparaît, parcourez vos disques et vos dossiers pour localiser le document que vous souhaitez ouvrir, comme le montre la Figure 8.2.**

Figure 8.2

3. **Double-cliquez sur le nom du fichier pour le charger dans le programme, ou bien cliquez une fois dessus pour le sélectionner, puis sur le bouton Ouvrir.**

Pour ouvrir un document depuis Pages, c'est-à-dire une fois que le programme est démarré, cliquez sur Fichier/Ouvrir, ou bien exécutez le raccourci clavier ⌘ + O. Ensuite, conformez-vous à l'étape 2 de la précédente procédure.

Pour ouvrir rapidement un document récemment ouvert dans Pages, exécutez le programme, puis cliquez sur Fichier/Ouvrir un élément récent. Le menu local qui apparaît contient tous les documents récemment utilisés dans ce programme.

Taper et modifier du texte dans Pages

Taper du texte dans un logiciel de traitement de texte est identique à taper du texte avec une machine à écrire. La grande différence est que votre saisie étant virtuelle, vous pouvez la modifier à tout instant sans être obligé de retaper intégralement votre page. Si vous débutez dans l'univers du traitement de texte, voici ce que vous devez comprendre avant de commencer à travailler :

- Le curseur en forme de « i » majuscule, s'appelle le point d'insertion. Le texte tapé s'affichera à sa gauche. Le point d'insertion semble être poussé vers la droite par le texte que vous saisissez.

- Pour entrer du texte, tapez-le tout simplement au clavier.

- Contrairement à une machine à écrire, vous n'avez pas besoin de pousser le chariot sur la gauche pour commencer une nouvelle ligne. En effet, le programme effectue automatiquement les renvois à la ligne.

- Pour modifier le texte de votre document Pages, placez le point d'insertion à l'endroit de la modification souhaitée. Ensuite, cliquez et, sans relâcher le bouton de la souris, faites glisser le pointeur sur tous les caractères que vous souhaitez modifier. Vous venez de sélectionner du texte. Il vous suffit maintenant de taper le texte de remplacement. Pages substitue automatiquement les nouveaux caractères aux anciens. La **Figure 8.3** montre un texte sélectionné.

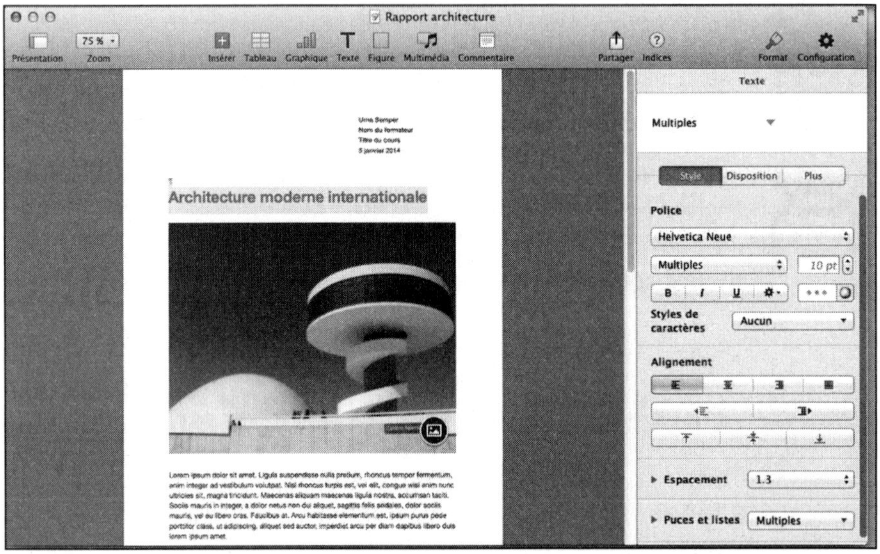

Figure 8.3 : Le texte sélectionné apparaît surligné en jaune.

- Pour supprimer du texte, sélectionnez les caractères et appuyez sur la touche Retour arrière de votre clavier.

TRUC

Vous pouvez modifier quelques mots ou quelques lignes, voire des blocs de texte beaucoup plus importants. Sachez qu'il est également possible de déplacer ou de copier du texte d'une partie à une autre d'un document Pages. En effet, les fonctions Copier, Couper, et Coller sont parmi les plus puissantes d'un programme de traitement de texte. Les sections suivantes expliquent comment exécuter ces actions.

Couper du texte

L'action de couper supprime l'élément du document pour le placer dans le Presse-papiers. Il s'agit d'un espace de stockage temporaire dont le contenu reste disponible tant qu'il n'a pas été remplacé par un autre élément copié ou coupé. Voici comment couper du texte ou des images dans Pages :

- Cliquez sur Édition/Couper

ou

➟ Appuyez sur ⌘ + X.

TRUC Pour supprimer un élément de votre texte, sélectionnez-le et appuyez sur Del ou Retour arrière.

Copier du texte

La copie d'un élément permet de le conserver dans le document tout en plaçant une occurrence dans le Presse-papiers. Voici comment copier du texte ou des images dans Pages :

➟ Cliquez sur Édition/Copier

ou

➟ Appuyez sur ⌘ + C.

TRUC Couper ou copier un élément remplace le contenu actuel du Presse-papiers. Vous comprenez alors que le Presse-papiers ne contient que le dernier élément que vous y avez copié ou coupé.

Coller depuis le Presse-papiers

Que pouvez-vous faire des éléments placés dans le Presse-papiers suite à une opération de couper ou de copier ? La réponse est assez simple : les coller à la position du point d'insertion dans votre document.

Vous pouvez répéter autant de fois que vous le désirez une opération de coller, car elle ne vide jamais le Presse-papiers. Mais n'oubliez pas que le Presse-papiers est un espace de stockage temporaire. Son contenu actuel est remplacé dès que vous copiez ou coupez un nouvel élément, et il se vide quand vous éteignez votre ordinateur.

Pour coller le contenu du Presse-papiers, commencez par cliquer à l'emplacement du document où vous désirez effectuer le collage. Dès que le point d'insertion y clignote, vous pouvez :

- Cliquer sur Édition/Coller

  ou

- Appuyer sur ⌘ + V.

Mettre en forme du texte avec panache

Si vous pensez que du texte de votre document Pages nécessite un lifting, ne vous privez pas des fonctionnalités de mise en forme du logiciel. La mise en forme, ou formatage, permet de modifier la couleur, la police, la taille des caractères, et certaines propriétés du texte.

TRUC

Pour mettre en forme du texte, commencez par le sélectionner. Pour cela, glissez le curseur sur le texte à modifier. Lorsque vous relâchez le bouton de la souris, la sélection est effective. Pour modifier la totalité du texte d'un document, exécutez le raccourci clavier ⌘ + A.

La mise en forme s'effectue de deux manières :

- **Avec l'inspecteur Formater.** Par défaut, cet inspecteur s'affiche sous la forme d'un volet à droite du document, comme le montre la **Figure 8.4**. Si ce n'est pas le cas, cliquez sur Présentation/Inspecteur/Formater. Ce volet met toutes les fonctionnalités de mise en forme à votre disposition. Ainsi, pour utiliser une autre police de caractères, ouvrez le menu local Police. La quantité de familles de polices disponible est impressionnante. Vous pouvez également modifier des caractéristiques comme la couleur d'une police, sa taille, ou bien encore appliquer un enrichissement en italique ou en gras. L'inspecteur Formater dispose également de quatre boutons qui permettent d'aligner le texte sur la page (alignement à gauche, centré, à droite, et justifié).

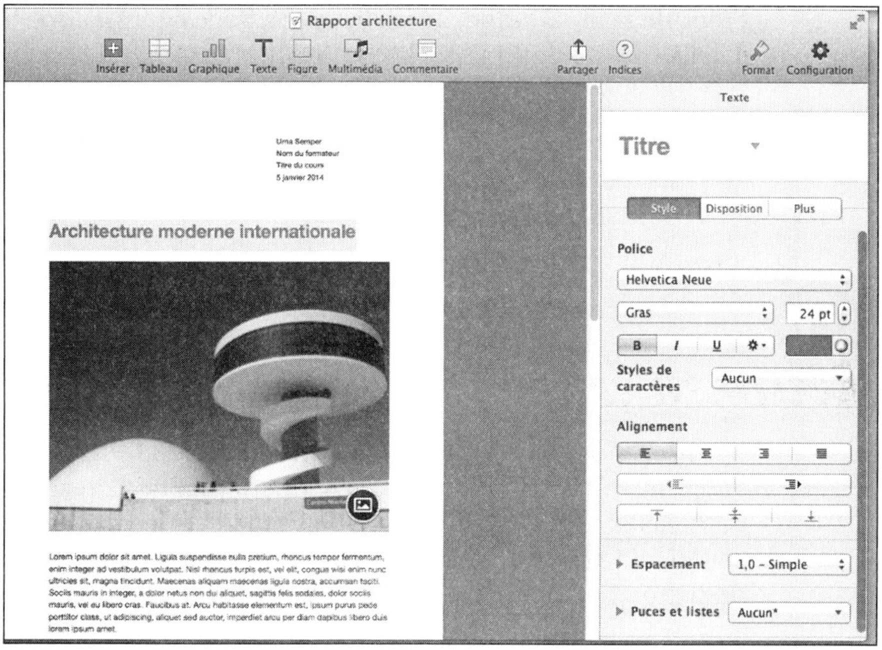

Figure 8.4 : L'inspecteur Formater.

- **Avec le menu Format.** La plupart des fonctions de mise en forme de l'inspecteur Formater se retrouvent dans le menu Format. Cliquez dessus et placez le pointeur de la souris sur le sous-menu Police. Vous accédez à un ensemble d'options permettant de mettre votre texte en gras, en italique, de le souligner, de le barrer, ou bien encore de l'encadrer. Vous pouvez également en modifier la taille par un clic sur la mention Plus grand ou Plus petit. Pour modifier l'alignement du texte, placez le pointeur de la souris sur le sous-menu Texte du menu Format.

Insérer des tableaux

Dans l'univers du traitement de texte, un *tableau* et une grille qui contient des mots ou des images. Bien souvent, la notion de tableaux fait penser à l'utilisation d'un tableur tel que Numbers et qui permet d'élaborer des feuilles de calcul. Toutefois, vous pouvez créer de sympathiques tableaux dans Pages en quelques clics de souris.

Conformez-vous aux étapes suivantes :

1. **Placez le point d'insertion à la position du texte où vous souhaitez insérer le tableau.**

   TRUC

   Si le texte passe en surbrillance quand vous cliquez dessus dans un modèle, ouvrez le menu Format, puis pointez sur le sous-menu Avancé. Décochez l'option Définir comme texte pour paramètre fictif.

2. **Cliquez sur le bouton Tableau de la barre d'outils de Pages.**

3. **Dans l'incrustation qui apparaît, sélectionnez le type de tableau à insérer, comme le montre la Figure 8.5. Cliquez sur les triangles pour parcourir la galerie des tableaux.**

   Le tableau apparaît dans le document, et l'inspecteur Tableau s'affiche sur le bord droit de Pages.

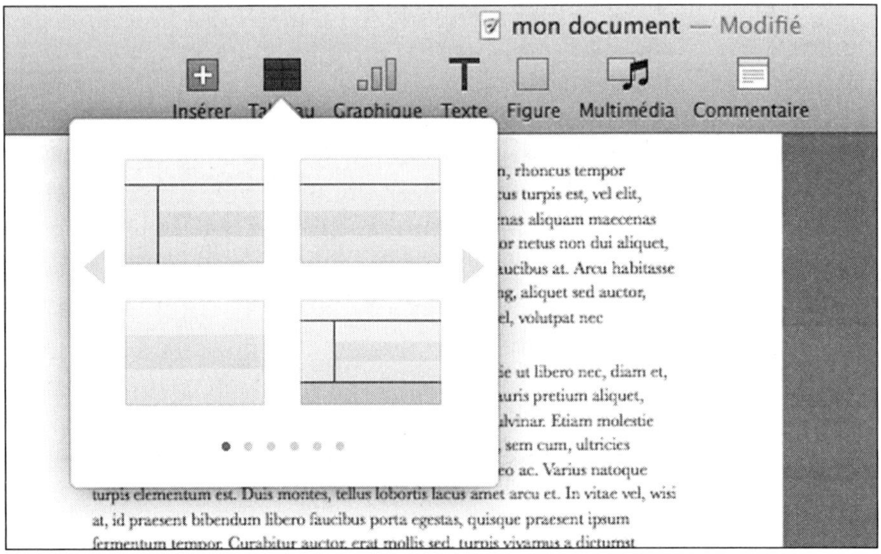

Figure 8.5 : Choisissez le type de tableau à insérer.

Par défaut, Pages crée un tableau composé de cinq rangées et de quatre colonnes.

4. **Pour modifier le nombre de colonnes et de rangées, cliquez sur les boutons ornés du signe égal (=). Dans l'incrustation qui apparaît, cliquez sur la petite flèche noire supérieure pour ajouter des rangées et des colonnes, ou sur la petite flèche noire inférieure pour en enlever.**

5. **Pour supprimer ou insérer une colonne ou une rangée spécifique, placez le pointeur de la souris sur son numéro ou sa lettre, et cliquez sur la petite flèche qui apparaît. Dans le menu local qui s'ouvre, exécutez la commande permettant d'obtenir le résultat escompté, comme Supprimer le rang ou Supprimer la colonne.**

6. **Cliquez dans une cellule pour y positionner le point d'insertion. Tapez votre texte. Le tableau redimensionne automatiquement la cellule et renvoie le texte à la ligne si nécessaire.**

   Vous pouvez coller le contenu du Presse-papiers dans le tableau. La commande Coller est expliquée un peu plus haut dans ce chapitre.

7. **Pour modifier la bordure d'une cellule, cliquez dedans pour la sélectionner. Ensuite, dans l'inspecteur Tableau, cliquez sur l'onglet Cellule puis ouvrez la section Bordure en cliquant sur son petit triangle. Utilisez les outils proposés pour modifier la bordure de la cellule.**

   Pour sélectionner plusieurs cellules d'un tableau, cliquez sur le petit cercle situé dans l'angle inférieur droit du sélecteur de cellule, et faites-le glisser sur les cellules à sélectionner. En revanche, pour sélectionner des cellules non adjacentes, cliquez dessus en maintenant la touche ⌘ enfoncée.

8. **Pour ajouter une couleur d'arrière-plan à une cellule, cliquez sur l'onglet Cellule de l'inspecteur Tableau, puis sur le triangle de la section Remplissage. Ouvrez le menu local Remplissage couleur et choisissez le type d'arrière-plan**

à utiliser. Ensuite, modifiez sa couleur en cliquant sur le rectangle situé à droite de la mention Remplissage. Dans le sélecteur de couleurs qui apparaît, définissez la couleur de remplissage à utiliser.

Ajouter des photos

Deux techniques permettent d'ajouter des images dans un document Pages : en tant qu'*objet flottant,* où vous pouvez placer l'image à un endroit particulier qui ne bougera jamais même si vous apportez des modifications à votre texte ; en tant qu'objet *incorporé* qui s'adapte à la modification du texte environnant.

- **Ajouter un objet flottant.** Glissez un fichier image depuis le Finder, et positionnez-le à un endroit spécifique de votre document. Une alternative consiste à cliquer sur le bouton Multimédias de la barre d'outils, puis sur l'onglet Photos de l'incrustation qui apparaît. Parcourez les vignettes des différentes images localisées par Pages, et cliquez sur l'une d'entre elles pour l'insérer dans la page. Une fois l'image insérée, l'inspecteur Image apparaît sur la droite, comme à La **Figure 8.6.**

  TRUC Vous pouvez placer un objet flottant à l'arrière-plan pour que la mise en page du texte ne soit pas modifiée. Pour cela, cliquez sur l'objet pour le sélectionner. Ensuite, choisissez Disposition/Déplacer les objets à l'arrière-plan. Le texte apparaît alors en surimpression sur l'image.

- **Ajouter un objet incorporé.** Maintenez la touche ⌘ enfoncée tout en glissant le fichier image depuis le Finder jusqu'au document.

TRUC Une fois l'image en place, modifiez-la avec les différents outils de l'inspecteur. Vous pouvez ainsi très facilement remplacer une image en cliquant sur l'onglet Image puis sur le bouton Remplacer.

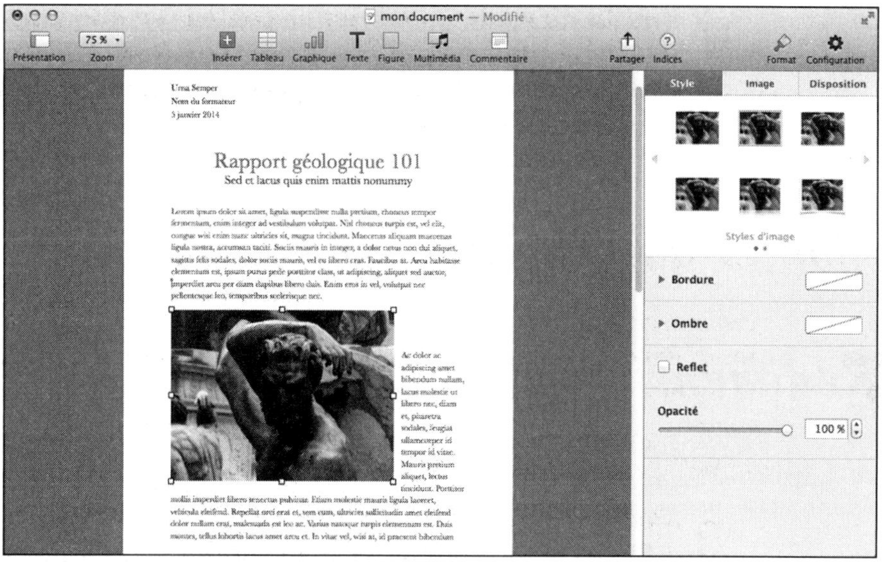

Figure 8.6 : L'insertion d'une photo ouvre l'inspecteur Image.

Repositionner une image

Lorsque vous insérez une image dans un document Pages, elle n'est pas toujours positionnée comme vous le souhaiteriez ou, votre document pouvant évoluer, vous voudrez peut-être la repositionner.

Le plus gros problème dans le repositionnement d'une image tient à la manière dont le texte va s'ajuster à cette modification. Dans ce domaine, Pages est un exemple de simplicité. Voici comment déplacer une image et gérer le texte qui l'entoure :

1. **Cliquez sur l'image pour la sélectionner, puis faites-la glisser à sa nouvelle position.**

   Vous constatez que le texte s'ajuste automatiquement à la position de l'image.

2. **Si la manière dont le texte s'ajuste ne vous convient pas, cliquez sur l'onglet Disposition de l'inspecteur.**

3. **Ouvrez le menu local Ajustement du texte, et choisissez la manière dont le texte se positionnera en fonction du positionnement de l'image.**

   Par exemple, si vous ne souhaitez pas que le texte entoure l'image d'une quelconque manière que ce soit, choisissez Incorporé au texte. Ainsi, le texte sera renvoyé à la première ligne située en dessous ou au-dessus de l'image.

Redimensionner une image

Très souvent, l'image que vous insérez dans un document Pages est beaucoup trop grande. Voici comment la redimensionner :

1. **Cliquez sur l'image pour la sélectionner.**

2. **Ensuite, placez le pointeur de la souris sur la poignée de redimensionnement située dans la partie inférieure droite de la photographie. Cliquez et glissez ses poignées vers l'intérieur pour réduire la taille de l'image, comme à la Figure 8.7.**

   Pour conserver les proportions de l'image, c'est-à-dire pour que l'opération de redimensionnement ne la déforme pas, glissez n'importe quelle poignée en maintenant la touche Maj enfoncée.

   Vous pouvez également retourner les images. Pour cela, cliquez sur Disposition/Retournement horizontal ou Retournement vertical. Vous créez respectivement un effet miroir et un reflet.

Ajouter une figure à l'arrière-plan d'un document

Pour ajouter une forme, comme un rectangle ou un cercle, qui contiendra votre texte, suivez ces quelques étapes :

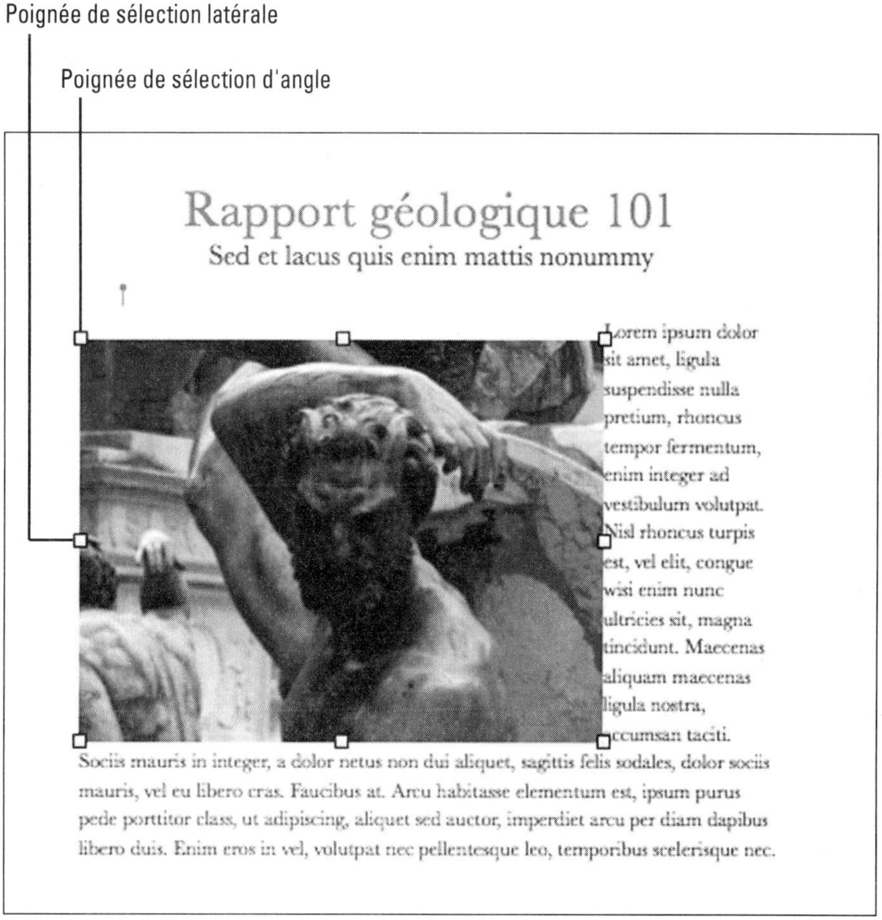

Figure 8.7 :

1. **Placez le point d'insertion à l'endroit où vous souhaitez insérer la figure.**

2. **Cliquez sur le bouton Figures de la barre d'outils de Pages et choisissez une des formes proposées. Elle apparaît instantanément dans votre document.**

   Parcourez les figures proposées en cliquant sur les triangles du menu local qui s'affiche.

3. **Comme les images, les figures (ou formes) peuvent être déplacées et redimensionnées. Pour cela, cliquez sur la forme et, sans relâcher le bouton de la souris, glissez-la à un nouvel emplacement du document.**

   Le repositionnement des figures s'effectue comme pour celui des photos, tel que nous l'expliquons dans la section « Repositionner une image » plus haut dans ce chapitre.

4. **Pour taper du texte dans une figure, double-cliquez simplement dessus. Le point d'insertion clignote dessus. Il ne vous reste plus qu'à taper le texte que vous mettrez en forme *via* les outils de l'onglet Texte de l'inspecteur.**

5. **Si vous souhaitez transformer votre figure en filigrane, commencez par faire en sorte que le texte ne s'ajuste pas à la position de cette forme. Pour cela, activez la figure, et ouvrez l'onglet Disposition de l'inspecteur. Dans le menu local Ajustement du texte, choisissez Aucun. Ensuite, ouvrez l'onglet Style et faites glisser le curseur Opacité vers la droite jusqu'à ce que votre forme ait la transparence digne d'un filigrane.**

Vérifier l'orthographe

Pages peut vérifier l'orthographe de votre document pendant ou après sa rédaction. Voici comment vérifier l'orthographe lorsque vous tapez du texte :

1. **Cliquez sur Édition, et placez le pointeur de la souris sur l'élément Orthographe et grammaire.**

2. **Activez l'option Vérifier l'orthographe lors de la saisie.**

3. **Pages souligne en rouge les mots qu'il identifie comme mal orthographiés. Faites un Ctrl + clic (clic droit) sur un terme souligné en rouge et, dans le menu contextuel qui apparaît, choisissez l'orthographe correcte. Comme Pages ne connaît**

pas tous les mots, il en considère certains comme mal orthographiés, alors qu'ils sont corrects. Dans ce cas, ignorez ses propositions.

Pour désactiver la correction orthographique automatique, décochez l'option Vérifier l'orthographe lors de la saisie.

Voici comment vérifier manuellement l'orthographe :

1. **Placez le point d'insertion à l'endroit du document où vous souhaitez commencer la vérification.**

2. **Cliquez sur le menu Édition et placez le pointeur sur Orthographe. Dans le menu adjacent qui apparaît, choisissez Vérifier le document maintenant.**

3. **Dès que Pages s'arrête sur un mot mal orthographié, faites un Ctrl + clic droit dessus et choisissez le terme correct, ou bien ignorez-le si vous le savez correctement orthographié (voir la Figure 8.8).**

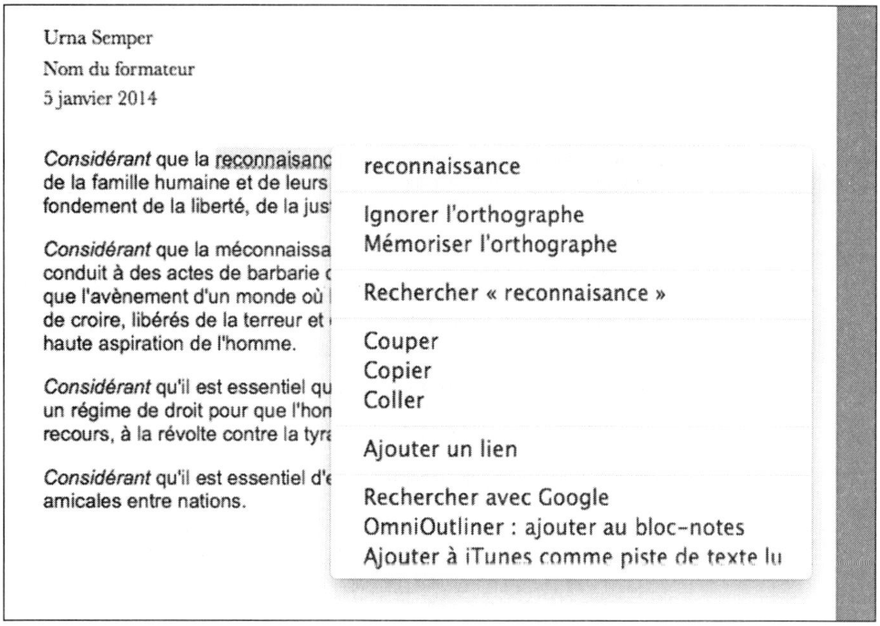

Figure 8.8 : Vérification de l'orthographe.

Imprimer des documents

Vous pouvez imprimer votre document Pages, mais aussi l'enregistrer au format PDF si vous êtes un écolo dans l'âme afin de préserver la bonne santé de nos forêts.

TRUC

Un fichier *PDF* est une version électronique de votre document Pages dont on ne peut pas modifier le contenu. Le Chapitre 6 explique comment créer des fichiers PDF avec Mavericks, et comment les lire avec Acrobat Reader ou la fonction Aperçu de Mac OS X.

Voici comment effectuer une impression traditionnelle sur papier d'un de vos documents Pages :

1. **Cliquez sur Fichier/Imprimer ou exécutez le raccourci clavier ⌘ + P. La boîte de dialogue d'impression apparaît, comme à la Figure 8.9.**

Indiquez les pages à imprimer et le nombre de copies souhaitées

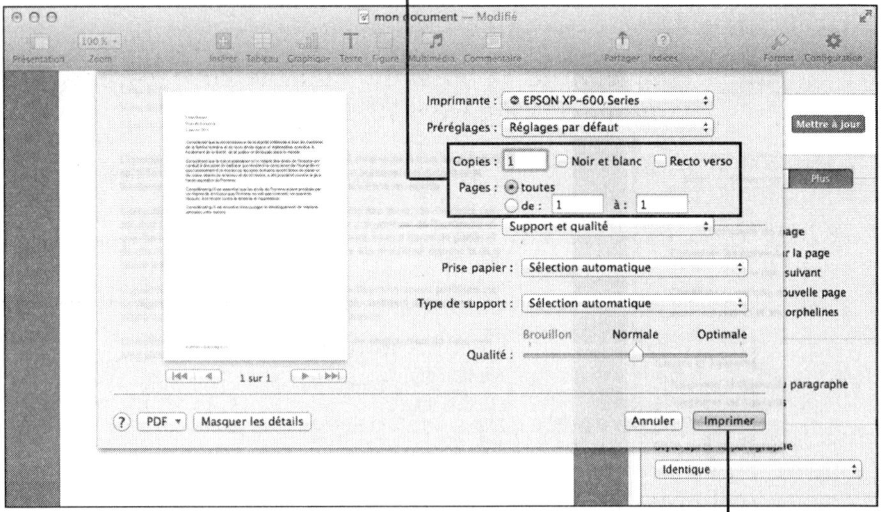

Cliquez sur Imprimer

Figure 8.9

2. **Dans le champ Copies, indiquez le nombre d'exemplaires que vous désirez imprimer.**

3. **Dans la section Pages, indiquez les pages à imprimer.**

   - Pour imprimer la totalité du document, choisissez Toutes.
   - Pour imprimer une plage de pages spécifique, activez le bouton radio « de » et précisez la première et la dernière page à imprimer.

4. **Cliquez sur le bouton Imprimer pour envoyer votre document à l'imprimante.**

Enregistrer votre travail

Voici comment enregistrer un document Pages pendant sa conception (ou une fois que vous l'avez entièrement terminé) :

1. **Appuyez sur ⌘ + S. Si le document n'a encore jamais été sauvegardé, la boîte de dialogue Enregistrer sous apparaît, comme à la Figure 8.10.**

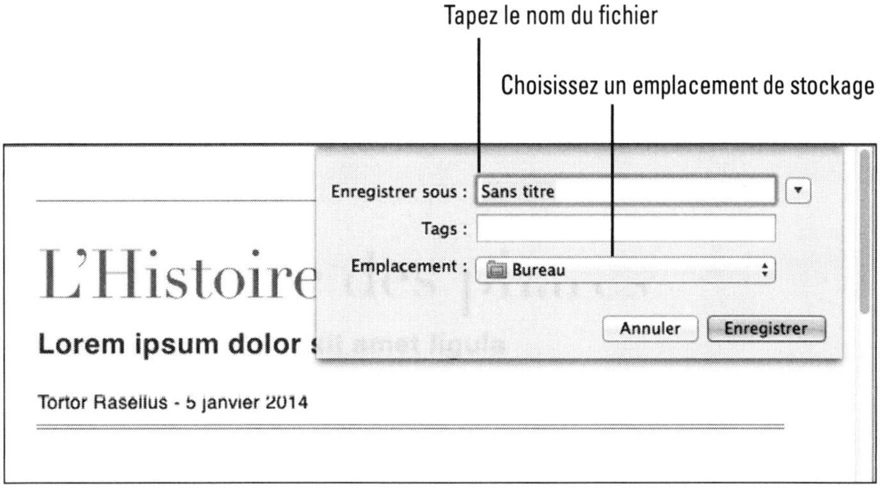

Figure 8.10

2. **Dans le champ Enregistrer sous, attribuez un nom à votre document.**

3. **Dans le menu local Emplacement, choisissez le dossier (ou le disque dur) sur lequel vous souhaitez stocker votre fichier.**

4. **Cliquez sur le bouton Enregistrer.**

Dès qu'un document a déjà été enregistré, Mac OS X se souvient de son emplacement de stockage. Il est conseillé d'enregistrer les modifications apportées à un document au fur et à mesure de la progression de votre travail. Pour cela, exécutez simplement le raccourci clavier ⌘ + S. Cette fois aucune boîte de dialogue n'apparaît, car le document est sauvegardé dans son dossier de stockage défini à l'étape 3 de cette procédure.

Pour enregistrer un document sous un autre nom, vous devez préalablement cliquer sur Fichier/Dupliquer, car Pages ne contient pas de commande Enregistrer sous. Pages crée alors une copie de votre document. Ensuite, exécutez la commande Enregistrer. La boîte de dialogue Enregistrer sous apparaît. Cette procédure évite de remplacer un document existant par un autre, et donc de vous en mordre les doigts si vous avez commis une erreur.

Chapitre 9

Travailler avec des chiffres

Prêt pour...

- Comprendre le principe de la feuille de calcul
- Créer une feuille de calcul
- Ouvrir une feuille de calcul
- Naviguer dans les cellules et en sélectionner
- o Entrer et modifier des données
- Choisir un format numérique
- Modifier l'alignement du texte d'une cellule
- Modifier le format des caractères
- Mettre en forme avec une couleur de remplissage
- Insérer des rangs et des colonnes
- Ajouter des calculs simples
- Insérer des graphiques
- Enregistrer votre travail
- Gérer vos finances en ligne

Mon Dieu, une feuille de calcul ! Exclamation habituelle des néophytes qui pensent que la compréhension d'une feuille de calcul relève de pratiques sataniques ou de sacrifices occultes.

Pourtant, vous trouverez dans Numbers un tableur d'une grande simplicité. Il permet d'organiser des données chiffrées, de réaliser des prévisions budgétaires, et de gérer vos finances en un minimum d'efforts. Contrairement à Microsoft Excel, puissant mais complexe, Numbers a été conçu pour un usage domestique.

Dans ce chapitre, je fournis des explications et indique des procédures œuvrant pour une compréhension et une utilisation simple de Numbers. Ainsi, vous apprendrez à :

- Créer, ouvrir, et enregistrer des feuilles de calcul.
- Saisir et modifier des données dans une cellule.
- Formater des cellules.
- Ajouter et supprimer des rangs et des colonnes.
- Créer des calculs simples.
- Insérer des graphiques dans votre document.
- Gérer vos finances et investir en ligne en toute sécurité.

Comprendre le principe de la feuille de calcul

Une *feuille de calcul* organise et calcule des chiffres grâce à un système de grille déterminé par des rangs et des colonnes. L'intersection entre une ligne (rang) et une colonne s'appelle une *cellule*. Les cellules contiennent des valeurs textuelles ou numériques. Elles vont ainsi permettre de réaliser des calculs qui prennent en compte plusieurs cellules.

Les feuilles de calcul sont de magnifiques outils facilitant des prises de décision et des comparaisons entre différentes valeurs numériques. Ainsi, mes feuilles de calcul préférées sont :

- comparaison des crédits auto ;
- un emploi du temps de collège ;
- mes finances personnelles.

Créer une feuille de calcul

Pour créer une feuille de calcul avec Numbers, suivez ces étapes :

1. **Depuis le Finder, ouvrez le menu Aller, et choisissez Applications. Faites défiler le contenu du dossier Applications afin de localiser l'icône Numbers, puis double-cliquez dessus.**

Une technique encore plus rapide, sans ouvrir la moindre boîte de dialogue, consiste à cliquer sur la loupe située dans l'angle supérieur droit du Bureau. Dans le champ de recherche Spotlight, tapez **Nu**. Mavericks affiche immédiatement Numbers. Double-cliquez dessus ou appuyez sur la touche Retour de votre clavier.

2. **Double-cliquez sur l'icône Numbers. Le programme affiche alors la fenêtre Liste de modèles, comme à la Figure 9.1.**

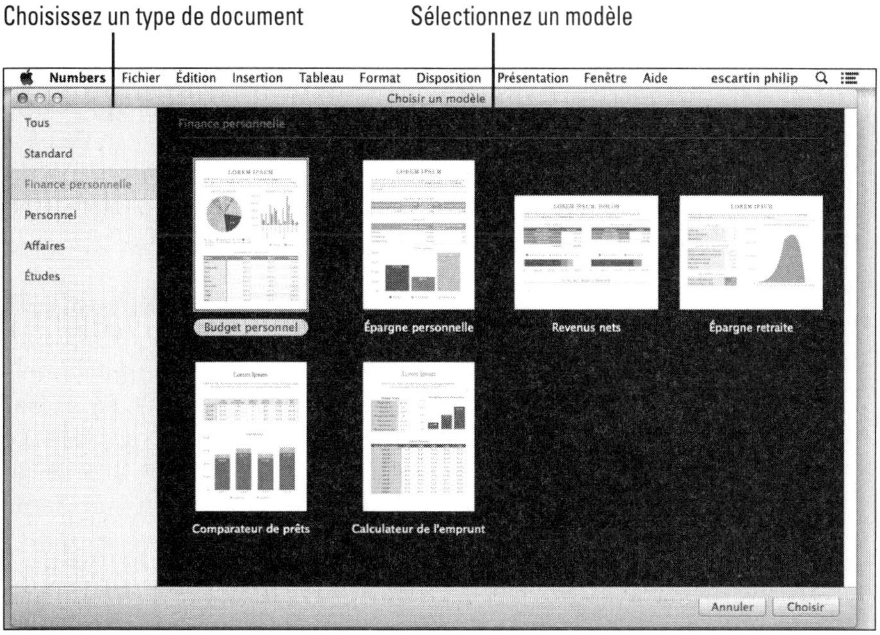

Figure 9.1

Lors de la première exécution de Numbers, un écran de bienvenue apparaît. Cliquez sur le bouton Continuer pour prendre connaissances de certaines informations sur ce logiciel et notamment ses nouveautés, ou bien cliquez sur le bouton rouge situé dans l'angle supérieur gauche pour fermer cet écran.

3. **Dans la colonne de gauche, cliquez sur la catégorie de feuille de calcul que vous désirez créer. Les documents correspondants s'affichent dans le volet droit de la fenêtre.**

4. **Cliquez sur le modèle qui correspond le mieux à vos besoins.**

5. **Ouvrez le document dans Numbers par un clic sur le bouton Choisir.**

Ouvrir une feuille de calcul

Si un document Numbers apparaît dans le Finder, double-cliquez sur son icône. Numbers se lance automatiquement et affiche le document en question.

Voici comment ouvrir un document depuis le programme lui-même :

1. **Double-cliquez sur l'icône Numbers pour exécuter le programme.**

   La boîte de dialogue illustrée à la Figure 9.2 apparaît.

   Cette boîte de dialogue Ouvrir, spécifique aux programmes de la suite iWork, comme nous l'avons vu au Chapitre 8 avec Pages, propose les mêmes boutons de présentation qu'une fenêtre du Finder. Ainsi, sur la Figure 9.2, j'utilise le mode Colonnes.

2. **Dans la barre latérale, cliquez sur le lecteur où est stocké votre fichier Numbers. Parcourez ses dossiers et sous–**

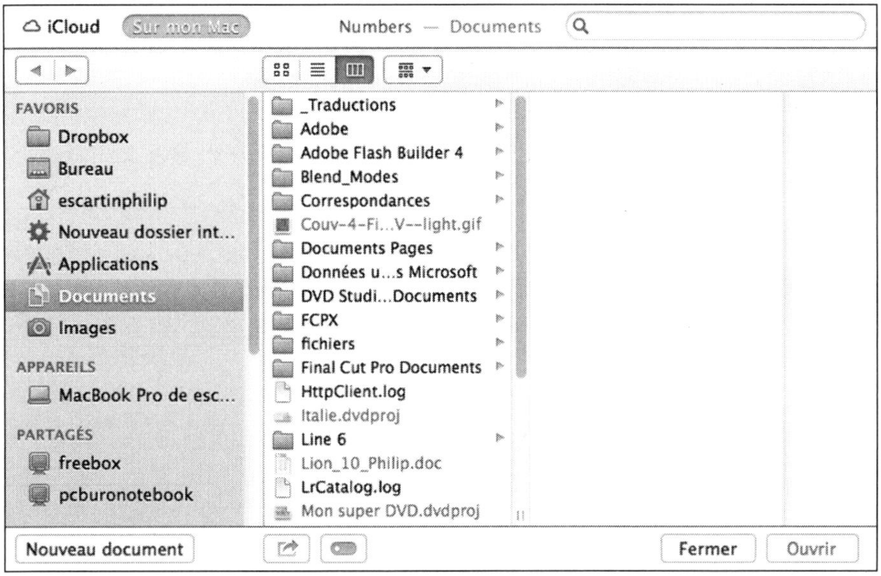

Figure 9.2

dossiers, puis double-cliquez sur le fichier de la feuille de calcul pour la charger dans Numbers.

Pour ouvrir une autre feuille de calcul alors que vous travaillez déjà dans Numbers, cliquez sur Fichier/Ouvrir, ou bien exécutez le raccourci clavier ⌘ + O.

Pour ouvrir une feuille de calcul sur laquelle vous avez récemment travaillé, choisissez Fichier/Ouvrir un document récent. Dans la liste des fichiers dernièrement utilisés, cliquez sur celui que vous désirez modifier ou consulter.

Naviguer dans les cellules et les sélectionner

Pour saisir des données dans les cellules, encore faut-il savoir comment les parcourir dans la feuille de calcul. Le Tableau 9.1 indique les touches du clavier qui permettent de déplacer le curseur de cellule en cellule. Forcez-vous à utiliser ces touches pour bien les mémoriser. Très vite, vous les emploierez sans même y penser.

Tableau 9.1 : Les touches de déplacement de Numbers

Touche ou combinaison	Déplacement du curseur
Flèche gauche (←)	Une cellule vers la gauche
Flèche droite (→)	Une cellule vers la droite
Flèche Haut (↑)	Une cellule vers le haut
Flèche Bas (↓)	Une cellule vers le bas
Home	Première cellule
Fin	Dernière cellule
PageDown	Un écran vers le bas
PageUp	Un écran vers le haut
Retour	Une cellule vers le bas (fonctionne aussi dans une sélection)
Tab	Une cellule vers la droite (fonctionne aussi dans une sélection)
Maj + Enter	Une cellule vers le haut (fonctionne aussi dans une sélection)

Maj + Tab Une cellule vers la gauche (fonctionne aussi dans une sélection)

Vous pouvez utiliser la souris pour sélectionner des cellules dans une feuille de calcul :

- Pour sélectionner une *seule* cellule, cliquez dessus.
- Pour sélectionner une *plage* de cellules, cliquez sur l'angle d'une cellule et, sans relâcher le bouton de la souris, glissez le pointeur dans la direction voulue (**Figure 9.3**).
- Pour sélectionner une *colonne* de cellules, cliquez sur son en-tête alphabétique.
- Pour sélectionner une *rangée* de cellules, cliquez sur son en-tête numérique.

Remboursements proposés					
Taux d'intérêt/Somme à emprunter	3,750 %	4,000 %	4,250 %	4,500 %	4,750 %
243 741 €	1 445 €	1 477 €	1 509 €	1 542 €	1 575 €
256 569 €	1 521 €	1 555 €	1 589 €	1 623 €	1 658 €
270 073 €	1 601 €	1 637 €	1 672 €	1 709 €	1 745 €
284 288 €	1 686 €	1 723 €	1 760 €	1 799 €	1 837 €
299 250 €	1 774 €	1 813 €	1 853 €	1 893 €	1 934 €
315 000 €	1 868 €	1 909 €	1 951 €	1 993 €	2 036 €
330 750 €	1 961 €	2 004 €	2 048 €	2 092 €	2 137 €
347 288 €	2 059 €	2 104 €	2 151 €	2 197 €	2 244 €

Figure 9.3

Entrer et modifier des données

Dès qu'une cellule est active, vous pouvez y saisir des données. Voici la procédure à suivre :

1. **Cliquez dans la cellule ou appuyez sur la barre d'espace. Le curseur de sélection est actif sur la cellule indiquant que vous pouvez y taper des données.**

   Appuyer sur la barre d'espace aura pour effet d'effacer le contenu de la cellule.

2. **Tapez vos données. Les feuilles de calcul acceptent des chiffres et du texte. Dans le monde des tableurs, ces deux éléments sont considérés comme des données. La Figure 9.4 montre une saisie de données.**

3. **Pour corriger ou modifier des données, cliquez dans la cellule qui les contient afin de les sélectionner. Tapez directement vos nouvelles données.**

4. **Pour supprimer des caractères dans une cellule, double-cliquez dessus pour y afficher le point d'insertion. Sélectionnez-les en glissant dessus le pointeur de la souris, et appuyez sur la touche Retour arrière.**

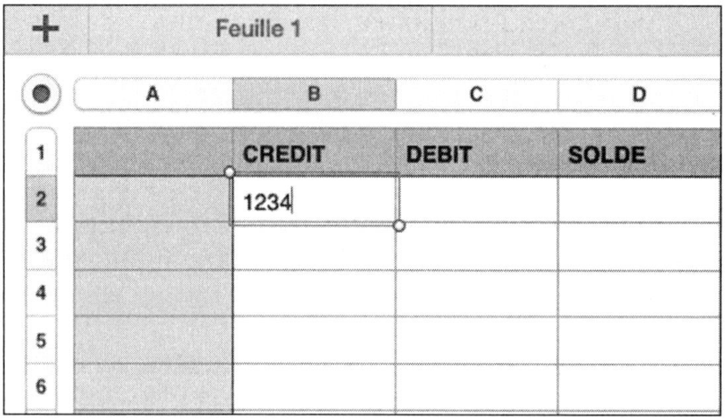

Figure 9.4

TRUC

Pour supprimer le contenu d'une cellule, cliquez dessus pour la sélectionner, et appuyez sur la touche Retour arrière.

5. **Dès que vous vous sentez prêt à passer à une autre cellule, appuyez sur Retour ou sur Tab. Le curseur de sélection se déplace respectivement vers la cellule inférieure et vers celle de droite.**

Choisir un format numérique

Une fois vos données entrées dans une cellule, un rang, ou une colonne, vous pouvez les mettre en forme avec des fonctionnalités de formatage simples et efficaces.

Le format numérique détermine la manière dont les nombres sont affichés dans les cellules. Ainsi, une date n'a pas le même format qu'une devise.

Les règles de mise en forme, comme la position décimale, les virgules, le symbole euro ou pourcentage, sont inclus dans la mise en forme numérique. Donc, si votre feuille de calcul contient des unités monétaires, elles auront un format correspondant à la monnaie utilisée. Tapez la valeur. Elle se met automatiquement en forme.

Pour spécifier un format numérique :

1. **Sélectionnez les cellules, les rangs, ou les colonnes à formater.**

2. Dans la barre d'outils, cliquez si nécessaire sur l'icône Format pour ouvrir l'Inspecteur.

3. **Cliquez sur l'onglet Cellule de l'Inspecteur pour accéder aux paramètres de cet élément d'une feuille de calcul, comme le montre la Figure 9.5.**

4. **Dans le menu local Format des données, choisissez le type de mise en forme à appliquer à la cellule.**

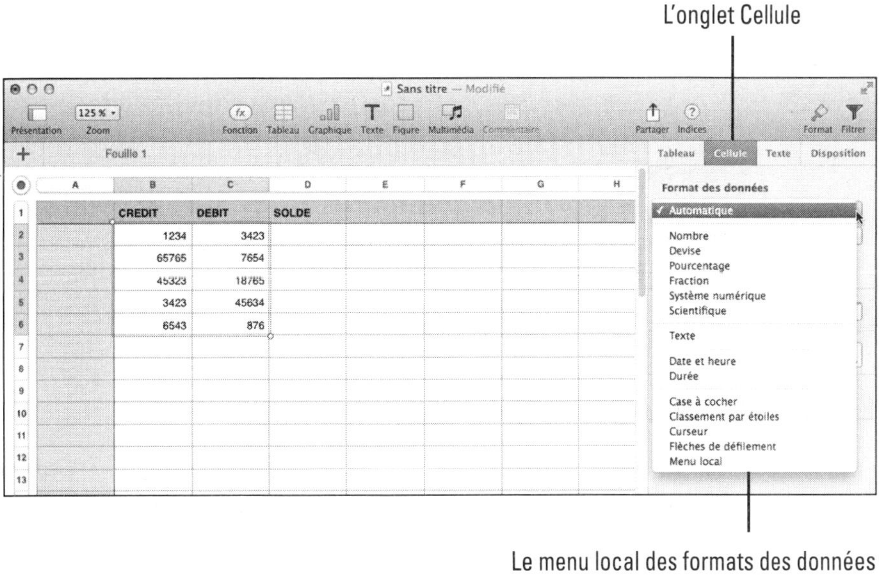

Figure 9.5

Modifier l'alignement du texte d'une cellule

Vous pouvez également modifier l'alignement du texte des cellules qui, par défaut, est à gauche. Voici la procédure à suivre :

1. **Sélectionnez les cellules, les rangs, ou les colonnes que vous souhaitez mettre en forme. Reportez-vous à la section**

« Naviguer dans les cellules et en sélectionner », un peu plus haut dans ce chapitre.

2. **Dans la barre d'outils, cliquez sur le bouton Format pour ouvrir l'Inspecteur s'il n'est pas affiché sur la droite de la feuille de calcul.**

3. **Cliquez sur l'onglet Texte de l'inspecteur pour accéder aux paramètres de mise en forme du contenu des cellules, comme le montre la Figure 9.6.**

4. **Cliquez sur le bouton d'alignement correspondant au formatage que vous voulez appliquer au texte : À gauche, Centrer, À droite, et Justifié. Le texte peut également être aligné en haut, au centre, ou en bas d'une cellule.**

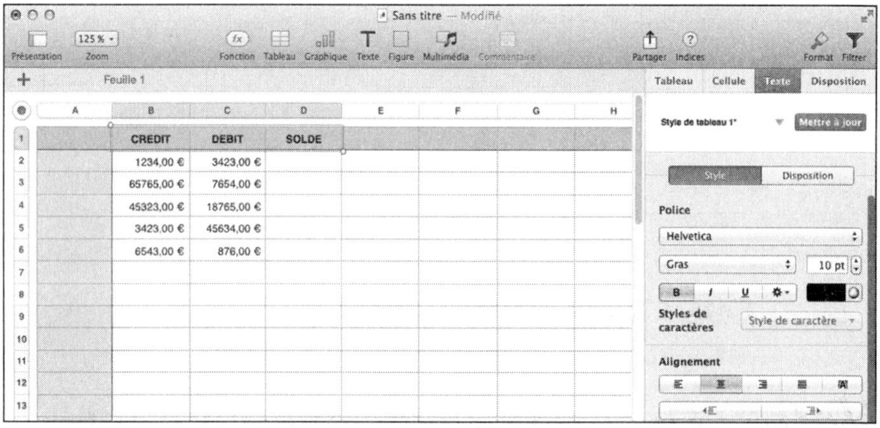

Figure 9.6

Modifier le format des caractères

Avez-vous besoin de formater différemment le contenu de certaines cellules ? Par exemple, le texte de quelques colonnes et rangs sera formaté en tant que titres, ou bien encore le total de certaines cellules sera mis en évidence par une couleur.

Voici comment modifier la mise en forme des données affichées dans des cellules sélectionnées :

1. **Sélectionnez les cellules, les rangs, ou les colonnes à mettre en forme.**

2. **Dans l'Inspecteur, cliquez sur l'onglet Texte, et ouvrez le menu local Police pour choisir une nouvelle police de caractères. Modifiez la taille, l'enrichissement, et la couleur avec les outils illustrés à la Figure 9.7.**

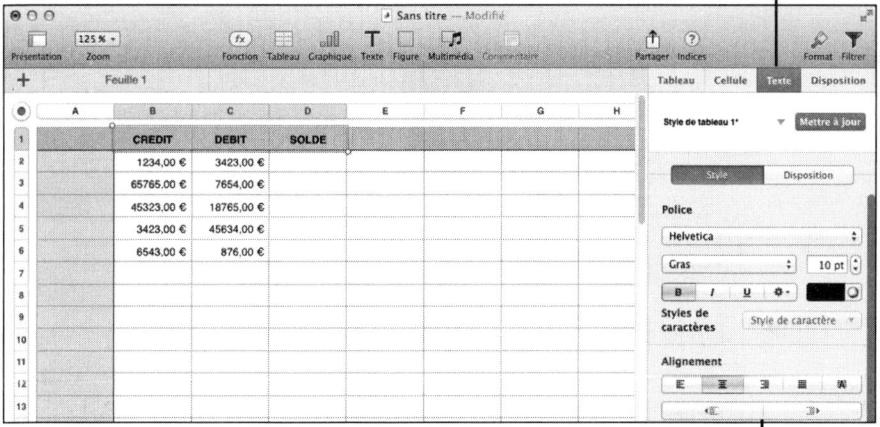

Figure 9.7 : Mise en forme du texte.

Mettre en forme avec une couleur de remplissage

Remplir le contenu d'une cellule, d'un rang, ou d'une colonne est très utile pour mettre en évidence des données spécifiques comme des sous-totaux ou des divisions logiques. Voici comment appliquer une couleur de remplissage :

1. **Sélectionnez les cellules, les rangs, ou les colonnes à formater.**

2. **Cliquez sur le bouton Format de la barre d'outils pour ouvrir l'Inspecteur.**

3. **Cliquez sur l'onglet Cellule.**

4. **Dans la section Remplissage, cliquez sur le rectangle barré d'une diagonale rouge.**

5. **Dans le sélecteur de couleurs qui apparaît, choisissez la couleur d'arrière-plan des cellules sélectionnées, comme à la Figure 9.8.**

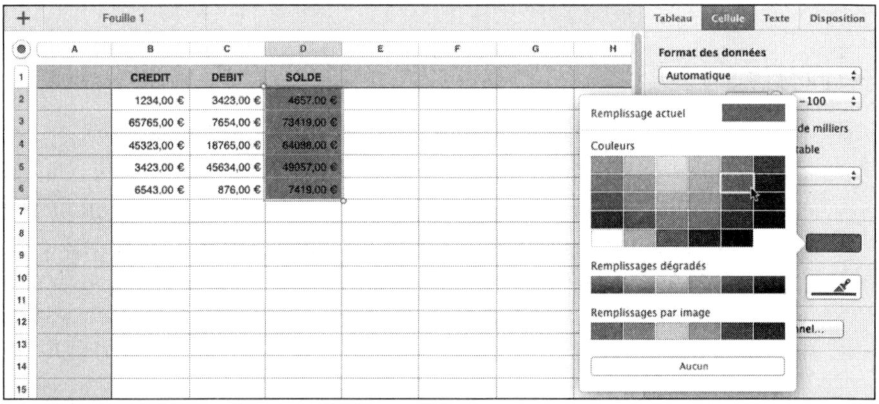

Figure 9.8 : Sélectionnez une couleur.

6. **(facultatif) Pour choisir le mode de remplissage, cliquez sur le triangle situé à gauche du mot Remplissage, et faites votre sélection dans le menu local Remplissage couleur.**

Insérer des rangs et des colonnes

Mais que se passe-t-il ? Catastrophe ! Vous n'avez pas correctement estimé le nombre de rangs nécessaires à la saisie de vos données ! Vous êtes vraiment irrécupérables… comment ? Pas de panique ! Vous pouvez facilement ajouter ou supprimer des rangs et des colonnes. Commencez par sélectionner le rang ou la colonne que vous désirez supprimer ou à côté de laquelle vous souhaitez en insérer :

- **Pour un rang :** Placez le pointeur de la souris sur le numéro de la ligne au-dessus ou en dessous de laquelle vous souhaitez effectuer l'insertion. Cliquez sur le petit triangle qui apparaît. Dans le menu local qui s'affiche, exécutez la commande Insérer un rang au-dessus ou Insérer un rang en dessous.

- **Pour une colonne :** Procédez comme pour les rangées, sauf que vous exécuterez la commande Insérer une colonne avant ou Insérer une colonne après.

Ces commandes sont également accessibles en effectuant un simple clic droit (⌘ + clic) sur l'en-tête de la ligne ou de la colonne.

Ajouter des calculs simples

Désolé pour vous, mais le moment est venu d'aborder les *formules*. Il s'agit d'équations qui calculent des valeurs basées sur le contenu de cellules que vous choisissez dans votre feuille de calcul. Par exemple, si la cellule A1, c'est-à-dire celle qui se situe à l'intersection de la colonne A et du rang 1, contient votre salaire annuel, et la cellule B2 le chiffre 12, vous pouvez très facilement calculer votre salaire mensuel moyen en tapant la formule suivante dans une autre cellule :

=A1/B2

Les formules de Numbers commencent toutes par le signe égal (=). Face aux formules, beaucoup d'entre vous seront tentés de me demander pourquoi ne pas utiliser une simple calculette. La réponse tient au fait qu'il est très facile de calculer d'autres moyennes (ou opérations diverses) en ne changeant qu'un élément d'une formule. Vous n'êtes donc pas obligé de ressaisir toutes les valeurs. Ainsi, pour calculer votre salaire hebdomadaire, substituez la valeur 52 à la valeur 12 de la cellule B1. Numbers actualise sans erreur votre feuille de calcul.

Cet exemple illustre le principe des formules utilisées dans les feuilles de calcul.

Voici comment ajouter une formule dans votre feuille de calcul :

1. **Sélectionnez la cellule devant contenir le résultat de l'opération que vous désirez effectuer.**

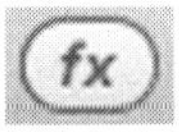

2. **Cliquez sur bouton Fonction de la barre d'outils. Dans le menu local qui apparaît, choisissez Créer une formule.**

Le signe = apparaît dans la cellule, suivi d'un point d'insertion.

3. **Si vous souhaitez faire la somme du contenu des cellules B2 et C2, tapez B2+C2, et cliquez sur la coche verte pour valider la formule, comme le montre la Figure 9.9.**

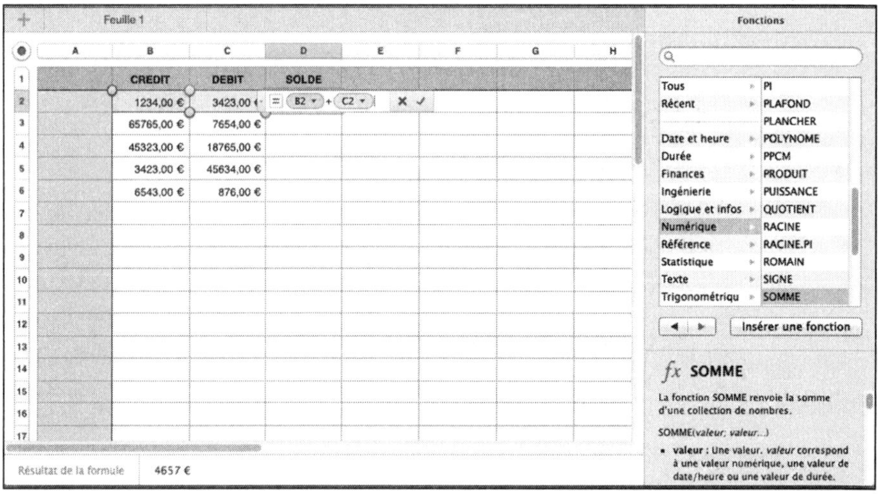

Figure 9.9

Le résultat s'affiche instantanément, et la formule apparaît dans la barre des formules située tout en bas de l'interface.

4. **Pour appliquer la même fonction à toutes les cellules d'une colonne sans être obligé de changer manuellement l'adresse des cellules, placez le pointeur de la souris sur la cellule contenant la fonction (en l'occurrence D2).**

Un petit cercle jaune apparaît en bas et au centre du sélecteur de cellule.

5. **Cliquez sur le petit cercle jaune et, sans relâcher le bouton droit de la souris, faites-le glisser jusqu'à la dernière cellule devant calculer le contenu des cellules de la colonne B et C (dans notre exemple).**

La Figure 9.10 montre que la fonction a été recopiée sur les cellules qui ont actualisé automatiquement l'adresse des cellules calculées par la formule.

Vous pouvez insérer de nombreux types de formules en les choisissant dans l'Inspecteur Fonction. Un tableur ne se limite pas à des additions.

B	C	D	E
CREDIT	DEBIT	SOLDE	
1234,00 €	3423,00 €	4657,00 €	
65765,00 €	7654,00 €	73419,00 €	
45323,00 €	18765,00 €	64088,00 €	
3423,00 €	45634,00 €	49057,00 €	
6543,00 €	876,00 €	7419,00 €	

Figure 9.10

Insérer des graphiques

Les feuilles de calcul permettent d'effectuer des comparaisons de valeurs. L'idéal est de pouvoir y procéder sous une forme graphique. Avec Numbers, vous générez des représentations graphiques de vos données aussi facilement que ceci :

1. **Sélectionnez les cellules dont vous désirez obtenir une représentation graphique.**

   Pour sélectionner des cellules non contiguës, appuyez sur la touche ⌘ tout en cliquant sur chacune d'elles.

2. **Dans la barre d'outils, cliquez sur le bouton Graphique. Un menu local affiche l'ensemble des représentations disponibles, comme le montre la Figure 9.11.**

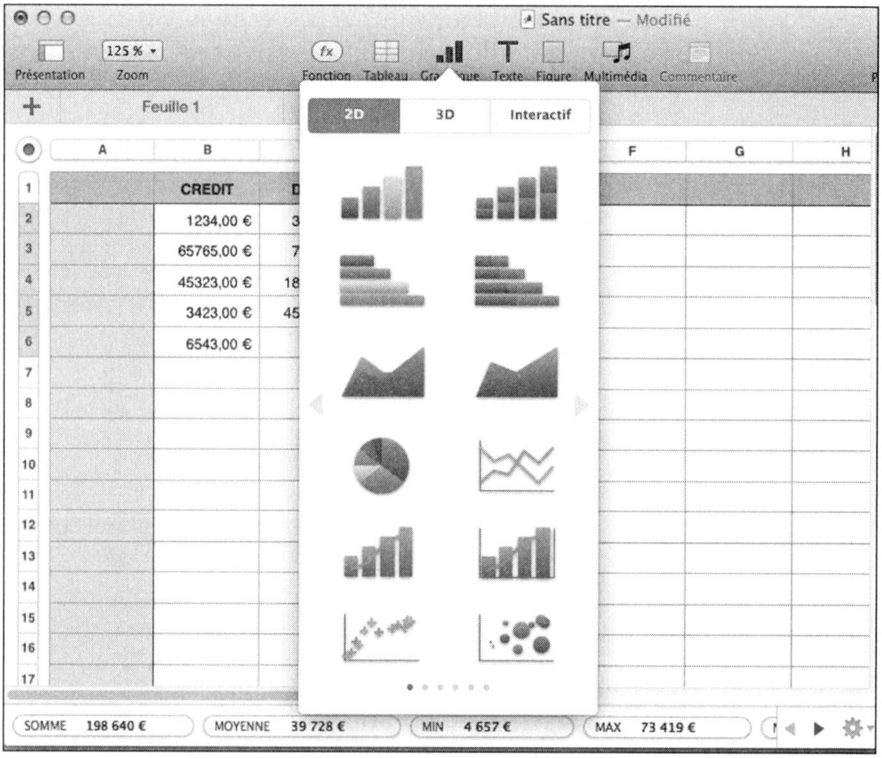

Figure 9.11 : Cliquez sur un graphique.

3. **Cliquez sur la vignette d'un graphique. Numbers insère l'élément dans la feuille de calcul. Vous pouvez le déplacer et le redimensionner comme n'importe quel autre type d'objets.**

Numbers ouvre parallèlement l'inspecteur Graphique qui gère les propriétés des graphiques. Vous pouvez modifier ses couleurs et ajouter un titre et des légendes. La Figure 9.2 montre un graphique rudimentaire ajouté à une feuille de calcul.

4. **Pour modifier le titre par défaut, cliquez dans la zone de titre pour la sélectionner. Attendez une seconde et cliquez une seconde fois pour y afficher le point d'insertion. Effacez alors les caractères, et tapez le nouveau titre du graphique.**

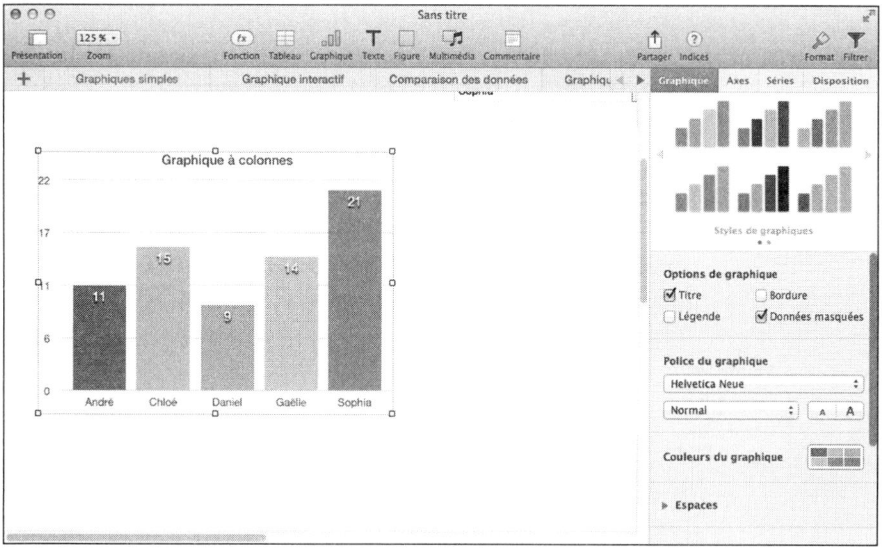

Figure 9.12

Enregistrer votre travail

Pour enregistrer votre travail en cours d'élaboration ou une fois qu'il est totalement terminé, suivez ces quelques étapes :

1. **Appuyez sur Cmd + S. Si vous sauvegardez votre travail pour la première fois, la boîte de dialogue Enregistrer sous apparaît.**

2. **Donnez un nom de fichier à ce nouveau document.**

3. **Ouvrez le menu local Emplacement et choisissez le dossier de stockage de votre document. Les destinations les plus communément utilisées sont le bureau, le dossier Documents, ou bien encore le dossier Départ (nom de l'utilisateur).**

   Si l'emplacement que vous désirez utiliser n'apparaît pas dans ce menu local, cliquez sur la petite flèche située à droite du champ Enregistrer sous. Dans la barre latérale, choisissez le lecteur dans lequel vous désirez effectuer cette sauvegarde. Ensuite, dans les colonnes de droite, parcourez les dossiers et sous-dossiers jusqu'à ce que vous atteigniez celui où sera stocké le fichier.

4. **Cliquez sur Enregistrer. Mac OS X mémorise alors l'emplacement de stockage du fichier. Ainsi, pour enregistrer régulièrement votre travail en cours, contentez-vous d'exécuter le raccourci clavier ⌘ + S. Aucune boîte de dialogue ne s'ouvrira.**

Gérer vos finances en ligne

La gestion des finances en ligne n'est pas sécurisée à 100 %. La sécurité sur le Web est un concept comportant une part d'aléas. Vous devez donc être prudent et savoir que vos données bancaires personnelles risquent d'être détournées.

Voici les précautions à prendre quand vous choisissez de passer des commandes en ligne :

- **Ne recourez jamais aux services d'une banque en ligne qui n'offre pas de connexion sécurisée quand vous indiquez des informations personnelles et votre numéro de carte bancaire.** Le navigateur Web Safari indique une connexion sécurisée par l'icône d'un cadenas qui apparaît dans le coin supérieur droit de sa fenêtre. Vous savez alors que cette connexion est cryptée.
- **Évitez la fonction de remplissage automatique de Safari.** Si vous remplissez des formulaires en ligne, notamment en procédant à des achats, vous pouvez cliquer sur le bouton de remplissage automatique (icône d'un crayon) pour que les divers champs du formulaire soient remplis à votre place. J'avoue ne pas aimer diffuser mes informations personnelles sur le Web. Vous pouvez spécifier les informations qui utiliseront cette fonction. Pour cela, cliquez sur Safari/Préférences. Dans la fenêtre qui apparaît, cliquez sur le bouton Remplis-

sage auto. Pour ne pas utiliser le remplissage automatique, décochez toutes les options présentes.

Si vous optez pour une utilisation du remplissage automatique, vérifiez que la connexion utilisée est bien sécurisée. Si c'est le cas, l'icône d'un cadenas s'affichera dans le coin supérieur droit de la fenêtre de Safari. Si possible, lisez les conditions d'utilisation du site.

- **Recherchez un symbole de sécurité.** La plupart des sociétés qui assurent les transactions financières sur le Net protègent votre vie privée et votre identité. Dans ce domaine, les plus connues sont TraceSecurity (`www.tracesecurity.com`), Verisign (`www.verisign.fr`) et WebSense (`www.websense.com`). La protection se fait sans adjonction de logiciels spécifiques, car elle se déroule en arrière-plan quand vous vous connectez à votre banque.

Chapitre 10

Tirer le meilleur de vos vidéos et de vos photos

Prêt pour...

- Lire des films avec le Lecteur DVD.
- Télécharger une photo numérique dans iPhoto.
- Afficher une photo numérique dans iPhoto.
- Baliser vos photos avec des mots-clés.
- Organiser des photos dans des albums.
- Mettre des événements au travail.
- Créer un diaporama.
- Modifier des photos avec panache.
- Ajouter des photos à vos e-mails.

Force est de constater que la société Apple est probablement celle qui a fourni le plus d'efforts pour développer les loisirs et les travaux multimédias numériques. Pour en arriver là, Apple a conçu des matériels et des logiciels grand public que l'on retrouve dans la suite iLife qui comprend, entre autres, iPhoto et iMovie.

Voici ce que vous pouvez attendre des applications de loisirs numériques d'Apple

- La lecture de DVD vidéo et l'affichage de vos photos.

- L'expédition de photos par e-mail.
- Le catalogage de vos photos avec des mots-clés pour mieux organiser vos collections d'images.
- L'édition des photos pour en améliorer la qualité

Lire des films avec le Lecteur DVD

Les ordinateurs sont devenus de véritables plateformes multimédias. Mac OS X Mavericks fait tout son possible pour que vous preniez plaisir à en profiter, bien calé que vous êtes dans les coussins de votre canapé. Mais pour cela, je conseille d'utiliser au moins un iMac 27 pouces, ou un MacBook Pro 15 pouces.

Donc, pour vibrer devant vos héros favoris, vous devez utiliser l'application Lecteur DVD d'Apple. Comme tous les programmes Apple, vous trouverez ce lecteur dans le dossier Applications ou en cliquant sur l'icône Launchpad du Dock. Dans les deux cas, localisez le Lecteur DVD et double-cliquez sur son icône. Une autre technique consiste à insérer un DVD vidéo dans le lecteur de votre Mac. Dès que Mac OS X l'identifie comme tel, il lance le Lecteur DVD et commence la lecture du film.

Enfin, rappelons une technique qui vaut pour tous les programmes : cliquez sur la loupe située dans l'angle supérieur droit du Bureau afin de lancer une recherche Spotlight. Tapez le nom de l'application, en l'occurrence **Lecteur**, puis cliquez sur Lecteur DVD.

En fonction du mode d'affichage choisi, le Lecteur DVD propose une ou deux fenêtres :

- **Contrôleur :** Le petit gadget argenté flottant, qui ressemble à une télécommande, dispose de tous les boutons de contrôle de lecture de votre DVD, comme le montre la **Figure 10.1**.
- **Visualiseur :** La grande fenêtre du Lecteur DVD se nomme Visualiseur. Vous y regardez le contenu de vos DVD.

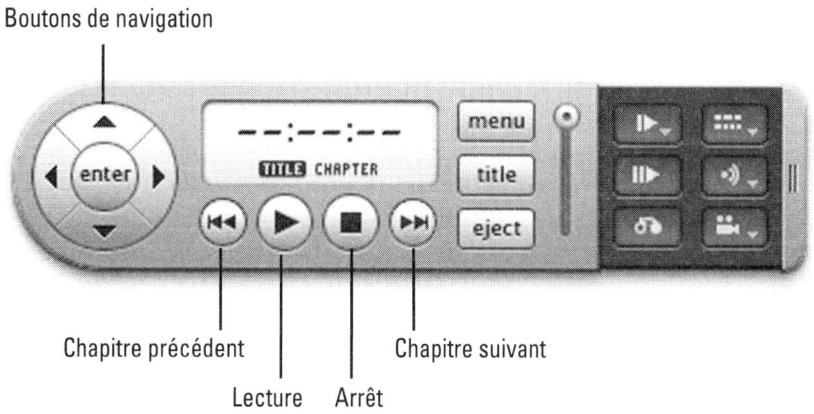

Figure 10.1 : Le contrôleur du Lecteur DVD.

La Tableau 10.1 détaille les principales commandes du contrôleur du Lecteur DVD. Comme souvent avec les applications Apple, le Lecteur DVD dispose d'un certain nombre de fonctions qui ne sont pas évidentes à découvrir.

Votre Visualiseur

La fenêtre Visualiseur est comme une télévision dans votre Macintosh. Toutefois, à la différence d'un écran de télé, vous pouvez redimensionner la fenêtre du Visualiseur, et même décider de l'adapter à la résolution de votre moniteur ou d'activer le mode plein écran. Il peut être intéressant de réduire la taille pour regarder des films tout en travaillant dans une autre application. (Pas certain que ce soit la meilleure idée que j'ai eue…)

Vous modifiez la taille du Visualiser en exécutant des raccourcis clavier : Option+⌘+0 pour la Taille 50 % ; Option+⌘+1 pour la Taille réelle ; et Option+⌘+2 pour la Taille double.

Pour regarder tranquillement et confortablement un film, optez pour le mode plein écran en appuyant sur ⌘+F. Quittez ce mode en exécutant ce même raccourci clavier ou en appuyant sur la touche Esc.

Les plus chanceux d'entre vous disposeront d'une télécommande Apple Remote qui permet de contrôler le Visualiseur (même en mode plein écran).

Tableau 10.1 Les principales commandes du Lecteur DVD

Commande	Fonction	Autres fonctions
Lecture	Lit le DVD	Bascule aussi en bouton Pause pendant la lecture
Arrêt	Arrête la lecture	
Chapitre précédent	Saute au précédent chapitre	Maintenez le bouton enfoncé pour une lecture arrière rapide
Chapitre suivant	Saute au chapitre suivant	Maintenez le bouton enfoncé pour une lecture avant rapide
Volume de lecture	Règle le volume d'écoute du DVD	
Boutons de navigation	Naviguer parmi les éléments des menus	
Enter	Active l'élément sélectionné	
Eject	Ejecte le DVD du lecteur	
Title	Saute au menu titre du DVD	
Menu	Saute au menu principal du DVD	

Télécharger une photo numérique dans iPhoto

iPhoto permet de télécharger des photos directement depuis votre appareil photo numérique dès lors que ce programme est compatible avec le modèle que vous utilisez.

Voici comment importer des photos :

1. **Branchez votre appareil photo numérique à votre ordinateur.**

Connectez l'extrémité du câble USB de votre appareil au port USB de votre Mac, et préparez-vous à télécharger vos images.

2. **Dans le champ Nom de l'événement, assignez un nom typique des photos que vous allez importer comme Anniversaire, Tokyo Ravagée par Godzilla, etc.**

3. **Pour laisser iPhoto séparer les images en évènements basés sur la date, cochez l'option Diviser les événements.**

4. **Pour n'importer que quelques photos, maintenez la touche ⌘ enfoncée et cliquez sur leurs vignettes afin de les sélectionner. Ensuite, cliquez sur le bouton Importer la sélection.**

5. **Pour importer toutes les images, cliquez sur le bouton Importer *x* photos.**

6. **Indiquez si les images doivent être supprimées de l'appareil après importation.**

Importer des images de votre disque dur

Si vous stockez des images dans un dossier de votre disque dur, un CD, DVD, un disque dur externe, ou une clé USB, ajoutez-les facilement à votre bibliothèque. Il suffit de les glisser-déposer d'une fenêtre du Finder jusqu'à la catégorie Albums d'iPhoto qui crée un nouvel album pour la circonstance. iPhoto prend en charge les formats GIF, JPEG, PICT, PNG, Raw, et TIFF.

Vous pouvez également importer des photos dans l'album actuellement ouvert dans iPhoto. Glissez-déposez-les le plus simplement du monde depuis la fenêtre du Finder dans l'espace d'affichage des vignettes.

Une dernière méthode consiste à importer les images via une boîte de dialogue Ouvrir. Pour cela, cliquez sur Fichier/Importer dans la bibliothèque. Parcourez les lecteurs et leurs dossiers pour localiser les images qui vous intéressent. Sélectionnez-les et cliquez sur le bouton Importer.

Il est conseillé de ne pas les supprimer de l'appareil car même si la procédure d'importation semble s'être correctement déroulée, vous ignorez si les fichiers n'ont pas été corrompus au moment de leur enregistrement sur le disque dur. Ce n'est qu'après vérification de l'état des images que je vous conseille de les supprimer manuellement de la carte mémoire de votre appareil.

Dans iPhoto, il existe deux méthodes d'organisation des images : l'album et les évènements. Un album est un dossier créé dans iPhoto pour contenir des images traitant d'un même sujet.

Les évènements se basent sur la date d'importation ou la date des prises de vue. Par exemple, vous pouvez afficher les dernières images importées en cliquant sur la mention Dernière importation de la section Récents. Avec le principe des évènements, il est facile de suivre l'évolution de vos enfants. L'ensemble des systèmes de catalogage d'iPhoto permet de trouver rapidement la photo que vous cherchez.

Afficher une photo numérique dans iPhoto

Dites adieu aux bonnes vieilles boîtes à chaussures et aux tirages papier ! Il suffit de parcourir le contenu de la bibliothèque iPhoto et de cliquer sur les éléments suivants :

- **Un évènement spécifique ou un album :** Dans la colonne de gauche, cliquez sur le nom d'un album ou sur Evènements pour afficher le contenu de l'album en question, ou pour accéder à tous les évènements créés. Dans les deux cas, le contenu apparaît dans le volet de droite. La Figure 10.2 montre le contenu d'un évènement appelé Londres.

- **L'élément Photos de la liste source :** Affiche toutes les photos répertoriées par iPhoto. Parcourez-les en glissant la barre de défilement vertical.

Une autre technique consiste à cliquer sur une vignette puis à appuyer sur les touches du pavé directionnel pour naviguer parmi les photos.

Dès qu'une photo attire votre attention, double-cliquez dessus pour l'afficher dans iPhoto.

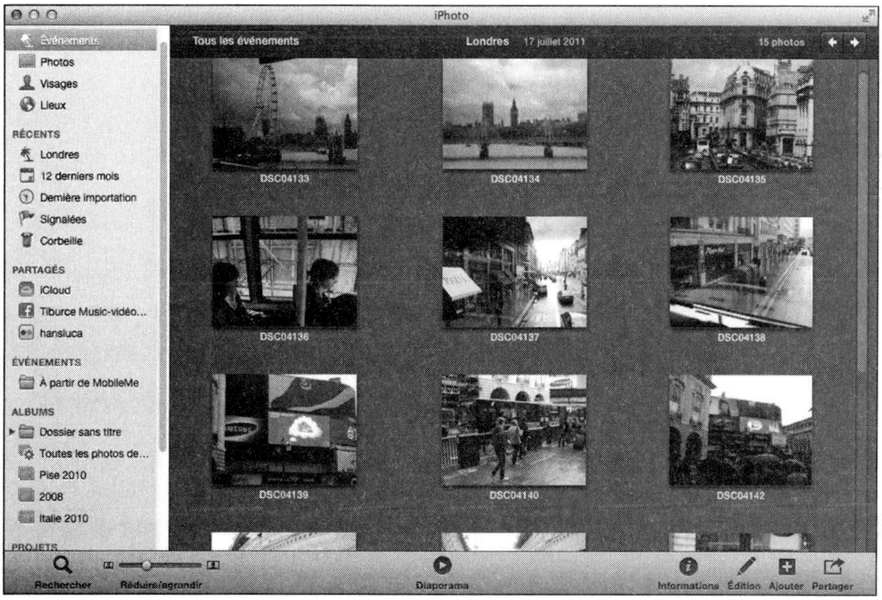

Figure 10.2 : Le contenu d'un événement dans iPhoto.

Pour afficher une image en plein écran, cliquez dessus pour la sélectionner, puis sur le bouton Plein écran affiché dans le coin supérieur droit de la barre de titre d'iPhoto, et illustré ci-contre. Vous pouvez également exécuter le raccourci clavier Ctrl+⌘+F. Pour quitter ce mode, exécutez de nouveau ce raccourci, ou appuyez sur la touche Esc.

TRUC

Dès que vous affichez une seule photo, et ceci quel que soit le mode de présentation, c'est-à-dire Plein écran ou non, vous pouvez passer d'une image à une autre en cliquant sur les vignettes du film fixe affiché dans la partie inférieure de l'écran, comme le montre la **Figure 10.3**. Pour parcourir chronologiquement les images, cliquez sur les flèches situées dans l'angle supérieur droit du mode Plein écran ou de la zone d'affichage de l'image. En mode Plein écran, ces flèches n'apparaissent que si vous bougez la souris.

Figure 10.3 : Parcourez le film fixe pour afficher d'autres photos.

Baliser vos photos avec des mots-clés

Le catalogage automatique réalisé par iPhoto est une bonne chose, mais comment retrouver rapidement une photo particulière quand on possède plus de 20 albums contenant chacun une bonne centaine d'images ? Avec un Mac, il existe toujours une réponse positive à vos préoccupations. En effet, en assignant des *mots-clés* à vos images, vous localiserez très rapidement n'importe quelle photo. iPhoto est livré avec de nombreux mots-clés standard que vous pouvez enrichir avec les vôtres.

Imaginez que vous vouliez identifier les photos d'un événement aussi spécial qu'un anniversaire. Le problème est que le mot-clé Anniversaire a probablement été assigné aux photos d'anniversaire de plusieurs personnes. Vous pouvez alors préciser l'événement en ajoutant le nom de la personne et son âge. Pour connaître les mots-clés assignés aux photos, cliquez sur Présentation/Mots-clés. L'option Mots-clés doit donc être cochée.

Voici les mots-clés proposés par défaut :

- **Anniversaire**
- **Coche**
- **Enfants**
- **Famille**
- **Favori**
- **Vacances**

Quelle est l'utilité de la coche ? Il s'agit là d'un *mot-clé* un peu spécial qui ajoute l'icône d'une coche dans le coin inférieur droit de l'image. La coche est idéale pour identifier temporairement certaines images que vous désirez, par exemple, traiter d'une certaine façon. Ainsi, une recherche sur la coche permettra de localiser facilement et rapidement les photos en question.

Pour assigner ou retirer des mots-clés aux images, sélectionnez-en plusieurs dans le Visualiseur. Ensuite, cliquez sur Fenêtre/Gérer mes mots-clés, ou appuyez sur ⌘+K. La fenêtre Mots-clés apparaît comme à la **Figure 10.4**.

Cliquez sur le bouton du mot-clé à assigner. Les boutons qui sont actifs dans la fenêtre indiquent qu'ils ont déjà été assignés à une ou

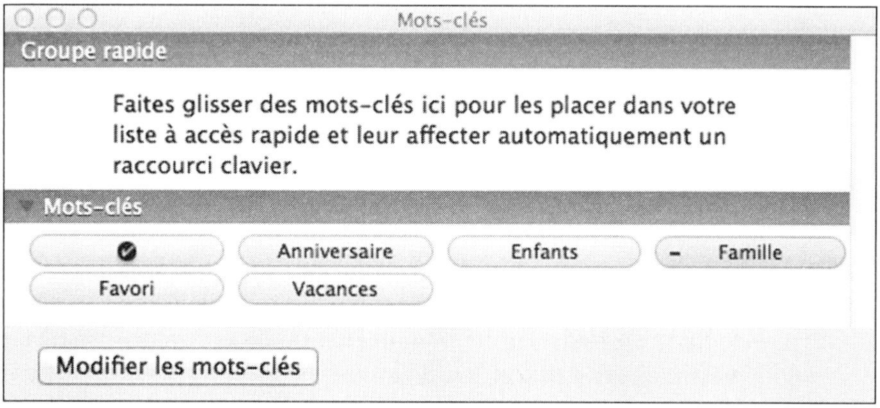

Figure 10.4 : Cliquez sur un mot-clé pour l'assigner aux images sélectionnées.

plusieurs images sélectionnées dans le Visualiseur. Cliquez sur ces mots-clés pour les retirer des photos en question.

Maintenant, pour trouver des images contenant des mots-clés spécifiques parmi toutes les photos répertoriées par iPhoto, cliquez sur Photos dans la liste Source, puis sur le bouton Rechercher situé dans le coin inférieur gauche de l'interface. Cliquez alors sur la petite flèche visible à droite de l'icône de la loupe. Dans le menu local qui apparaît, choisissez Mot-clé. Un panneau contenant les mots-clés apparaît. Cliquez sur ceux qui vont vous permettre de trouver la ou les photos convoitées.

Le Visualiseur affiche les images contenant les mots-clés sur lesquels vous avez cliqués.

Si aucune photo n'est visible dans le Visualiseur, cela signifie que les mots-clés sélectionnés n'ont pas tous été assignés à des images. N'oubliez jamais de cliquer sur le bouton de réinitialisation du champ de recherche (icône X) pour accéder de nouveau à toutes les photos répertoriées par le programme.

Vos mots-clés sont indispensables

Il y a de grandes chances pour que vos photos exigent d'autres mots-clés que ceux proposés par défaut. Je ne pense pas que vos clichés se limiteront aux vacances et à vos enfants. Heureusement, iPhoto permet de créer des mots-clés. Pour cela, affichez la fenêtre Mots-clés via ⌘+K (ou en cliquant sur Fenêtre/Gérer mes mots-clés). Ensuite, cliquez sur le bouton Modifier les mots-clés.

Pour créer un mot-clé, cliquez simplement sur le bouton Ajouter (signe +). iPhoto crée un mot-clé nommé Sans titre. Comme ce nom est sélectionné, tapez directement votre mot-clé.

Pour renommer un mot-clé existant, sélectionnez-le et cliquez sur le bouton Renommer. Attention ! Renommer un mot-clé affecte le catalogage des images auquel il a été précédemment assigné. Cette action risque d'engendrer une certaine confusion dans vos futures recherches.

Enfin, pour supprimer un mot-clé, sélectionnez-le et cliquez sur le bouton Supprimer (signe -).

Organiser des photos dans des albums

Le premier outil organisationnel d'iPhoto reste sans aucun doute possible l'*album*. Chaque album permet de sérialiser vos photos par année, vacances, membre de la famille et j'en passe. Voici comment créer des albums :

1. **Cliquez sur Fichier/Nouvel album, ou bien cliquez sur le bouton Ajouter situé dans le coin inférieur droit de l'interface et choisissez Album puis Nouvel album.**

2. **Un dossier Album sans titre dont le nom est en surbrillance apparaît dans la section Albums d'iPhoto, comme le montre la Figure 10.5. Tapez directement un nouveau nom qui identifie le contenu et le sujet de cet album.**

3. **Validez ce nom en appuyant sur Retour.**

Figure 10.5 : Choisissez le nom de votre album.

Pour remplir cet album, glissez-déposez-y des photos depuis le Visualiseur, un autre album, ou un événement. Cette action ne retire pas les photos de leur dossier source. Elles sont simplement répertoriées dans le nouvel album, l'album ou l'évènement d'origine.

Pour supprimer une photo placée par erreur dans un album :

1. **Dans la section Albums, sélectionnez un album en cliquant dessus.**

2. **Dans le Visualiseur qui affiche le contenu de cet album, sélectionnez la ou les photos à supprimer.**

3. **Appuyez sur la touche Del ou Retour arrière du clavier.**

4. **Dans le message demandant confirmation de la suppression, cliquez sur le bouton Supprimer les photos.**

Retirer une photo d'un album ne la supprime pas de votre disque dur. Par conséquent, elle est toujours répertoriée dans iPhoto. Vous la retrouverez dans l'évènement auquel elle appartient, mais aussi quand vous affichez toutes les photos du programme.

Pour supprimer définitivement une photo, faites un Ctrl+clic (clic-droit) sur une vignette. Dans le menu contextuel qui apparaît, cliquez sur Corbeille.

Pour supprimer un album, cliquez dessus dans la liste Source, et appuyez sur la touche Del ou Retour arrière. Dans le message de confirmation qui s'affiche, cliquez sur le bouton Supprimer. Ceci ne supprime pas les photos. Elles seront toujours répertoriées dans le dossier source, l'évènement, ou un autre album.

Pour renommer un album, cliquez dessus pour le sélectionner puis, une seconde plus tard, cliquez sur son nom. Tapez un nouveau nom que vous validez en appuyant sur Retour.

Mettre des événements au travail

Comme mentionné précédemment dans ce chapitre, un *événement* est un groupe d'images que vous avez photographiées ou téléchargées au même moment. iPhoto considère alors que ces images appartiennent à un même événement.

À l'instar d'un album, un événement peut être renommé. Cliquez sur ce terme dans la liste Source. Les événements apparaissent alors dans le Visualiseur. Cliquez sur le nom d'un événement pour le sélectionner et renommez-le. Validez le nouveau nom en appuyant sur Retour.

Faites glisser, sans cliquer, le pointeur de la souris sur la vignette d'un événement affiché dans le Visualiseur. iPhoto en montre les images sous la forme d'un mini-diaporama à progression manuelle.

Pour afficher le contenu d'un événement dans le Visualiseur, double-cliquez sur sa vignette. Pour afficher de nouveau tous les événements, cliquez sur le bouton Tous les événements, situé dans la partie supérieure gauche du Visualiseur.

Pour organiser correctement vos photographies, vous pouvez ranger des photos précises dans un nouvel évènement. Commencez par sélectionner les images à classer dans un évènement particulier, puis cliquez sur Evénements/Créer un événement. Dans la boîte de dialogue de confirmation, cliquez sur le bouton Créer. Le Visualiseur ajoute le nouvel évènement au-dessus des autres. Vous pouvez alors y glisser-déposer des albums, d'autres événements, ou des images de la bibliothèque Photos.

Créer un diaporama

Utilisez iPhoto pour créer des diaporamas ! Cliquez sur l'album ou l'évènement que vous désirez afficher sous la forme d'un diaporama, et cliquez sur le bouton Ajouter situé dans l'angle inférieur droit de l'interface. Dans le menu local qui apparaît, choisissez Diaporama, puis cliquez sur la vignette Nouveau Diaporama. iPhoto ouvre alors l'interface de conception d'un diaporama comme à la **Figure 10.6**. Comme son nom est sélectionné dans la section Diaporamas du volet Source, renommez-le, et validez le nouveau nom en appuyant sur Retour.

Lors de la conception du diaporama, la partie supérieure du Visualiseur affiche toutes les images utilisées. Réorganisez-les par

Figure 10.6 : Réorganisez ici les photos d'un diaporama.

simple glisser-déplacer. Pour retirer une image, cliquez dessus et appuyez sur Del ou Retour arrière.

iPhoto ajoute de la musique et un texte d'intro basé sur le titre du diaporama. En bougeant le pointeur de la souris, vous affichez toutes les vignettes des images dans la partie inférieure de l'écran. Une tête de lecture permet de suivre la progression de la diffusion.

Pour modifier la musique de fond par défaut, cliquez sur le bouton Musique situé dans la partie inférieure droite d'iPhoto. Dans la fenêtre Réglages musicaux qui apparaît, ouvrez le menu local Source, et choisissez la provenance de la musique à utiliser. Il peut s'agir des thèmes installés par d'autres programmes, d'échantillons musicaux de Mac OS X, de morceaux provenant de GarageBand, et enfin de titres ajoutés à votre bibliothèque iTunes. Une fois la source choisie, cliquez sur un titre, et pré-écoutez-le par clic sur le bouton de lecture situé à gauche du champ Rechercher. La pré-écoute s'effectue aussi par un double-clic sur le morceau lui-même. Dès qu'une musique vous convient, appliquez-la à votre diaporama en cliquant sur le bouton Choisir.

Pour configurer votre diaporama, cliquez sur le bouton Réglages. Indiquez le temps d'affichage de chaque diapo. Choisissez le type de transition à appliquer entre les images, adaptez la vitesse du diaporama à la longueur de la musique, ajoutez des titres et, dans le menu local Proportions, choisissez le type d'écran sur lequel est diffusé le diaporama. Si votre Mac est récent, il s'agira probablement de Cet écran (16:10).

Dès que vous êtes prêt à diffuser le diaporama, cliquez sur le bouton Lire. iPhoto bascule en mode plein écran. Quittez le diaporama en appuyant sur la touche Esc. Vous pouvez partager un diaporama via le menu Partage. Vous accédez à diverses options dont Courrier électronique.

Modifier des photos avec panache

Pour apporter des modifications à une photo, sélectionnez-la dans le Visualiseur. Ensuite, cliquez sur le bouton Édition de la barre d'outils d'iPhoto. Vous accédez au panneau Retouches rapides illustré à la **Figure 10.7**. Vous pouvez y corriger les problèmes les plus courants.

Si une image n'est pas bien orientée, comme c'est souvent le cas des photos prises en mode portrait, qui s'affichent horizontalement dans iPhoto, cliquez sur le bouton Faire pivoter. Pour modifier le sens de la réorientation, appuyez sur la touche Option. La flèche du bouton Faire pivoter change de direction.

Est-ce que tous les éléments présents dans l'image ont besoin d'être conservés ? Si la réponse est négative, recadrez votre photo selon la procédure suivante :

1. **Cliquez sur le bouton Recadrer du panneau Retouches rapides.**

2. **Faites glisser les angles ou les bords du cadre pour définir la partie de l'image à conserver.**

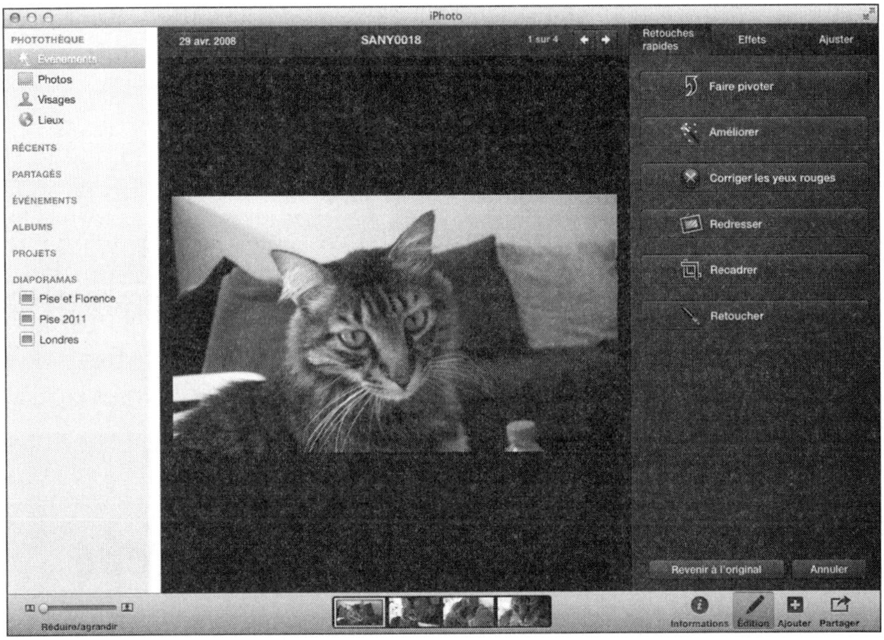

Figure 10.7 : Utilisez les boutons d'édition d'iPhoto.

Tout ce qui se situe en dehors du cadre sera éliminé de l'image.

Lorsque vous glissez un angle ou un côté, une grille semi-transparente apparaît. Elle se compose de neuf rectangles qui permettent de respecter la règle des tiers. Vous ne savez pas de quoi je parle ? Ce n'est pas grave ! Essayez simplement de placer le sujet principal de votre photographie sur une des intersections de la grille, ou bien sur une des lignes.

3. **(Facultatif) Choisissez un paramètre de redimensionnement prédéfini comme 4 x 3 (DVD). Pour ne pas déformer votre image, cochez l'option Contrainte.**

4. **Cliquez sur le Terminé.**

Si vous commettez une erreur, annulez-la immédiatement en exécutant la commande Annuler du menu Édition, ou en appuyant sur z+Z.

Pour remonter ainsi dans la hiérarchie de vos actions, exécutez ⌘+Z autant de fois que cela est nécessaire.

Si une photo manque de contraste, cliquez sur le bouton Améliorer. iPhoto ajuste automatiquement sa saturation, sa luminosité et son contraste.

Le numérique présente un défaut identique à celui de l'argentique quand vous utilisez un flash. Les sujets photographiés ont souvent les yeux rouges. Cela s'explique par le fait que l'éclair d'un flash direct se reflète sur la rétine de l'œil, renvoyant une sorte d'écho lumineux rouge.

iPhoto permet de supprimer les yeux rouges par un clic sur le bouton Corriger les yeux rouges. Placez ensuite le curseur sur la pupille rouge, et cliquez. Validez cette correction par un clic sur le bouton Terminé.

Ajouter des photos à vos e-mails

iPhoto permet d'expédier facilement des photos à vos proches. L'application optimise l'image pour le courrier électronique et lance automatiquement la procédure de composition des messages.

Pour envoyer une image par mail, cliquez sur Partage/Courrier électronique. iPhoto ouvre un utilitaire de composition d'un message électronique dans lequel vous pouvez choisir des modèles de présentation comme le montre la **Figure 10.8**. Sélectionnez un modèle dans le volet droit. Pour envoyer votre image standard, optez pour le modèle de présentation Classique. Ensuite, dans le menu local Taille de la photo, choisissez une des quatre options par défaut : Petite (téléchargement plus rapide), Moyen, Large (meilleure qualité), et Taille réelle (qualité optimale). Selon le modèle choisi, vous pouvez ajouter un titre et insérer du texte.

N'oubliez jamais que la majorité des FAI (Fournisseurs d'Accès à Internet) limite la taille des messages. Donc, si vous envoyez plusieurs images par mail, faites en sorte que la taille de chacune

Figure 10.8 : Envoyer une photo par courriel.

d'elles ne dépasse pas les 1 à 2 Mo. Pour cela, choisissez Petite dans le menu local Taille de la photo.

Pour envoyer plusieurs images, sélectionnez-les dans le Visualiseur, puis invoquez la commande Partage/Courrier électronique.

Dès que la taille du fichier vous convient, n'oubliez pas d'indiquer l'adresse de messagerie du destinataire, et de cliquer sur le bouton Envoyer. Dans le message d'avertissement qui apparaît, cliquez sur Poursuivre l'envoi. iPhoto utilise alors les paramètres de Apple Mail pour envoyer le message et les photos.

Chapitre 11

Musique, vidéo, et podcasts

Prêt pour…

- Configurer les haut-parleurs.
- Régler le volume.
- Ajouter à iTunes le contenu d'un CD audio.
- Lire un CD audio avec iTunes.
- Lire de la musique, des vidéos, et des podcasts avec iTunes.
- Créer une liste de lecture dans iTunes.
- Graver un CD audio avec iTunes.
- Diffuser des visualisations.
- Trouver de la musique, des vidéos, des livres audio, et des podcasts en ligne.
- Ecouter la radio en ligne.

Que vous aimiez le classique, le jazz, le rock, le RnB, le folk, ou la radio, je peux vous assurer qu'iTunes d'Apple est l'application qu'il vous faut pour satisfaire vos oreilles. Ce lecteur multimédia facilite la lecture, la recherche, et le transfert de musique d'un emplacement de stockage à un autre.

Vous utiliserez iTunes pour :

- Lire toutes sortes de médias numériques y compris de la musique, des vidéos, des émissions de télévision, des podcasts (journaux audio), et la radio Internet.
- Graver de la musique sur CD audio.

- Ripper (extraire ou transférer) de la musique d'un CD audio vers votre bibliothèque iTunes.
- Acheter de la musique et des vidéos sur iTunes Store.
- Organiser votre musique en listes de lecture.

Pour ouvrir iTunes, cliquez sur son icône du Dock. Le Chapitre 3 explique comment utiliser le Dock de Mac OS X Mavericks.

Configurer les haut-parleurs

Si vous utilisez un MacBook ou un iMac, vous savez qu'un ordinateur est équipé de haut-parleurs intégrés. Mais rien ne vous empêche de brancher des haut-parleurs externes à votre Mac :

1. **Connectez le câble audio des haut-parleurs au jack de sortie casque ou Line Out de votre ordinateur, comme le montre la Figure 11.1.**

   Si vous configurez des haut-parleurs USB, connectez-les à un port USB de votre ordinateur. Pour plus d'informations sur la norme USB, consultez le Chapitre 2.

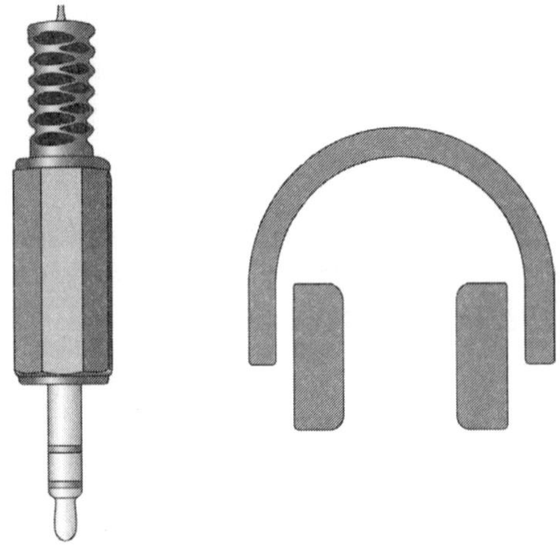

Figure 11.1 : Connecter le câble audio à la prise Jack.

2. **Branchez la prise secteur des haut-parleurs à une prise de courant mural, et mettez-les sous tension. (Certains haut-parleurs sont auto-alimentés par la prise USB.)**

3. **Cliquez sur l'icône Préférences Système du Dock (engrenages).**

4. **Dans la deuxième rangée d'icônes, cliquez sur l'icône Son, puis sur l'onglet Sortie, comme à la Figure 11.2.**

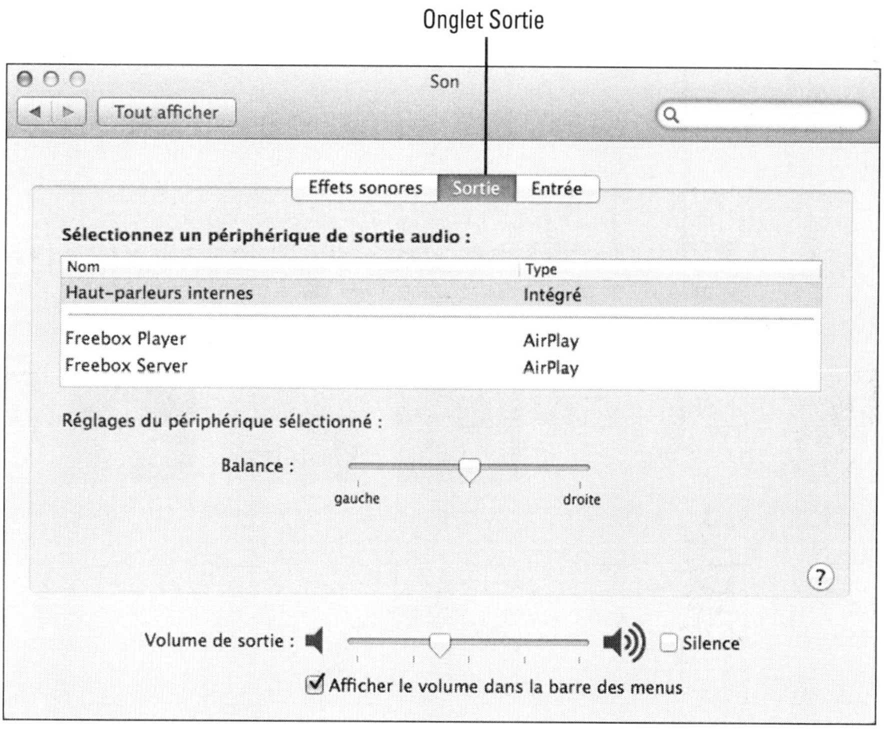

Figure 11.2 : Liste des périphériques de sortie audio.

5. **Cliquez sur le périphérique audio que vous souhaitez utiliser.**

6. **Cliquez sur le bouton de fermeture situé dans le coin supérieur gauche de la fenêtre pour quitter les Préférences Système et enregistrer vos modifications.**

Régler le volume

Dans iTunes, vous pouvez contrôler le volume en glissant le curseur situé dans la partie supérieure gauche de l'interface comme le montre la **Figure 11.3** :

- **Pour baisser le volume**, glissez le curseur vers la gauche.
- **Pour monter le volume**, glissez le curseur vers la droite.

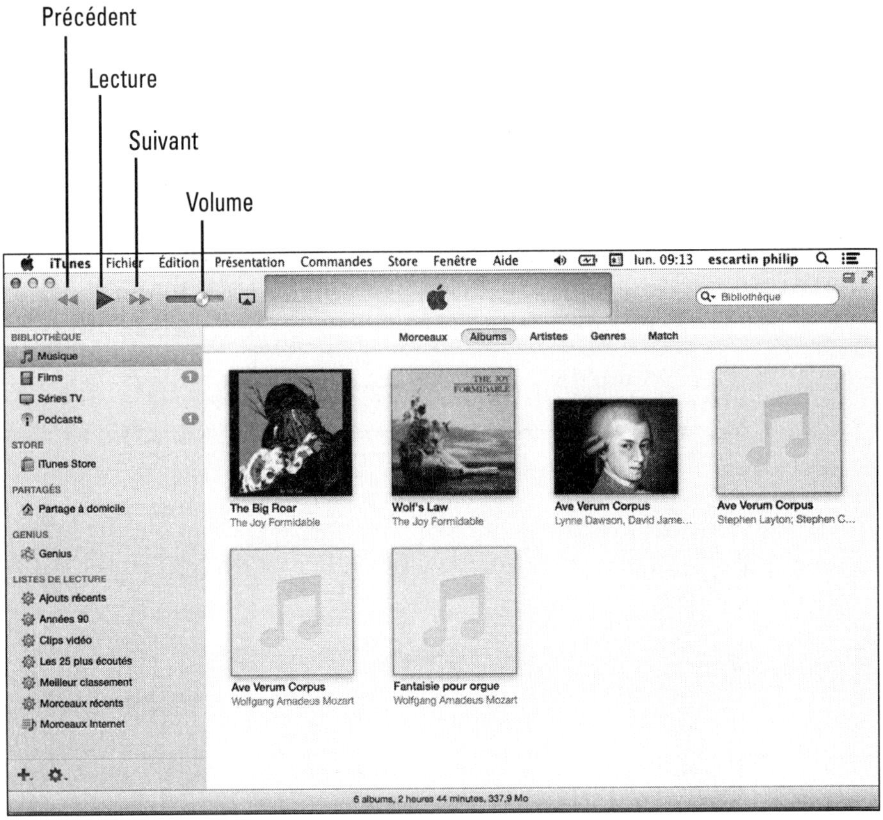

Figure 11.3 : Contrôler le volume.

TRUC

Votre ordinateur est également équipé d'une touche qui permet de moduler le volume sonore de toutes les applications. Vous pouvez aussi régler ce volume de sortie général par un clic sur l'icône Volume de la barre des menus du Finder. Glissez alors le curseur vers le haut ou le bas pour respectivement monter et baisser le volume. Cette action affecte le volume de toutes les applications qui diffusent du son, donc d'iTunes.

Ajouter à iTunes le contenu d'un CD audio

Vous pouvez facilement *ripper*, c'est-à-dire extraire, le contenu d'un CD audio afin de diffuser de la musique directement depuis iTunes. Cette extraction, qui est assimilable à une importation, n'est rien d'autre qu'une copie numérique des chansons de CD audio sur votre disque dur.

1. **Lancez iTunes par un clic sur son icône du Dock.**
2. **Insérez un CD audio dans le lecteur optique de votre Mac. Si vous êtes connecté à Internet, iTunes télécharge le nom des chansons, lequel s'affiche dans la partie droite de l'interface, comme le montre la Figure 11.4.**

Figure 11.4

TRUC

Si iTunes vous demande d'importer le contenu du CD, cliquez sur Oui, et ignorez le reste de cette procédure. Si vous refusez l'importation pour en définir vous-même le paramétrage, poursuivez aux étapes suivantes.

3. **Dans la partie droite listant les titres du CD, décochez les chansons que vous ne voulez pas importer.**

4. **Cliquez iTunes/Préférences. Ensuite, dans l'onglet Général, cliquez sur le bouton Réglages d'importation pour définir la qualité de l'extraction. Pour utiliser plus facilement les chansons ainsi rippées, je vous conseille de choisir « encodeur MP3 » dans le menu local Importer via. Ensuite, dans le menu local Réglage, optez pour haute qualité ou qualité supérieure. Validez ces réglages par un clic sur OK.**

5. **Cliquez sur Importer le CD pour ripper les chansons que vous avez cochées.**

Lire un CD audio avec iTunes

Voici comment lire un CD audio avec iTunes :

1. **Insérez le CD audio dans votre Mac. Par défaut, Mavericks démarre automatiquement iTunes. Rien ne vous empêche d'exécuter iTunes préalablement à l'insertion du CD. Pour cela, cliquez sur son icône dans le Dock.**

2. **Cliquez sur le bouton Lecture (Figure 11.3).**

   Les boutons d'iTunes sont identiques à ceux de la télécommande de votre système hi-fi de salon. Cliquez sur le bouton Suivant pour passer à la chanson suivante, et sur le bouton Précédent pour revenir au titre précédent. Pour faire une pause, cliquez sur le bouton Lecture. Cliquez de nouveau dessus pour reprendre la lecture.

Lire de la musique, des vidéos, et des podcasts avec iTunes

Pour lire des fichiers musicaux numériques que vous avez ajoutés à iTunes depuis un CD ou que vous avez achetés sur iTunes Store, conformez-vous aux étapes suivantes :

1. **Dans la liste Source de gauche, cliquez sur la catégorie de médias que vous désirez écouter ou regarder. Vous avez le choix entre les bibliothèques Musique, Films, Séries TV, et Podcasts. Les éléments de la catégorie choisie proviennent de votre disque dur ou d'Internet.**

2. **Double-cliquez sur l'élément que vous désirez lire.**

TRUC

iTunes peut afficher le contenu de la bibliothèque Musique de cinq manières : Morceaux, Albums, Artistes, Genre et Match. La **Figure 11.5** montre l'aspect d'iTunes quand vous affichez le contenu d'un album en mode Albums.

Figure 11.5 : iTunes affiche le contenu d'un album.

Créer une liste de lecture dans iTunes

Une *Liste de lecture* est une collection de chansons que vous créez, sorte de hit-parade des meilleurs titres de votre bibliothèque Musique. Ainsi, vous pouvez créer une compilation de vos chansons préférées que vous diffuserez à l'occasion d'une fête, ou que vous emmènerez avec vous en voyage.

Voici comment créer une liste de lecture dans iTunes :

1. **Cliquez sur Fichier/Nouveau/Liste de lecture. Une** *Liste de lecteur* **apparaît dans la section Liste de lecture du panneau Source d'iTunes, et son contenu vide est affiché dans la partie droite de l'interface.**

2. **Comme son nom est en surbrillance, renommez votre liste de lecture pour identifier plus facilement son contenu. Si le nom par défaut n'est pas sélectionné, cliquez dessus et tapez directement son nouveau nom. Validez-le en appuyant sur Retour.**

3. **Pour ajouter une chanson à cette liste de lecture, cliquez sur la bibliothèque Musique. Affichez le contenu d'un album ou d'un artiste ou de toutes vos chansons. Ensuite, glissez-déposez le nom d'une chanson sur celui de votre liste de lecture comme le montre la Figure 11.6.**

   TRUC

   Pour ajouter rapidement plusieurs chansons d'un même album en une seule opération, commencez par afficher la bibliothèque Musique sous forme d'albums. Ensuite, cliquez sur la pochette de l'album qui vous intéresse. Maintenez la touche ⌘ enfoncée, et cliquez sur le nom des chansons que vous souhaitez ajouter à votre liste de lecture. Faites un clic-droit sur un des titres ainsi sélectionnés et, dans le menu contextuel qui apparaît, cliquez sur Ajouter à la liste de lecture/<nom de votre liste>. Vous pouvez également glisser-déposer ces titres sur le nom de la liste de lecture.

4. **Lorsque vous avez ajouté tous les titres souhaités à votre liste, cliquez dessus pour afficher son contenu, puis double-cliquez sur le premier titre à écouter.**

Figure 11.6 : Glissez-déposez une chanson dans la liste de lecture.

Voici quelques conseils sur l'utilisation des listes de lecture :

- iTunes propose plusieurs méthodes de création des listes de lecture. Une des plus rapides consiste à sélectionner les chansons puis à cliquer sur Fichier/Nouveau/Liste de lecture à partir de la sélection. Ainsi, une liste de lecture est créée avec les titres préalablement choisis.
- Vous pouvez ajouter une même chanson à plusieurs listes de lecture. En effet, l'ajout ou la suppression d'un titre d'une liste de lecture n'a aucune incidence sur son fichier d'origine et son catalogage dans la bibliothèque Musique.
- Pour supprimer une liste de lecture, sélectionnez-la dans la section éponyme, et appuyez sur la touche Retour arrière de votre clavier.
- Pour qu'une liste de lecture soit lue dans un ordre aléatoire, cliquez sur le bouton Activer/Désactiver la lecture aléatoire situé à droite du nom de la liste affichée dans le volet droit du programme. Vous pouvez ajouter et supprimer des titres dans une liste de manière à créer une compilation qui répond à vos goûts et envies du moment.

Graver un CD audio avec iTunes

En plus d'être un extraordinaire lecteur audio, iTunes permet de graver vos chansons préférées sur CD audio. Voici comment procéder :

1. **Ouvrez iTunes, et cliquez sur une liste de lecture existante dont vous souhaitez graver le contenu sur un CD audio. Bien entendu, vous pouvez créer une liste de lecture spécialement dédiée à la création d'un CD.**

2. **Faites un Ctrl+clic (clic-droit) sur la liste de lecture à graver et, dans le menu contextuel qui apparaît, choisissez Graver la liste de lecture sur un disque.**

3. **Dans la boîte de dialogue Réglages de gravure illustrée à la Figure 11.7, activez l'option CD audio. Dans le menu local Vitesse préférée, choisissez « maximum possible ».**

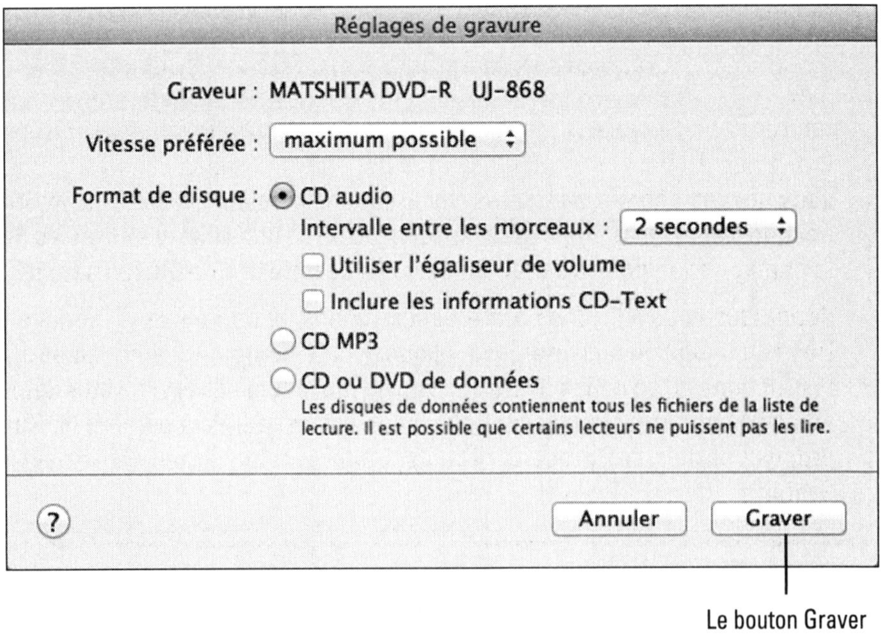

Figure 11.7 : La boîte de dialogue Réglages de gravure.

4. **Cliquez sur le bouton Graver pour lancer la procédure de gravure du CD audio.**

Diffuser des animations

L'interface d'iTunes n'est pas très séduisante. Pourtant, savez-vous que cette application peut revêtir quelques apparats pour vous séduire ? En effet, iTunes peut diffuser des animations graphiques pendant la diffusion de votre musique.

1. **Alors que vous écoutez de la musique dans iTunes, cliquez sur Présentation/Afficher les animations (ou appuyez sur ⌘+T). La diffusion bascule en plein écran.**

2. **Pour quitter (ou pour passer) le mode plein écran, appuyez sur ⌘+F.**

Créer un compte sur iTunes Store

Pourquoi avez-vous besoin d'un compte spécifique pour acheter sur iTunes Store ? Car Apple a besoin de conserver des données sensibles vous concernant. Ainsi, vous pouvez acheter sans être obligé de communiquer toutes vos informations à chaque transaction. Apple peut aussi utiliser l'ID que vous avez créé au moment de la configuration de votre Mac ou de votre compte MobileMe (ou iCloud).

Connectez-vous à l'iTunes Store depuis iTunes, et parcourez la rubrique Musique. Dès qu'un album vous intéresse, cliquez sur le bouton Acheter l'album. Suivez les instructions et, en moins de temps qu'il ne faut pour le dire, vous êtes débité et vous pouvez télécharger la musique. Un reçu vous est adressé par e-mail. iTunes Store propose parfois des produits gratuits. Pour les télécharger, cliquez sur le bouton Gratuit.

Trouver de la musique, des vidéos, des livres audio, et des podcasts en ligne

iTunes Store est la boutique Web par excellence dédiée à la musique, à la vidéo, aux livres audio, et aux podcasts. Vous comprenez alors que tout le confort d'iTunes Store repose dans votre connexion Internet (haut débit de préférence). La **Figure 11.8** montre la boutique en ligne audio-vidéo de la marque à la pomme.

Figure 11.8 : La boutique en ligne d'Apple.

Vous pouvez rechercher un élément spécifique sur iTunes Store en respectant la procédure suivante :

1. **Cliquez sur iTunes Store dans la section Store d'iTunes. Vous arrivez à la page d'accueil d'iTunes Store qui affiche les dernières nouveautés disponibles.**

2. **Parcourez les éléments ou bien recherchez des articles que vous souhaitez acheter et télécharger. Voici comment procéder :**

- Cliquez sur un bouton de la barre de navigation et, dans le menu local qui apparaît, choisissez la catégorie d'articles à consulter. Par exemple, cliquez sur Musique et choisissez le genre musical qui vous intéresse.
- Cliquez sur la vignette d'un album puis, pour accéder à toutes les productions de l'artiste, cliquez sur son nom qui apparaît sous la barre de navigation.
- Cliquez dans le champ de recherche Store et tapez un titre, le nom d'un artiste, d'un album, ou d'un compositeur.

3. **Pour afficher les détails d'un album, d'une chanson ou d'un livre audio, cliquez dessus. iTunes permet de pré-écouter la chanson dans une qualité moindre. Pour cela, double-cliquez sur le nom du titre, ou bien sur le bouton Lecture qui s'affiche à gauche de la chanson ou de la vidéo.**

4. **Pour ajouter un article à votre panier, que ce soit un album ou une chanson, cliquez sur le bouton affichant son prix. Pour acheter une seule chanson, cliquez sur son bouton Acheter.**

TRUC

Vous pouvez télécharger chaque épisode d'un podcast, ou bien vous y abonner. Dans ce cas, iTunes télécharge automatiquement les nouveaux épisodes, et les ajoute à l'élément Podcasts de la section Bibliothèque.

5. **Dès que vous êtes prêt à acheter, cliquez sur le bouton d'achat. iTunes vous demande de vous connecter avec vos identifiants Apple. Indiquez-les ou bien créez un identifiant. Une fois la connexion établie, cliquez sur le bouton Acheter.**

6. **Une fois les articles téléchargés, récupérez-les dans la section des éléments achetés affichée dans la partie gauche d'iTunes. Vous pouvez les lire ou bien les déplacer dans d'autres listes de lecture, comme vous le faites depuis la bibliothèque du programme.**

Les articles achetés sont automatiquement déplacés dans la catégorie à laquelle ils appartiennent. Par exemple, toutes les chansons achetées apparaissent dans la bibliothèque Musique d'iTunes.

TRUC

Les boutons Précédent et Suivant situés à gauche de la barre de navigation d'iTunes Store fonctionnent comme ceux du programme Safari. Ils permettent de remonter ou d'avancer dans la hiérarchie des pages visitées. Pour revenir à la page d'accueil d'iTunes Store, cliquez sur l'icône de la maison.

Écouter la radio en ligne

Bien qu'il ne s'agisse pas à proprement parler d'un tuner radiophonique, iTunes Radio permet d'écouter des radios typiquement Web émises dans le monde entier. Les radios sont organisées par catégorie ce qui permet de trouver assez rapidement une station qui diffuse un programme correspondant à vos attentes.

1. **Pour écouter la radio avec iTunes, commencez par cliquer sur iTunes/Préférences.**

2. **Dans la section Afficher des préférences Général, veillez à cocher l'option Radio Internet. Validez par un clic sur OK.**

3. **De retour dans iTunes, cliquez sur la bibliothèque Musique, puis sur Internet. Vous affichez ainsi une liste impressionnante de catégories radiophoniques, comme le montre la Figure 11.9.**

4. **Lorsque vous développez une des catégories par un clic sur le triangle situé à sa gauche, vous accédez à un nombre impressionnant de stations de radio.**

5. **Prenez connaissance des commentaires donnés sur chaque radio, puis double-cliquez sur celle que vous désirez écouter. iTunes en lance la lecture.**

Catégorie développée
Stations de radio
Cliquez sur le bouton Internet
Bibliothèque
BIBLIOTHÈQUE
Musique
Films
Séries TV
Podcasts
STORE
iTunes Store
APPAREILS
Tomoko Uemura
PARTAGÉS
Partage à domicile
GENIUS
Genius
LISTES DE LECTURE
Ajouts récents
Années 90
Clips vidéo
Les 25 plus écoutés
Meilleur classement
Morceaux récents
Morceaux
Albums
Artistes
Genres
Internet
Match
Flux
Débit
Commentaires
Adult Contemporary
Alternative Rock (337 flux)
A1Indie Radio 128 kbit/s Le meilleur de l'Indie Atmospheric flux: htt...
A2R Rock 128 kbit/s A2R - Rock & New Wave - The Best Rock...
A90's 128 kbit/s <com.webobjects.foundation.NSKeyValue...
Abnormally Dead Air - Radio From... 128 kbit/s Old goth - new goth - something for every...
Absolute Alternative @ Distortion... 128 kbit/s The absolute best in modern alternative, p...
Absolute Rockz 64 kbit/s Current rock internet radio
AceRadio - 90s Alternative 128 kbit/s Your best bet for internet radio.
AceRadio ^ Alternative Rock 128 kbit/s Your best bet for internet radio.
Acoustic Alternative 128 kbit/s Unplugged, raw, alternative rock.
Addict Alternative 128 kbit/s My choice, my music! Alternative music st...
AddictedToRadio.com - (Q97) Alte... 64 kbit/s Today's modern rock alternative
AddictedToRadio.com - Classic Al... 64 kbit/s Pearl Jam, Nirvana, Bush, Soundgarden a...
All Classic Alternative (90s) - Q101... 128 kbit/s Q101.comChicago's alternative, Q101.com
All Songs Considered 24/7 From... 128 kbit/s Hear a non-stop mix of every song ever pl...
Alt Rock 101 128 kbit/s We play artists and bands like Lorde, Imag...
Alternate USA 128 kbit/s Today's best alternative songs from USA -...
Alternative 80's - ROCKRADIO.COM Inconnu The best in alternative hits from the 80s.
Alternative 90's - ROCKRADIO.COM Inconnu The best in alternative hits from the 90s.
Alternative Addiction Radio 128 kbit/s Get addicted to the best new alternative a...
Alternative Nation Radio (ANR) 96 kbit/s Playing the latest modern rock and classic...
337 flux

Figure 11.9

Chapitre 12

Jouer avec Mavericks

Prêt pour…

- Jouer aux échecs.
- Jouer grâce aux widgets du Dashboard.
- Installer de nouveaux widgets ludiques.
- Jouer en ligne.

Mac OS X fournit en standard un jeu d'échecs que je traite à la prochaine section. Malgré cela, l'environnement informatique Macintosh n'était pas réputé pour être une plate-forme ludique. En effet, la majorité des jeux développés pour Windows ne l'ont jamais été pour Mac. Cela tenait au fait que seuls les modèles Macintosh les plus élaborés, donc les plus coûteux, disposaient d'une carte vidéo 3D capable de gérer les jeux les plus gourmands en ressources graphiques.

Aujourd'hui, les choses ont changé. La plupart des ordinateurs Mac disposent d'une carte vidéo de qualité utilisant les chipsets NVIDIA GeForce ou ATI Radeon. Ils gèrent les jeux 3D les plus complexes. Ces fonctionnalités étant désormais couplées aux processeurs Intel qui équipent les Mac les plus récents, vous disposez aujourd'hui d'une véritable console de jeux.

Dans ce chapitre, vous :

- Jouerez aux échecs 3D grâce à votre Mac.
- Perdrez du temps à résoudre un bon vieux puzzle.

- Téléchargerez des jeux pour votre Dashboard.
- Découvririez le jeu en ligne.

Jouer aux échecs

Certes, vous n'utilisez pas d'armes à feu sophistiquées, et vous ne rasez aucune ville. Cependant, les échecs restent le jeu de stratégie le plus populaire de notre planète. Mac OS X vous en propose une version 3D. La **Figure 12.1** montre le programme Échecs que vous démarrez depuis le dossier Applications.

Figure 12.1 : Le mouvement des pièces se fait par glisser-déplacer.

Comme vous pouvez l'imaginer, le déplacement des pièces sur l'échiquier se fait par simple glisser-déplacer avec le pointeur de la souris. Le déplacement en question est accepté dès lors qu'il respecte la règle du jeu.

Vous pouvez annuler votre dernier déplacement en appuyant sur ⌘+Z. Vous pouvez sauvegarder vos parties pour les consulter ultérieurement. Pour cela, utilisez les commandes du menu Partie. Bien que les échecs virtuels n'aient pas la consistance, la chaleur, ou encore l'émotion d'un véritable jeu d'échecs, cette application n'en reste pas moins un excellente entraînement pour améliorer votre niveau.

Pour configurer l'application Échecs, cliquez sur Échecs/Préférences. Voici les modifications que vous pouvez apporter

- **Modifier le style de l'échiquier et des pièces.** Testez un échiquier et des pièces en herbe, en marbre, en métal, ou bien encore en fourrure.
- **Activer ou désactiver l'énoncé des déplacements.** Vous pouvez cocher les options permettant d'énoncer les déplacements de l'ordinateur et/ou du joueur. L'annonce des déplacements se fait en anglais. À la longue, elle peut être fastidieuse. Dans les menus locaux Voix principale et Voix secondaire, choisissez le type de voix utilisée par l'ordinateur pour énoncer les déplacements. Grâce à la reconnaissance vocale de Mavericks, vous pouvez prononcer vos déplacements qui seront alors exécutés par l'application échecs. Attention, car l'énoncé de vos déplacements doit être faite en anglais.
- **Définir le niveau de l'ordinateur.** L'ordinateur peut jouer plus ou moins vite. Pour définir la rapidité des déplacements, donc le niveau de l'ordinateur, faites glisser le curseur de l'option L'ordinateur réfléchit à *x* coups (ou secondes) à l'avance.

Vous constaterez que le niveau de l'ordinateur est assez élevé. Si vous débutez, ou si vous souhaitez améliorer votre jeu, vous pouvez activer la fonction Indication. Pour cela, cliquez sur Déplacements/Afficher une indication. Ainsi, à votre tour de jouer, l'ordinateur vous suggère le meilleur coup possible en l'état actuel de la partie.

Vous pouvez quitter une partie en cours et l'enregistrer sur votre ordinateur. Ainsi vous pourrez la reprendre quand vous en aurez l'envie ou le temps.

Lors de l'exécution du jeu Échecs, Mac OS ouvre une boîte de dialogue de connexion à Game Center illustrée à la **Figure 12.2**. Il suffit d'y saisir votre identifiant Apple et votre mot de passe pour pouvoir jouer contre des adversaires réels en ligne.

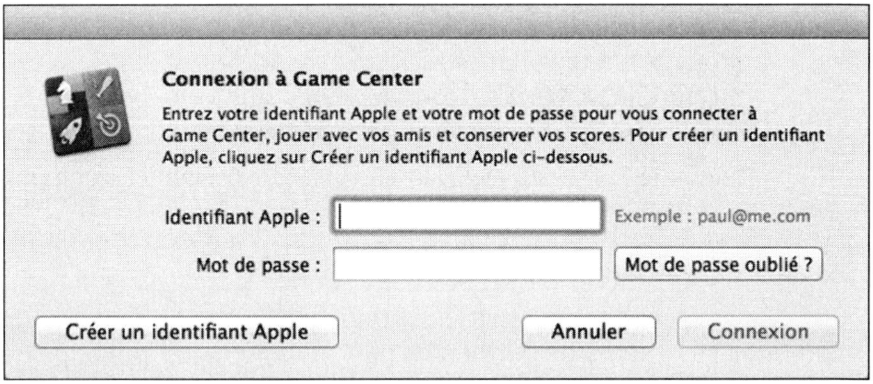

Figure 12.2 : Jouez en ligne !

Jouer grâce aux widgets

Apple propose une version numérique du jeu à mosaïque qui est un puzzle à reconstituer par glissement de ses pièces. Ce jeu est un widget du Dashboard. Pour y accéder, cliquez sur l'icône Dashboard du Dock. Une fois dans le Dashboard, cliquez sur le bouton + (plus) pour accéder aux widgets disponibles. Dans la partie supérieure du Dashboard, parcourez les widgets et cliquez sur le Jeu à mosaïque. Il apparaît alors comme à la **Figure 12.3**.

Si vous ne connaissez pas ce jeu, cliquez sur la mosaïque pour que le widget commence à mélanger les pièces. Cliquez de nouveau pour arrêter le mélange et débuter la partie. L'objectif de ce jeu

Figure 12.3 : Cliquez sur la mosaïque pour mélanger les pièces du puzzle.

est de reconstituer l'image d'origine. Pour déplacer un élément du puzzle, cliquez dessus.

Pour retourner à vos applications et au bureau, cliquez sur la flèche située dans le coin inférieur droit du Dashboard.

La position des pièces du puzzle est enregistrée chaque fois que vous quittez le Dashboard. Par conséquent, vous pouvez reprendre la partie à tout moment.

Installer de nouveaux widgets ludiques

Vous souhaitez davantage de jeux dans votre Dashboard ? Aucun problème ! Vous pouvez en télécharger depuis le site de Mac OS X (`www.apple.com/fr/downloads`). Dans cette page Web, localisez la section Dashboard widgets et cliquez sur le lien Voir tous les widgets. Faites défiler le contenu de la nouvelle fenêtre qui apparaît et, dans la colonne Category, cliquez sur Games. La liste des jeux est impressionnante. Dans la colonne Widgets, cliquez sur le jeu qui vous intéresse. La colonne Info vous indique la taille du jeu, et s'il s'agit d'un freeware ou d'un shareware. Le premier est gratuit, le second exige une rétribution de son auteur. Cliquez sur le bouton Download. Dès que le téléchargement est terminé, Safari vous demande d'installer ou non le widget pour l'ouvrir dans le Dashboard. Comme cela est votre intention, cliquez simplement sur le bouton Installer.

Une fois l'installation terminée voici ce que vous pouvez faire :

1. **Dans le Dashboard qui apparaît, une fenêtre vous demande confirmation de l'installation du widget. Pour le garder, cliquez sur le bouton Conserver. Si vous changez d'avis et que vous ne souhaitez pas, au final, utiliser ce nouveau jeu, cliquez sur le bouton Supprimer.**

   Parfois, Mavericks vous indiquera, une fois le téléchargement terminé, que l'application ne peut pas être installée car elle provient d'un développeur non identifié. Dans ce cas, affichez le dossier Téléchargements depuis le Finder, et localisez-y l'icône de votre widget. Faites un clic-droit (Ctrl+Clic) dessus. Dans le menu contextuel qui apparaît, choisissez Ouvrir. Dans la boîte de dialogue Installation du widget qui s'affiche, cliquez sur Installer.

2. **Le jeu est immédiatement ajouté aux autres widgets de votre Dashboard. Pour le retirer du Dashboard actuel, cliquez sur le bouton moins (-) situé dans le coin inférieur gauche de la fenêtre, puis sur le bouton X qui apparaît dans l'angle supérieur gauche du widget.**

3. **Pour ajouter de nouveau ce jeu à votre Dashboard, parcourez les widgets affichés dans la partie inférieure de la fenêtre comme à la Figure 12.4. Ensuite, cliquez sur son icône.**

   Vous pouvez également supprimer des widgets téléchargés et installés depuis cet écran de sélection du Dashboard. Cliquez sur le bouton moins (-) situé dans l'angle inférieur gauche de l'écran. Les vignettes se mettent à onduler et les widgets que vous pouvez supprimer arborent un X dans leur angle supérieur gauche. Cliquez dessus pour retirer les widgets en question.

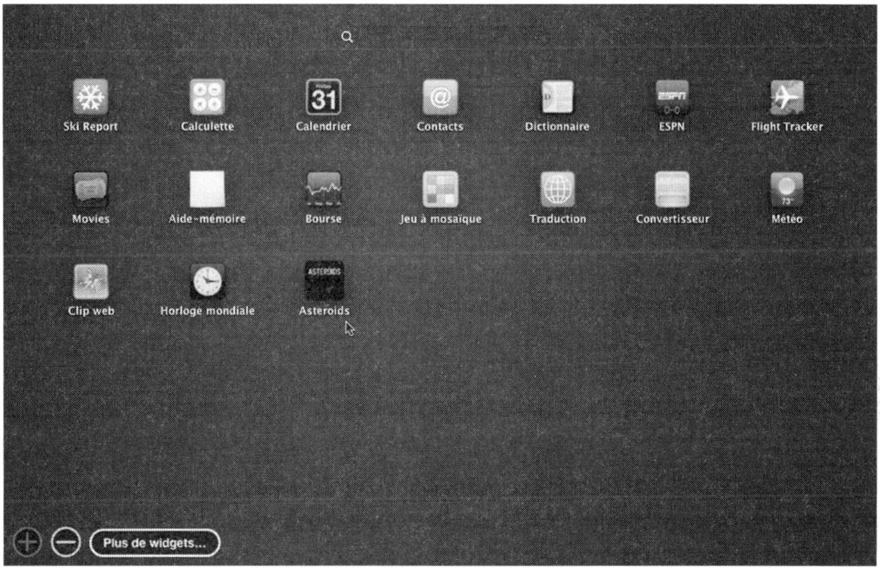

Figure 12.4 : Cliquez sur l'icône du widget à ajouter au Dashboard.

4. **Pour obtenir des détails sur un widget, cliquez sur son minuscule bouton Info (*i*) situé dans sa partie inférieure droite.**

5. **Pour quitter le Dashboard et revenir à vos applications et à votre bureau, cliquez sur la flèche située dans sa partie inférieure droite.**

Jouer en ligne

Les jeux les plus populaires ne sont pas limités à votre plate-forme informatique. Sur Internet, vous trouverez des milliers de jeux et de joueurs susceptibles de jouer avec vous.

À mon avis, les jeux en ligne ne sont intéressants que si vous disposez d'une connexion Internet haut débit de type DSL, câble, satellite, ou fibre optique. En effet, en ligne, les jeux 3D téléchargent de nombreuses données sur votre ordinateur. Pour ne pas connaître d'interruption dans le déroulement d'une partie, vous ne pouvez pas jouer en ligne avec une connexion bas débit traditionnelle.

L'un des jeux en ligne les plus populaires se nomme *World of Warcraft*. Il vous plonge dans un monde d'*heroic fantasy* tout à fait exceptionnel. Vous pouvez y créer de nombreux personnages que vous jouerez à tour de rôle.

Dans ce jeu, les combats ne représentent que la moitié de votre progression. Pour avancer convenablement dans le jeu, vous devez gagner en expérience, mettre à niveau votre armure et vos armes, et vous bâtir une solide réputation au sein des différents groupes que vous rencontrez dans ce monde féerique.

Vous pouvez acheter des marchandises à des mercenaires, et découvrir les vertus du travail du cuir et des envoûtements. Parlez avec les joueurs en ligne. Je joue à ce jeu depuis plus de trois ans. C'est une véritable addiction qui me remplit de joie. La **Figure 12.5** montre la page d'accueil du jeu auquel vous pouvez jouer gratuitement. En revanche, pour disposer de toutes ses fonctionnalités, de ses niveaux, et du suivi de votre progression, vous devez l'acheter. Pour un abonnement mensuel adapté à vos besoins, mais qui peut finir par coûter une belle somme, vous entrerez dans un monde inimaginable et sans limite.

Voici d'autres jeux en ligne très populaires

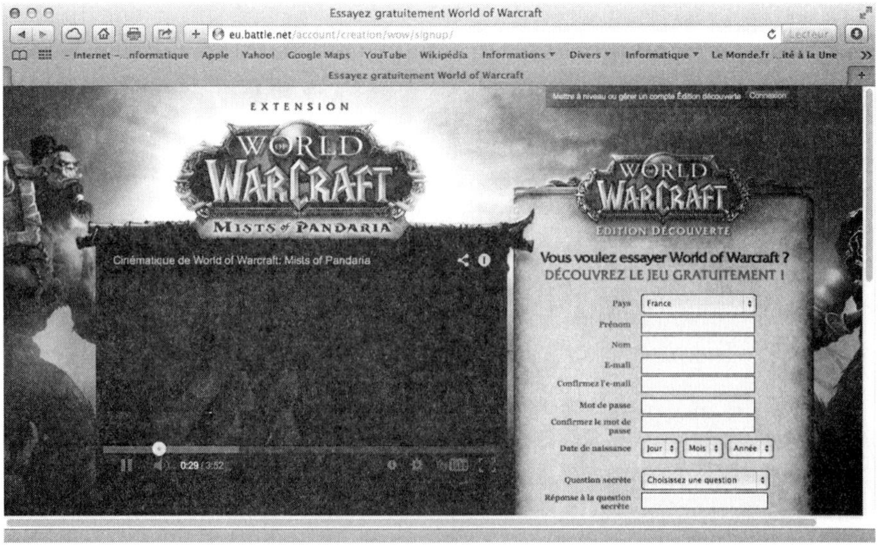

Figure 12.5 : Découvrez World of Warcraft.

- Bridge (OKBridge.com).
- Poker (www.pokerstars.fr).
- Pool (www.flyordie.com).

Certains jeux sont gratuits et affichent des publicités. D'autres fonctionnent sur la base d'un abonnement. Pour connaître les derniers jeux en ligne, effectuez une recherche sur Google, ou bien directement dans la section Download du site Web d'Apple.

Troisième partie

Explorer Internet

« Avec ce nouvel appareil haute résolution, j'ai pris au moins 2 mégas cet été. »

Chapitre 13

Les bases d'Internet

Prêt pour...

- Comprendre le fonctionnement d'Internet.
- Découvrir les connexions Internet.
- Configurer une connexion haut débit.
- Configurer une connexion sans fil.
- Découvrir iCloud.
- Rejoindre le cloud.
- Assurer la sécurité de votre Mac en ligne.
- Connaître les principes des antivirus.
- Adopter une attitude responsable : ce que vous ne devez pas faire en ligne.

L'Internet est un monstre complexe qui risque de vous rendre fou si vous cherchez à comprendre comment le courriel envoyé à votre tante Zoé quitte votre ordinateur et parvient jusqu'au sien.

Heureusement que, pour le commun des mortels, Mac OS X Mavericks masque l'ensemble de cette procédure complexe. Tout se déroule en tâche de fond sans que vous ne vous doutiez de quoi que ce soit. En conséquence, dès lors que votre connexion Internet fonctionne correctement, contentez-vous de connaître les bases du Web. Mavericks se chargera des tâches les plus techniques afin de libérer votre esprit d'un tas de contraintes qui risqueraient d'assombrir votre expérience d'Internet.

Dans ce chapitre, je traite :

- Des différents types de connexions.
- De la connexion à Internet.
- De l'utilisation du service iCloud d'Apple.
- De l'ajout d'un antivirus.
- De l'attitude responsable que vous devez adopter pour surfer sur le Web en toute sécurité.

Comprendre le fonctionnement d'Internet

Beaucoup d'utilisateurs de Mac et de PC pensent qu'Internet est vivant. Toutefois, ils ont bien du mal à savoir s'il s'agit d'un animal, d'un végétal, ou d'un minéral, mais ils sont certains qu'Internet réside dans leur ordinateur.

Plus sérieusement, vous n'avez pas besoin de savoir ce qu'est Internet pour l'utiliser. Du point de vue de l'internaute que vous êtes, retenez simplement que le Web commence là où il existe une prise téléphonique, un réseau TV câblé, ou bien encore de la fibre optique.

Vous n'avez pas décroché ? Parfait ! Voici ce qui se passe lorsque vous vous connectez à Internet et que vous visitez un site Web :

1. **Ouvrez le navigateur Web Safari. Un *navigateur Web* est un programme spécialement conçu pour surfer sur Internet. Lui seul sait interpréter les pages HTML qui constituent le Web. Votre Mac, grâce à Safari, se connecte à un FAI (Fournisseur d'Accès à Internet).**

   Un FAI est une société à laquelle vous vous abonnez pour aller sur le Net. En France, les quatre plus grands FAI sont Free, Orange, SFR, et Bouygues Télécom. Le FAI vous ouvre un compte, permet de créer et de publier des pages Web, et de créer des messageries électroniques.

2. **Votre FAI localise les sites Web présents sur Internet.**

Lorsque vous demandez l'ouverture d'une page, votre FAI utilise le nom du site pour localiser l'ordinateur sur lequel ses pages Web sont stockées. Dans le monde de l'Internet, le nom d'un site Web n'est autre que son adresse ou URL (Universal Resource Locator). Dès que le site Web est localisé, votre FAI ouvre une sorte de passerelle entre votre Mac et le serveur de la page. Par exemple, si vous désirez atteindre l'URL www.mlcbooks.com, vous accédez à mon site Web personnel.

3. **Une fois la connexion établie, une page Web est affichée. Il s'agit de la** *page d'accueil*. **Elle contient des** *liens* **qui permettent de visiter les différentes sections du site, c'est-à-dire ses autres pages. Les liens ouvrent toujours une page. Généralement, ils sont identifiés par un texte souligné. Dès que vous y placez le pointeur de la souris, il prend la forme d'une main. À cet instant précis, vous savez être en présence d'un lien. Cliquez dessus, et le tour est joué ! Vous voici dans une autre page du site. Les liens prennent parfois l'aspect d'une image. Ainsi, une photo ou un dessin peut servir de liens vers une autre page. Là encore, quand vous placez le pointeur de la souris dessus, il prend la forme d'une main, et bien souvent l'apparence de l'image change. Par exemple, une photo couleur passera en noir et blanc, deviendra flou, et/ou affichera un message indiquant vers quelle section du site elle renvoie si vous cliquez dessus.**

Voici l'essence de tout ce que vous faites sur Internet : des ordinateurs sont connectés les uns aux autres quelle que soit leur position géographique. Ils échangent tout type d'informations, comme des courriers électroniques, des photos, des pages Web, des vidéos, et de la musique.

Comment votre FAI parvient-il à trouver la page Web que vous sollicitez ? Eh bien, chaque ordinateur connecté à Internet possède une adresse unique appelée adresse IP (Internet Protocol). Elle identifie l'ordinateur sur Internet. Cette adresse prend la forme de quatre groupes de chiffres séparés par des points comme 192.168.1.100. Les ordinateurs les plus sophistiqués du Web gardent en mémoire les adresses IP des autres ordinateurs. C'est ainsi qu'un site comme apple.com est capable de vous identifier chaque fois que vous vous y connectez.

Découvrir les connexions Internet

Vous avez le choix entre quatre types de connexions :

- **Connexion haut débit (dite à large bande passante) :** Que la technique utilisée soit de type DSL (par ligne téléphonique), ou câble (réseau de télévision câblé), l'Internet *haut débit* est bien plus rapide que les anciennes connexions téléphoniques classiques dites à *bas débit*. De plus, avec ces deux technologies, la connexion à Internet est constante. En d'autres termes, dès que votre « modem » haut débit, en général une *box*, est allumé, votre ordinateur est connecté à Internet. Avec DSL ou le câble, vous payez un abonnement mensuel qui vous permet de vous connecter à l'Internet en illimité.

  Toutes les connexions Internet ne nécessitent pas un FAI. Par exemple, certains fournisseurs de téléphonie mobile équipent votre ordinateur portable d'une clé spéciale (3G ou 4G) qui permet de vous connecter depuis n'importe quel lieu.

- **Connexion par satellite :** Si vous habitez loin de toute connexion possible par DSL ou câble, vous pouvez accéder à l'Internet haut débit via une connexion par satellite. Bien que plus onéreuse que les deux autres, elle présente l'avantage d'être disponible partout. En plus, les connexions satellitaires sont plus rapides que les accès haut débit traditionnels.

- **Connexion bas débit :** Je serais très étonné que vous disposiez d'un modem bas débit. Il nécessite une ligne téléphonique standard. Quand vous vous connectez, le modem compose le numéro de téléphone de votre FAI qui vous connecte alors au Web. Apple n'équipe plus ses ordinateurs de modem bas débit. Donc, si vous n'avez que ce type de connexion à votre disposition, vous devez investir dans un modem USB externe.

- **Une connexion réseau :** Ce type de connexion concerne les ordinateurs Macintosh qui appartiennent à un réseau local (LAN). Si votre Mac est connecté à ce genre de réseau, vous n'avez pas besoin d'un FAI et d'une box pour vous connecter car vous utilisez ceux du réseau. Demandez simplement à l'administrateur réseau de vous donner les autorisations d'accès au routeur et, de facto, à Internet.

Configurer une connexion haut débit

La configuration haut débit dépend de votre FAI. En France, les solutions haut débit grand public reposent sur un matériel complet que nous appelons *une box*. Elle fait office de « modem » et de routeur. En d'autres termes, elle vous connecte à Internet en haut débit, mais permet aussi à tous vos ordinateurs de travailler en réseau donc, à eux aussi, de surfer sur le Web.

À priori l'installation d'une box est simple. Vous la déballez, vous effectuez les branchements, vous la raccordez à une prise téléphonique sur laquelle vous avez préalablement inséré un filtre ADSL, vous la mettez sous tension, vous raccordez un câble Ethernet à votre ordinateur, et en quelques minutes vous surfez sur Internet. (Nous verrons que les choses sont plus complexes lorsque vous souhaitez utiliser les fonctionnalités Wi-Fi de votre box.)

Si ces quelques manipulations ne vous permettent pas d'accéder à Internet, conformez-vous à la procédure suivante :

1. **Commencez par brancher une des extrémités du câble Ethernet sur la prise idoine de votre Mac, et l'autre extrémité sur celle de votre box.**

   TRUC

   Ce câble qui ressemble à une grosse prise téléphonique est généralement fourni avec votre box.

   À priori, ce simple branchement configure votre connexion Ethernet qui, dans notre hypothèse, vous donne un accès haut débit à Internet.

2. **Cliquez sur l'icône Préférences Système du Dock. Ensuite, dans l'avant-dernière rangée d'icônes, cliquez sur Réseau.**

3. **Dans la colonne de gauche, choisissez Ethernet comme à la Figure 13.1.**

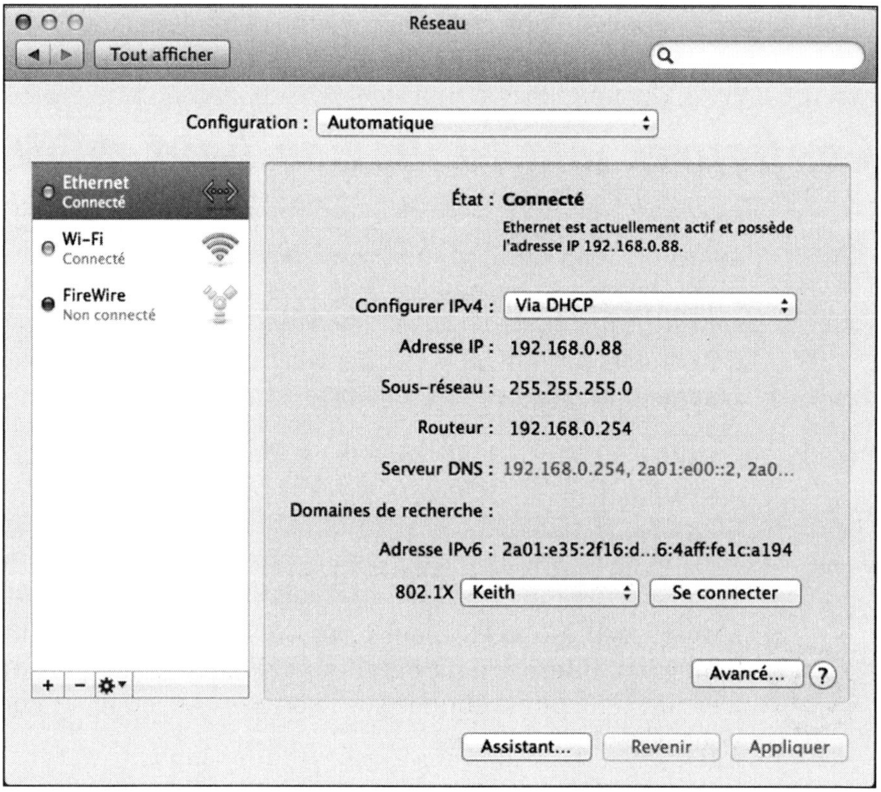

Figure 13.1

3. **Dans le menu local Configuration, optez pour Automatique.**

   Ainsi, Mac OS X Mavericks va assigner une adresse IP à votre ordinateur, utiliser l'adresse IP de votre box (Routeur), ainsi que son masque de sous-réseau.

4. **Si nécessaire, ouvrez le menu local Configurer IPv4, et choisissez via DHCP.**

En France, la majorité des fournisseurs d'une box utilise le protocole DHCP. Si ce n'est pas le cas du vôtre, ouvrez le menu local Configurer IPv4, et choisissez Manuellement. Dans le champ Adresse IP, tapez l'adresse IP que vous a indiquée votre FAI dans ses instructions de connexion puis, si nécessaire, le masque de sous-réseau, et l'adresse IP du routeur. Il pourra, dans certains cas, vous être demandé les DNS primaires et secondaires. Vous les trouverez eux aussi dans la documentation fournie par votre FAI.

5. **Si votre FAI utilise le protocole PPPoE (Point-to-Point Protocol over Ethernet), ouvrez le menu local Configurer IPv4, et choisissez Créer un service PPPoE.**

6. **Tapez un identifiant du service PPPoE dans le champ Nom du service.**

7. **Cliquez sur Terminé.**

8. **Tapez le mot de passe de votre connexion PPPoE.**

9. **Appuyez sur ⌘+Q pour fermer les Préférences Système, et enregistrer vos modifications.**

TRUC

Mavericks n'est pas toujours très docile pour configurer une connexion Internet haut débit par câble (Ethernet). Si vous rencontrez des difficultés, cliquez sur le bouton Assistant, et conformez-vous à ses instructions.

Configurer une connexion sans fil

Les box disposent de fonctionnalités réseau sans fil permettant à tous vos ordinateurs, notamment portables, de se connecter à Internet sans fil, c'est-à-dire sans branchement d'un câble Ethernet. Ainsi, vous profitez du Net dans toutes les pièces de votre maison, voire dans votre jardin.

Contrairement à la connexion par câble, la connexion sans fil est un peu plus complexe car vous devez fournir quelques informations très sensibles destinées à crypter vos accès sans fil pour éviter l'intrusion de personnes malintentionnées dans votre réseau.

Voici comment configurer une connexion sans fil avec Mac OS X Mavericks :

1. **Notez le SSID (nom de votre réseau) et la clé WAP fournie par votre FAI.**

   Ces informations sont généralement indiquées sous la box elle-même, ou sur son carton d'emballage.

   Il s'agit d'informations permettant d'établir votre première connexion sans fil. Il sera indispensable de vous rendre sur le site Web de votre FAI pour indiquer une nouvelle clé WAP. Quant au SSID, vous pouvez utiliser n'importe quel nom. C'est ce nom qui est utilisé pour que vous localisiez votre réseau parmi tous les réseaux Wi-Fi de votre quartier. Une fois ce réseau sélectionné, vous devrez saisir sa clé WAP. Par conséquent, ne perdez jamais tous vos identifiants réseau sous peine de ne plus pouvoir accéder à votre réseau sans fil.

2. **Cliquez sur l'icône Préférences Système du Dock.**

3. **Dans l'avant-dernière rangée d'icônes, cliquez sur Réseau.**

4. **Dans la colonne de gauche, cliquez sur Wi-Fi.**

5. **Dans le coin supérieur droit de la fenêtre Réseau, cliquez si nécessaire sur Activer le Wi-Fi.**

6. **Ouvrez le menu local Nom du réseau, et choisissez le nom (SSID) de votre réseau. Par exemple, si vous avez appelé votre réseau MavericksWi-Fi, cliquez dessus dans la liste des réseaux sans fil disponibles.**

   Les autres réseaux disponibles sont tout simplement ceux de vos voisins.

7. **À la demande de Mac OS X, tapez votre clé de sécurité WAP.**

La mention Connecté apparaît au bout de quelques secondes sous la connexion Wi-Fi affichée dans la colonne de gauche.

8. **Cliquez sur le bouton Rejoindre.**

9. **Appuyez sur ⌘+Q pour fermer les Préférences Système et enregistrer vos paramètres.**

Vous pouvez également choisir un réseau sans fil en cliquant sur l'icône Réseau de la barre des menus du Finder. Dans le menu local qui apparaît, vous pouvez désactiver la connexion Wi-Fi, ou bien choisir un des réseaux identifiés dans votre voisinage (dont le vôtre). Si vous choisissez le vôtre, la connexion s'établit automatiquement puisque vous avez tapé tous vos identifiants dans les Préférences Système. Sinon, il vous sera demandé la clé de sécurité WAP.

Découvrir iCloud

Avez-vous déjà entendu parler de MobileMe ? Je vous entends déjà hurler devant vos écrans : « Ce traducteur est fou ! Il parle de MobileMe dans une section consacrée à iCloud ! »... Eh bien pas si dingue que ça, car iCloud est le successeur de MobileMe. Donc, pour comprendre iCloud, encore faut-il connaître MobileMe.

Pour faire simple, je dirais que MobileMe est une suite d'applications Web à laquelle vous vous abonnez pour profiter de fonctionnalités avancées. Ainsi, c'est grâce à un compte MobileMe que vous pouvez profiter de toutes les fonctions du logiciel iWeb. Vous disposerez aussi d'un e-mail MobileMe remplaçant l'ancien système .mac.

Mais voilà, chez Apple, bien souvent tout à une fin. MobileMe n'ayant pas rencontré le succès escompté, Apple a lancé, parallèlement à la sortie de Mac OS X Mavericks, iCloud, qui sonne le glas de MobileMe.

Les possesseurs d'un compte MobileMe peuvent le faire migrer assez facilement vers un compte iCloud.

Alors, que pouvez-vous attendre d'iCloud ? Quelques éléments de réponses vous sont donnés ci-dessous :

- iCloud crée un réseau dans votre réseau. Ainsi, sans aucune configuration spécifique, tous vos appareils Apple sont en liaison sans fil les uns avec les autres. iCloud stocke tous vos contenus de manière à les rendre simultanément accessibles sur vos iPhone, iPad, iPod touch, Mac et même PC.
- iCloud donne un accès instantané à vos musiques, applications, et photos quel que soit l'appareil utilisé. Il met à jour vos adresses électroniques, votre carnet d'adresses, et vos calendriers. La synchronisation de tous les appareils est d'une grande simplicité.
- iCloud propose un espace de stockage gratuit jusqu'à 5 Go. Si vous avez besoin d'un espace plus important, vous pourrez acheter une extension directement depuis votre Mac ou l'appareil qui le nécessite.
- iCloud peut télécharger tous vos achats de musique sur absolument tous vos appareils et ceci en Wi-Fi ou en 3G/4G. Ainsi, lorsque vous achetez une chanson sur iTunes via votre Mac, elle se retrouvera sur votre iPad ou votre iPhone, sans la moindre synchronisation de votre part.
- iCloud permet de modifier un document sur un de vos périphériques Apple et le met automatiquement à jour sur tous les autres. Ainsi, quel que soit l'appareil que vous utilisez, vous avez toujours sous la main la dernière version de vos documents.
- iCloud sauvegarde automatiquement via une connexion Wi-Fi toutes vos données les plus importantes. Il suffit de brancher et de mettre sous tension vos appareils.
- iCloud permet de restaurer les informations de vos appareils via une connexion Wi-Fi.

Rejoindre le cloud

Il existe deux méthodes pour rejoindre le cloud, c'est-à-dire pour bénéficier de tous les services d'iCloud :

- Si vous possédez un compte MobileMe, faites-le migrer vers iCloud.
- Si vous n'avez pas de compte MobileMe, créez directement un compte iCloud.

La migration d'un compte MobileMe vers iCloud est très simple à réaliser :

1. **Ouvrez Safari et essayez de vous connecter à votre compte MobileMe.**
2. **Dans la fenêtre qui apparaît, cliquez sur Opérez la transition de MobileMe vers iCloud.**
3. **Renseignez les champs en indiquant votre mail MobileMe, et votre mot de passe.**
4. **Cliquez sur le bouton Se connecter.**

   Il ne vous reste plus qu'à suivre la procédure de transfert de votre compte MobileMe en compte iCloud.

Pour s'abonner à iCloud quand on ne possède pas de compte MobileMe :

1. **Cliquez sur l'icône Préférences Système du Dock.**

2. **Dans l'avant-dernière rangée d'icônes, cliquez sur l'icône iCloud.**

   La fenêtre iCloud apparaît comme à la Figure 13.2.

3. **Tapez votre identifiant Apple, ou bien créez-en un en cliquant sur le lien Créer un nouvel identifiant Apple.**

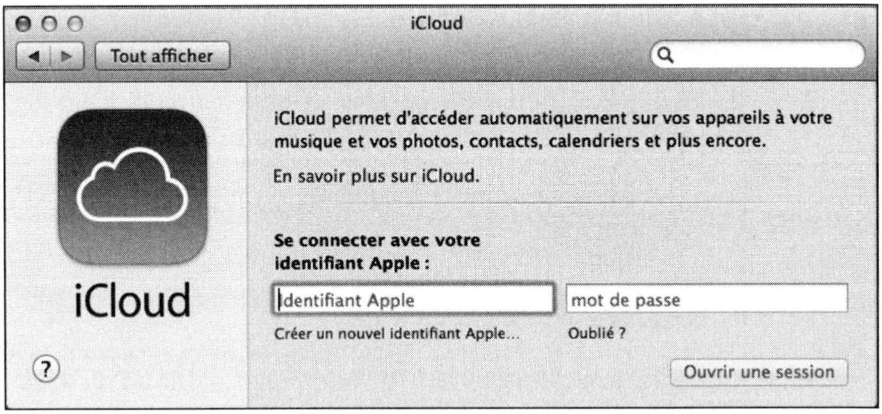

Figure 13.2 : La fenêtre iCloud.

Normalement, vous devriez avoir un identifiant car Apple vous demande de le créer lorsque vous enregistrez votre Mac via Internet.

4. **Une fois l'identifiant saisi, tapez votre mot de passe.**

5. **Cliquez sur le bouton Ouvrir une session.**

6. **Si nécessaire, acceptez les conditions d'utilisation du service iCloud, et cliquez sur Continuer.**

   Une fenêtre vous indique qu'un message de confirmation vous a été envoyé par Mail. Vous pouvez le consulter en cliquant sur Ouvrir Mail, ou bien passer outre pour le moment par un clic sur Plus tard.

7. **Pour continuer, cliquer sur Ouvrir Mail afin de vérifier votre adresse de messagerie, puis cliquez sur le bouton Suivant.**

8. **Conservez les deux options par défaut illustrées à la Figure 13.3 et cliquez sur Suivant.**

9. **Autorisez la localisation de votre Mac, fonction qui protège vos données en cas de perte ou de vol de votre Mac.**

Figure 13.3 : Cliquez sur Suivant.

10. **À la demande d'exigence d'un mot de passe pour déverrouiller l'écran si le trousseau iCloud est utilisé, nous vous conseillons d'en créer un. Sinon, cliquez sur Pas maintenant.**

11. **Saisissez de nouveau le mot de passe de votre identifiant Apple, et cliquez sur OK.**

    iCloud commence à synchroniser vos informations. Comme le montre la Figure 13.4, vous devez cocher les fonctionnalités devant être gérées par iCloud.

    En bas de la fenêtre, une jauge permet de connaître l'espace de stockage utilisé sur la quantité totale disponible.

12. **Définissez un code de sécurité iCloud à quatre chiffres, et cliquez sur Suivant. Confirmez l'utilisation si Mavericks vous le demande.**

13. **Communiquez éventuellement un numéro de téléphone mobile où un SMS pourra vous être envoyé pour confirmer certaines opérations.**

Figure 13.4 : Cochez les fonctionnalités devant être gérées par iCloud.

14. **Pour quitter iCloud, cliquez sur le bouton Fermer la session.**

15. **Cliquez sur le bouton de fermeture pour quitter les Préférences Système.**

Pour utiliser l'espace de stockage, cliquez sur le bouton Gérer. Vous accédez à une fenêtre qui liste les éléments occupant de l'espace, comme à la **Figure 13.5**. Si vous en manquez, cliquez sur le bouton Acheter plus de stockage. Dans la colonne de gauche, sélectionnez un élément que vous désirez effacer de votre espace, puis cliquez sur le bouton Supprimer. Validez l'ensemble de vos opérations par un clic sur Terminé.

Assurer la sécurité de votre Mac en ligne

Je sais que vous avez entendu parler d'histoires absolument terribles sur le piratage informatique. Les hackers semblent pouvoir entrer dans des installations gouvernementales comme dans une

Figure 13.5 : Gérer l'espace de stockage.

bibliothèque municipale. Vous avez également entendu dire que certaines personnes se sont fait voler leur identité en ligne, et que des gens malintentionnés l'ont utilisée pour accomplir quelques forfaits. Bien que toutes ces histoires soient vraies, ne cédez pas à la paranoïa. Certes, votre Mac contient de nombreuses informations sensibles vous concernant, mais en prenant quelques précautions élémentaires, vous ne risquez absolument rien lorsque vous vous connectez à Internet.

Comment vous rassurer ? Sans doute en vous faisant part de mon expérience. Lisez cette section dans laquelle j'explique ce qui risque de vous arriver sur le Web, et comment vous en protéger.

TRUC

Cette section a été écrite en pensant aux utilisateurs domestiques et aux responsables de petites entreprises. Dans les grandes structures commerciales, la sécurité de l'accès Internet est prise en charge par l'administrateur réseau. Adressez-vous à lui pour obtenir des recommandations sur l'attitude à adopter dans la société qui vous emploie.

En tant que consultant, j'ai lancé des sites Web et contrecarré des attaques virales de nombreuses sociétés et organisations. Avec cette expérience acquise au fil des ans, voici ce que vous risquez sans protection de votre ordinateur :

- **Des hackers (pirates) peuvent accéder aux informations que vous partagez sur le réseau.** Si votre réseau n'est pas protégé, des personnes malintentionnées peuvent accéder à vos documents et applications, voire mettre en péril votre système.
- **Votre système peut être infecté par un virus ou des macros dangereuses.** Ces programmes et macros malfaisants peuvent supprimer des fichiers ou vider entièrement votre disque dur. Bien que les virus soient chose rare sur Mac, il en existe un certain nombre. Votre système sera d'autant plus fragile si vous utilisez la fonction dual-boot permettant de faire fonctionner Windows XP, Vista, Seven, 8 et 8.1 sur votre Mac.
- **Des individus sans scrupules peuvent contacter les membres de votre famille.** Ce type d'attaque se déroule dans iChat, l'application de messagerie instantanée d'Apple décrite au Chapitre 16, par courrier électronique, ou dans de forums, exposant ainsi les membres de votre famille à des risques.
- **Des hackers peuvent utiliser votre système pour en attaquer d'autres.** Votre ordinateur peut aider les hackers à attaquer des sites Web.
- **Des criminels peuvent utiliser votre carte bancaire ou vos informations personnelles.** L'Internet est l'un des outils les plus utilisés pour voler l'identité des personnes.

Pour être honnête, je dois avouer que certains de ces dangers sont présents dès que votre ordinateur accède à Internet. Cependant, si vous utilisez les protections appropriées, aucun des scénarios catastrophes présentés ci-dessus ne saurait vous arriver.

Je tiens à attirer votre attention sur le fait qu'aucun d'entre vous, ni même moi, ne possédons d'informations suffisamment confidentielles et sensibles pour intéresser les grands hackers du Net. En effet, ils sont bien plus passionnés par les organisations gouvernementales et les sites marchands que par vos données Quicken ou vos fichiers *Sims 3*. Toutefois, force est de constater qu'Hollywood et ses films ont fini par rendre paranoïaque les plus sereins d'entre nous. Donc, chaque fois que vous allumez votre Mac, résistez à l'envie d'avertir Interpol ou le FBI. En effet, quelques précautions vous protégeront contre tous les dangers du Net.

TRUC

Comme ce livre se focalise sur Mac OS X Mavericks, je ne vais pas traiter du système d'exploitation Windows. De nombreux ouvrages de la collection *Pour les nuls* sont consacrés aux systèmes Microsoft. Je rappelle que Windows peut tourner sur les Mac à processeur Intel.

Connaître les principes des antivirus

Le moment est venu de considérer votre protection antivirus pour les systèmes d'exploitation Mavericks et Windows (que vous exécutez peut-être sur votre Mac à processeur Intel). Les *virus* sont des programmes informatiques malicieux. Ils proviennent d'une source externe et peuvent infecter votre ordinateur à votre insu. Le virus s'active lorsque vous exécutez un programme infecté. Il peut alors prendre le contrôle de votre système et provoquer quelques dommages. Vous devez donc surveiller étroitement les éléments suivants :

- **Les téléchargements Web :** Contrôlez chaque fichier qui provient d'Internet.
- **Les supports amovibles :** Les virus peuvent être stockés sur des CD-ROM, des DVD, voire des clés USB.
- **Les fichiers joints aux courriers électroniques :** Une messagerie électronique est une porte d'entrée grande ouverte aux virus.

Quelle horreur ! Mac OS X ne fournit aucun antivirus. Ceci n'est pas très grave car, a priori, aucun système d'exploitation n'est livré avec un antivirus. (Si ce n'est sous Windows où, certains constructeurs, fournissent une version d'essai d'un antivirus réputé.) Donc, pour protéger efficacement votre Mac, investissez dans un antivirus. Dans ce cas, vérifiez que ce programme est capable d'effectuer une *analyse en temps réel*. Cela signifie qu'il vérifie le contenu des fichiers que vous téléchargez et/ou que vous ouvrez. Toutefois, les antivirus ne contiennent pas systématiquement les dernières définitions du virus au moment où il contrôle l'entrée d'un nouveau fichier de votre système. Pour cette raison, vous devez mettre à jour périodiquement votre antivirus, et procéder régulièrement à une analyse complète de votre ordinateur pour identifier et éradiquer les virus qui se seraient installés dans votre ordinateur entre deux mises à jour.

N'oubliez pas qu'Apple réalise périodiquement des mises à jour de son système d'exploitation afin de régler les problèmes de sécurité latents. Le chapitre 17 explique comment configurer les mises à jour automatiques de Mavericks.

La technologie virale évolue constamment. Par exemple, un virus a été récemment découvert dans un fichier image JPEG ! Grâce à une application antivirus de bonne qualité offrant des mises à jour régulières, vous pouvez utiliser votre système en toute sécurité. Il sera protégé contre les attaques virales.

Ma préférence va à Norton Antivirus de la société Symantec (`www.symantec.fr`), et à VirusBarrier X d'Intego (`www.intego.com`). Ces deux programmes se mettent à jour automatiquement dès que vous vous connectez à Internet. Ainsi, vous bénéficiez toujours des dernières protections virales existantes.

Adopter une attitude responsable : ce que vous ne devez pas faire en ligne

Une attitude responsable, c'est-à-dire montrer un peu de bon sens vis-à-vis d'Internet, est aussi important qu'ajouter une application antivirus à votre Mac.

Voici donc une liste des choses les plus importantes à vérifier dès que vous vous connectez à Internet :

- **Ne téléchargez jamais un fichier provenant d'un site dans lequel vous n'avez pas entière confiance.** Vérifiez que votre programme antivirus est configuré pour analyser les fichiers téléchargés avant de les ouvrir.
- **N'ouvrez jamais la pièce jointe d'un courrier électronique avant de l'avoir analysée.** Résistez à cette tentation même si le courriel provient d'une personne en qui vous avez confiance. (En effet, de nombreuses macros virales sont capables de se cloner elles-mêmes en envoyant des copies aux contacts de votre carnet d'adresses.)
- **N'indiquez jamais d'informations personnelles sensibles dans un courriel adressé à un destinataire en qui vous n'avez pas entière confiance.** Bien entendu, j'adresse des courriels à des amis et à des membres de ma famille. Ils peuvent contenir des adresses d'autres contacts par le biais d'un envoi groupé. Toutefois, si vous vous connectez à Internet en Wifi, un hacker déterminé sera toujours capable d'intercepter vos courriers électroniques. Par conséquent, lorsque vous diffusez des informations sensibles par e-mail, utilisez toujours une application de cryptage comme PGP Personal Desktop (`www.pgp.com`).
- **Ne donnez jamais d'informations personnelles sensibles sur un site Web dont l'adresse vous a été communiquée par un lien dans un message électronique.** Ne tombez pas dans les filets du *phishing !* Le *phishing* est une technique qui consiste à substituer un site Web pirate à un site Web auquel vous avez l'habitude de vous connecter en toute confiance. Cette substitution ne peut se faire que par une URL indiquée dans un message électronique. En cliquant sur ce lien, vous accédez à un site qui ressemble à s'y méprendre à un site que vous connaissez parfaitement bien, comme celui de votre banque. Vous risquez alors de communiquer des informations essentielles comme votre numéro de carte bancaire. Or, comme le site est factice, ce numéro sera récupéré par

des hackers qui en feront l'usage que vous pouvez imaginer. Heureusement, si vous prenez l'habitude de ne jamais cliquer sur un lien adressé dans un courrier électronique, vous échapperez aux tentatives de phishing. Dès que vous avez un doute sur la validité d'une adresse Internet fournie par e-mail, contactez la société qui prétend l'avoir émis. Elle vous dira alors si le lien est légal, et si vous pouvez cliquer dessus sans aucun problème. En règle générale, il est recommandé de taper directement l'adresse du site dans la barre d'adresses de votre navigateur Web, plutôt que de cliquer sur un lien.

- **Ne diffusez jamais d'informations personnelles dans un forum.** Les forums sont des lieux virtuels où vous laissez des commentaires ou bien posez des questions. Généralement, l'ambiance est conviviale, et petit à petit chacun est amené à faire des confidences à ses interlocuteurs. Bien qu'ils puissent être tout à fait honnêtes, sachez que d'autres personnes risquent de lire les commentaires et d'utiliser les informations en question à votre insu et dans une intention criminelle. Donc, restez prudents sur les données que vous communiquez dans des forums.

- **N'achetez jamais dans une boutique en ligne qui n'offre pas d'espace sécurisé et de connexion cryptée lorsque vous communiquez des informations personnelles et le numéro de votre carte bancaire.** Si vous utilisez le navigateur Web Safari d'Apple, l'icône d'un cadenas apparaît dans le coin supérieur droit de sa fenêtre, indiquant que la page sur laquelle vous entrez des données est cryptée et donc sécurisée. En l'absence de ce cadenas, ne communiquez aucune donnée sensible à ce site marchand.

- **Ne divulguez jamais d'informations personnelles aux interlocuteurs d'une connexion Messages.** Vous trouverez des informations détaillées sur Messages au Chapitre 16.

- **N'utilisez jamais le même mot de passe sur les différents sites où vous avez ouvert des comptes.** Utilisez systématiquement un mot de passe différent des autres et qui contient à la fois des lettres et des chiffres. Modifiez régulièrement les mots de passe que vous utilisez sur Internet. Cela va sans dire, mais cela va mieux en le disant : ne communiquez jamais votre mot de passe à qui que ce soit.

Chapitre 14

Surfer sur le Web avec Safari

Prêt pour...

- Surfer sur le Web.
- Rechercher sur le Web.
- Rechercher dans une page Web.
- Définir une page d'accueil.
- Ajouter et assigner un site Web.
- Gérer vos signets.
- Afficher votre historique de navigation.
- Utiliser des onglets.
- Télécharger des fichiers.
- Protéger votre vie privée.
- Imprimer une page Web.

La navigation sur Internet est très facile à réaliser. Il suffit d'utiliser une application appelée navigateur pour visiter vos sites préférés. Depuis des années, Apple propose à ses utilisateurs le navigateur Web Safari. De version en version de Mac OS X, le programme Safari connaît toujours plus d'améliorations. Il est opérationnel quel que soit le type de connexion que vous utilisez, c'est-à-dire câblée ou sans fil, de chez vous ou depuis un hôtel.

Avec Safari, vous pouvez :

- Rechercher des informations, afficher des sites, mémoriser puis parcourir vos sites préférés.
- Télécharger des fichiers et imprimer des documents.
- Bloquer les fenêtres publicitaires intempestives qui s'ouvrent spontanément.
- Personnaliser le programme pour qu'il réponde à vos besoins propres.

Surfer sur le Web

Voici comment préparer et organiser vos voyages sur Internet :

1. **Pour exécuter le programme, cliquez sur l'icône Safari du Dock. Elle ressemble à une boussole.**

2. **Dans la partie supérieure de la fenêtre, tapez l'adresse du site Web que vous souhaitez visiter et appuyez sur la touche Retour comme à la Figure 14.1. Le contenu de la page apparaît dans un onglet.**

   La plupart des adresses Internet commencent par le préfixe www et se terminent par le suffixe .com. Toutefois, ne vous étonnez pas si le préfixe et le suffixe dérogent à cette règle. Vous trouverez ainsi de nombreux sites dont l'adresse se termine par .fr. Veillez à saisir une adresse Web exactement comme elle figure sur une publicité, dans un message électronique, ou un article de presse. Vous devez respecter les majuscules et les minuscules.

3. **Sur la page qui apparaît, cliquez sur les mots soulignés afin d'explorer d'autres sections du site et ainsi consulter d'autres informations. Certaines images permettent aussi d'accéder à d'autres rubriques du site. Nous appelons ces zones d'interactivité des** *liens hypertextes*. **Pour afficher directement une page dont vous connaissez l'adresse, saisissez-la dans la barre d'adresses de Safari et appuyez sur Retour.**

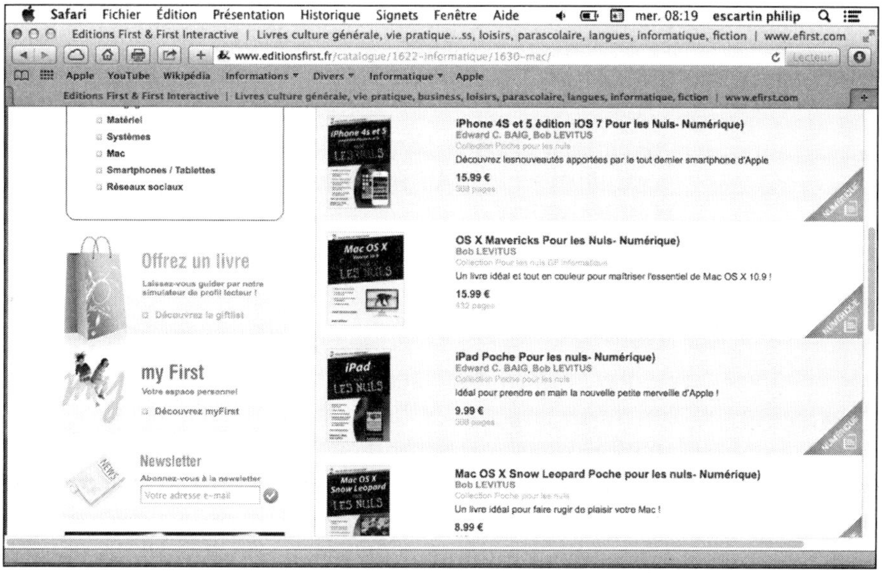

Figure 14.1 : Tapez l'adresse Internet dans cette zone.

Safari s'exécute automatiquement quand vous :

- Cliquez sur le lien d'une page Web spécifiée dans un courrier électronique que vous consultez avec Apple Mail ou une autre application compatible Internet.
- Cliquez sur l'icône d'une page Web ancrée dans le Dock, ou bien placée sur le bureau ou dans une fenêtre du Finder.
- Cliquez sur un site Web dans votre Carnet d'adresses.

  Une session Web typique est relativement linéaire. Vous passez d'une page à une autre pour consulter des informations. Cependant, après avoir visité quelques sites, vous éprouverez le besoin de retourner sur certains d'entre eux. Sachez que Safari dispose d'outils qui simplifieront votre expérience du Web. Ainsi, dans sa barre d'outils, vous trouverez les boutons :

- **Précédente :** Cliquez sur ce bouton dont la flèche est dirigée vers la gauche, pour revenir à la page que vous venez de quitter. Plus vous cliquez sur ce bouton et plus vous remontez dans la chronologie des pages visitées. Lorsque le bouton Précédente est inutilisable, cela signifie que vous affichez la première page de votre session Web en cours.

- **Suivante :** Si vous cliquez une fois sur le bouton Précédente, vous activez le bouton Suivante qui vous permet de revenir à la page que vous venez de quitter suite à un clic sur le bouton Précédente. Le bouton Suivante est inactif tant que vous n'avez pas cliqué sur le bouton Précédente.

- **Arrêt/Recharger :** Cliquez sur le bouton Recharger quand le contenu de la page semble incomplet, ou pour en actualiser les informations. Ce bouton est très utile sur les sites d'actualités dont le contenu est régulièrement mis à jour. Quand une page est en cours de chargement, le bouton Recharger se transforme en bouton Arrêt (X). Cliquez dessus pour arrêter le téléchargement de la page. Souvent, lorsque la page semble avoir du mal à s'afficher, il suffit de cliquer sur ce bouton pour qu'elle apparaisse correctement. Si ce n'est pas le cas, cliquez de nouveau sur Recharger.

  La barre d'outils de Safari inclut des boutons que j'étudie en détail un peu plus loin dans ce chapitre :

- **Accueil :** Cliquez sur ce bouton (icône d'une petite maison) pour revenir à votre page d'accueil. (Nous verrons comment la définir un peu plus loin dans ce chapitre.)

- **Imprimer :** Cliquez sur ce bouton pour imprimer le contenu de la fenêtre de Safari.

- **Champ de recherche Google :** Il s'agit en fait de la barre d'adresse. Si vous ne connaissez pas l'adresse du site à visiter, tapez l'objet de votre recherche dans ce champ pour que Safari en adresse la requête au moteur de recherche Google.

- **Afficher les onglets iCloud :** Permet d'afficher tous les onglets ouverts sur vos autres appareils accédant au Cloud d'Apple.

- **Partager :** Ouvre un menu local où vous choisirez le support de partage de la page affichée par Safari. Ainsi, vous pouvez partager sur Facebook, Twitter, Ajouter un signet, envoyer la page par e-mail, etc.

Un signet est un marque-page qui apparaît sous la forme d'un bouton sur la barre des signets ou dans le menu Signets de Safari. En d'autres termes, ajoutez un signet aux pages que vous visitez régulièrement. Vous les retrouverez d'un simple clic de souris.

- **Liste de lecture :** Enregistre les pages Web visitées et les liens afin de les lire ultérieurement, notamment quand vous n'êtes pas connecté à Internet.

L'icône d'un cadenas apparaît dans le coin supérieur droit de la fenêtre de Safari lorsque vous êtes connecté à un site Web sécurisé. C'est une excellente nouvelle ! En effet, sur ce type de site, les informations que vous communiquez sont cryptées, ce qui les rend plus difficiles à détourner. Donc, ne communiquez jamais, je dis bien jamais, d'informations sensibles comme le numéro de votre carte bancaire sur un site qui n'affiche pas l'icône d'un cadenas dans cette zone de la fenêtre de Safari.

Rechercher sur le Web

1. **Démarrez Safari.**
2. **Cliquez dans le champ de recherche Google, et tapez l'objet de votre recherche Internet.**

   Au fur et à mesure de votre saisie, un menu local affiche les résultats les plus proches de votre recherche, comme à la Figure 14.2.

3. **Appuyez sur les touches Bas et Haut de votre pavé directionnel afin de sélectionner la proposition se rapprochant le plus de votre requête, et pressez la touche Retour de votre clavier pour afficher les résultats de cette recherche directement sur Google.**

Choisissez parmi les propositions

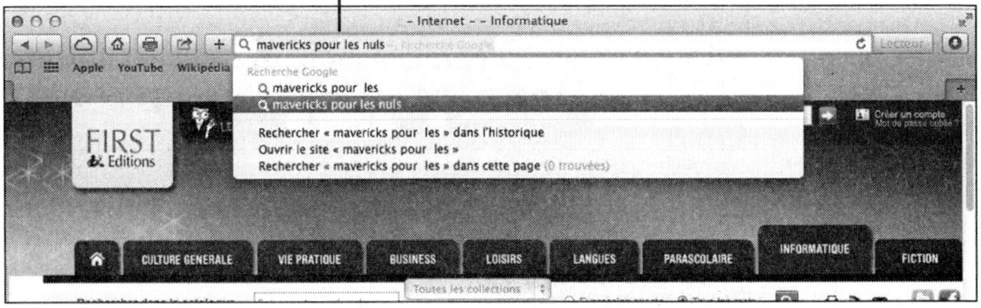

Figure 14.2 : Tapez l'objet de votre recherche.

Si aucune proposition ne vous convient, n'en sélectionnez aucune et appuyez directement sur la touche Retour de votre clavier.

Cliquez sur un des liens soulignés dans Google pour accéder directement à la page Web correspondante.

Pour effectuer de nouveau une ancienne recherche, cliquez sur la flèche de la loupe du champ Rechercher localisée sur le bord gauche de la barre d'adresses (champ de recherche Google). Dans le menu local qui apparaît, cliquez sur une des mentions figurant dans la liste Recherches récentes.

Vous pouvez lancer une recherche sur un nom ou une phrase en les insérant entre guillemets, comme « Louis Armstrong » ou « moteur à explosion ».

Rechercher dans une page Web

1. **Une fois que la page Web est affichée dans Safari, vous pouvez y effectuer des recherches via ⌘+F (ou Édition/Rechercher/Rechercher).**

2. **Safari affiche une barre de recherche sous la barre d'onglets.**

3. **Tapez le mot ou la phrase que vous désirez retrouver dans la page Web. Au fur et à mesure de la saisie une sorte de bulle apparaît à l'emplacement des termes correspondant à votre recherche, comme le montre la Figure 14.3.**

Figure 14.3 : Safari fait ressortir les mots identifiés dans la page.

4. **Parcourez les occurrences du mot trouvé dans la page en cliquant sur les boutons Suivant et Précédent de la barre de recherche.**

Chaque mot apparaît alors dans une sorte de bulle à fond jaune.

Dès que vous avez trouvé l'occurrence que vous cherchez, appuyez sur Retour.

5. **Dès que vous avez fini la recherche, cliquez sur le bouton Terminé.**

Définir une page d'accueil

1. **Affichez la page Web que vous désirez utiliser comme page d'accueil, c'est-à-dire la page qui s'affichera par défaut à chaque fois que vous exécuterez Safari.**

2. **Cliquez sur Safari/Préférences, ou appuyez sur ⌘+, (virgule).**

3. **Cliquez sur le bouton Général comme à la Figure 14.4.**

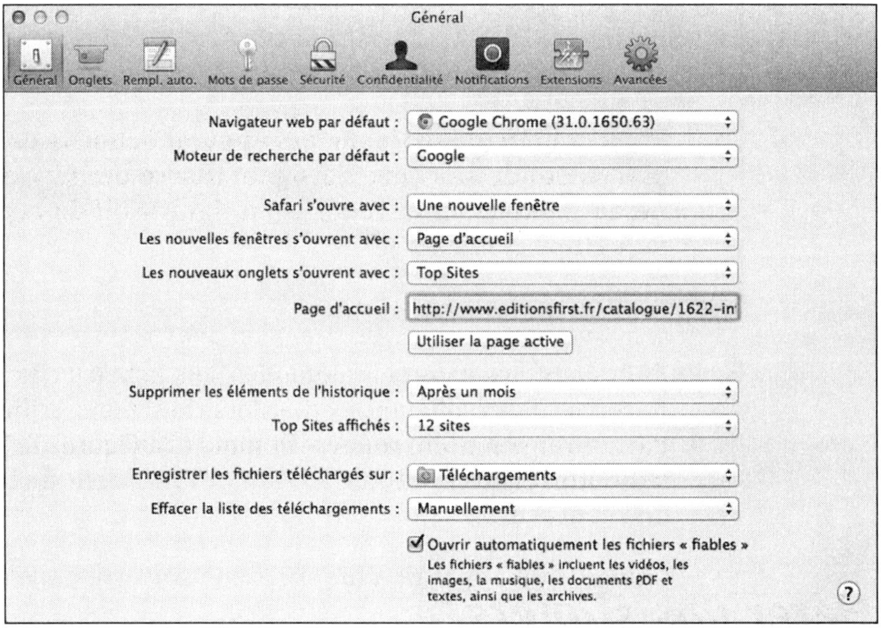

Figure 14.4 : Cliquez pour définir la page actuelle comme page d'accueil.

4. **Cliquez sur le bouton Utiliser la page active affiché sous la rubrique Page d'accueil.**

TRUC

Pour définir une page vierge, ouvrez le menu local « Les nouvelles fenêtres s'ouvrent avec », et choisissez Une page vide.

5. **Cliquez sur le bouton de fermeture (X) pour quitter les préférences de Safari et enregistrer vos modifications.**

Ajouter un signet à un site Web

Vous pouvez ajouter des signets aux pages Web qui vous intéressent afin de les ouvrir plus rapidement dans Safari. En d'autres termes, vous marquez vos pages préférées. Voici comment procéder :

1. **Démarrez Safari et naviguez jusqu'à une page.**
2. **Cliquez sur Signet/Ajouter un signet, ou appuyez sur ⌘+D.**

   Une autre technique consiste à cliquer sur le bouton Partager de la barre d'outils, et de choisir Ajouter un signet dans le menu local qui apparaît.

3. **Dans la boîte de dialogue qui apparaît, choisissez l'emplacement de stockage du signet (Barre des favoris par défaut), puis donnez-lui un nom significatif de la page à laquelle il renvoie.**
4. **Cliquez sur le bouton Ajouter.**

   Par défaut, les signets s'affichent dans la barre des favoris de Safari. Pour afficher les dossiers de signets, cliquez sur l'icône représentant un livre comme à la Figure 14.5, puis sur le bouton Signets.

Gérer vos signets

Plus vous ajoutez de signets, et plus le menu éponyme et le panneau Signets en sont surchargés. Il devient alors difficile de localiser un signet spécifique, ruinant ainsi leur principal avantage. Pour éviter cela, voici comment gérer vos signets :

1. **Ouvrez Safari, et cliquez sur l'icône Afficher la barre latérale (livre ouvert) située à l'extrême gauche de la barre des favoris de Safari. Si nécessaire cliquez sur le bouton Signets.**

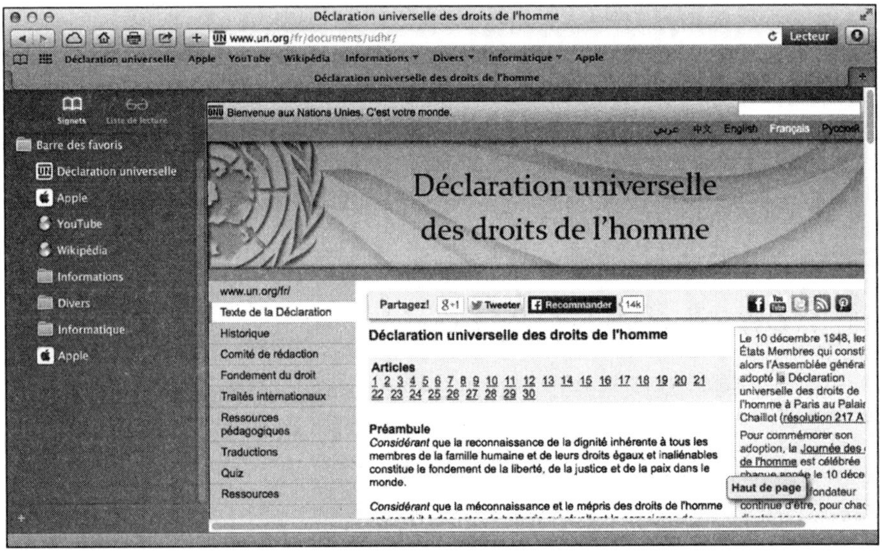

Figure 14.5 : Organisez vos signets dans des dossiers.

Tous les signets et les dossiers de signets apparaissent.

2. **Dans la partie inférieure gauche du panneau Signets, cliquez sur le bouton plus (+).**

   Vous pouvez également ajouter un tel dossier via Signets/Ajouter un dossier de signets.

   Un dossier sans titre apparaît dans la partie inférieure du panneau. Son nom étant sélectionné, renommez-le immédiatement.

   Attribuez à votre dossier un nom significatif des signets qu'il va contenir. En d'autres termes, les dossiers permettent de sérialiser vos signets.

3. **Glissez-déposez des signets dans le nouveau dossier afin d'aérer la barre des signets, donc le menu Signets.**

4. **Pour supprimer un signet, ouvrez un dossier de signets ou la barre de signets du panneau gauche. Faites un clic-droit**

(Ctrl+Clic) sur le signet à effacer et, dans le menu contextuel qui apparaît, choisissez Supprimer.

Pour supprimer un dossier de signets, procédez comme à l'étape 4 de cette procédure, mais en effectuant le clic-droit sur un dossier.

Afficher votre historique de navigation

Pour retrouver un site que vous avez visité ces derniers jours ou semaines, affichez l'Historique de navigation de Safari, en respectant les étapes suivantes :

1. **Ouvrez Safari, et cliquez sur le menu Historique.**

2. **Placez le pointeur de la souris sur une date mentionnée dans ce menu, puis cliquez sur le nom d'une page que vous souhaitez de nouveau consulter, comme à la Figure 14.6.**

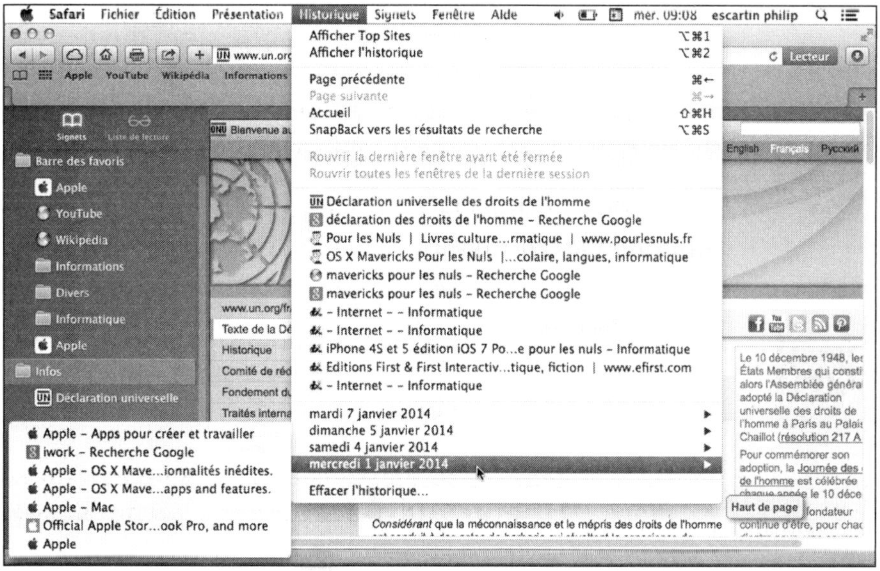

Figure 14.6 : Choisissez une page.

Utiliser des onglets

Safari propose un système de navigation par onglets qui permet d'ouvrir plusieurs pages Web simultanément dans une seule occurrence du logiciel. Cela permet de comparer des prix dans différentes boutiques Internet.

Voici comment utiliser les onglets de Safari :

1. **Ouvrez Safari. Ensuite, maintenez la touche ⌘ enfoncée et cliquez sur un signet de la barre des favoris pour afficher sa page Web dans un nouvel onglet.**

   Pour afficher un onglet vide et ainsi y afficher une nouvelle page Web indépendamment de vos signets, cliquez sur Fichier/Nouvel onglet. Une autre technique consiste à cliquer du bouton droit de la souris (Ctrl+clic) sur un espace vide de la barre des onglets. Dans le menu contextuel qui apparaît, choisissez Nouvel onglet. Enfin, cliquez simplement sur le bouton + situé à l'extrémité droite de la barre des signets.

2. **Cliquez sur un onglet à n'importe quel moment de votre session Web pour afficher une page spécifique comme à la Figure 14.7.**

3. **Pour supprimer un onglet, placez le pointeur de la souris dessus. Cliquez sur le bouton de fermeture (X) qui apparaît à gauche de son nom.**

   Pour modifier les paramètres de navigation par onglets, cliquez sur Safari/Préférences. Dans la boîte de dialogue qui apparaît, cliquez sur le bouton Onglets.

Télécharger des fichiers

En règle générale, il suffit de cliquer sur le bouton Download ou Télécharger d'une page Web pour que Safari lance le téléchargement du fichier correspondant. Un bouton apparaît alors dans la partie supérieure droite de la fenêtre de Safari. Vous pouvez y

Figure 14.7 : Cliquez sur un onglet pour afficher la page qu'il contient.

suivre la progression du téléchargement. Cliquez sur ce bouton pour afficher une fenêtre permettant d'annuler le téléchargement ou de localiser le fichier téléchargé dans le Finder.

TRUC

Par défaut, Mac OS X affiche le dossier Téléchargement dans le Dock. Par conséquent, il vous suffit de cliquer dessus pour afficher le téléchargement en cours et les téléchargements passés.

Pour télécharger une image présente sur une page Web, faites un clic-droit (Ctrl+clic) dessus, et exécutez la commande Enregistrer l'image sous. Dans la boîte de dialogue qui apparaît, renommez l'image à télécharger, et choisissez un emplacement de stockage. Enfin, cliquez sur le bouton Enregistrer.

Protéger votre vie privée

Safari accélère le téléchargement des sites Web en stockant certaines de leurs images et de leurs fichiers multimédias dans un espace de stockage temporaire appelé cache.

Heureusement, il est très facile de gérer le contenu de votre fichier cache. Pour cela, cliquez sur Safari/Réinitialiser Safari. Dans la boîte de dialogue qui apparaît, cochez les éléments que vous souhaitez vider, et décochez les autres. Confirmez votre intention par un clic sur le bouton Réinitialiser.

À l'instar du cache, l'Historique mémorise les sites Web que vous visitez. Par conséquent, certaines personnes pourraient espionner votre vie privée. Pour éviter cela, il est conseillé de supprimer périodiquement le contenu de l'historique. Pour cela, cliquez sur Historique/Effacer l'historique. Dans le message de confirmation qui apparaît, cliquez sur le bouton Effacer.

Safari permet également de spécifier pendant combien de temps l'historique conserve vos éléments de navigation. Pour définir ce laps de temps, cliquez sur Safari/Préférences. Dans les préférences qui apparaissent, cliquez sur le bouton Général. Ensuite, ouvrez le menu local Supprimer les éléments de l'historique, et choisissez au bout de combien de temps le contenu de l'historique sera effacé.

TRUC

Safari permet d'effectuer une navigation privée, c'est-à-dire une navigation où tout ce que vous ferez restera confidentiel. Ainsi, Safari ne consignera ni les pages que vous visitez ni l'historique de vos recherches ni vos informations de remplissage automatique. Pour naviguer en tout anonymat, cliquez sur Safari/Navigation privée. Dans le message de confirmation qui apparaît, choisissez OK. La mention Privé s'affiche sur la partie droite de la barre d'adresses. Pour quitter la navigation privée, cliquez sur cette mention. Dans le message qui apparaît, choisissez OK. À partir de cet instant, tout ce que vous ferez sur Internet sera de nouveau mémorisé par Safari.

Imprimer une page Web

De nombreuses pages Web proposent un bouton permettant d'imprimer leur contenu. En revanche, lorsqu'une page ne propose pas un tel bouton, conformez-vous aux étapes suivantes :

1. **Cliquez sur le bouton Imprimer de la barre d'outils, ou choisissez Fichier/Imprimer. Une dernière méthode consiste à exécuter le raccourci clavier ⌘+P.**

2. **Dans la boîte de dialogue qui apparaît, ouvrez le menu local Imprimante pour sélectionner l'imprimante sur laquelle vous souhaitez imprimer le contenu de la page, comme le montre la Figure 14.8.**

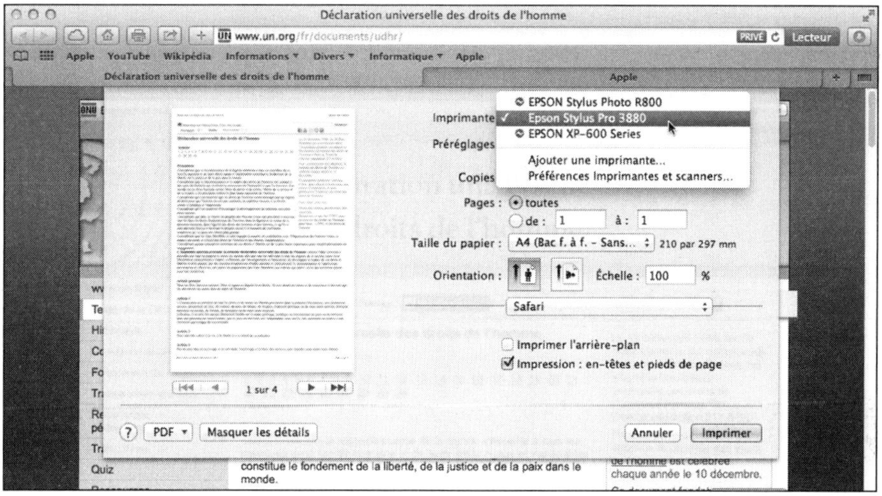

Figure 14.8 : Choisissez une imprimante.

3. **Dans la section Pages, choisissez d'imprimer toutes les pages, une seule d'entre elles, ou une plage de pages. Si vous optez pour une seule page, activez le bouton de et saisissez le même numéro de page dans les champs de et à. Un aperçu vous permet de voir le contenu de la page ainsi sélectionnée.**

4. **Dans le champ Copies, tapez le nombre d'exemplaires que vous souhaitez imprimer.**

5. **Pour définir les options d'impression, cliquez sur le bouton Afficher les détails. Ouvrez alors le menu local Safari, afin de sélectionner une option d'impression comme Mise en page, Gestion du papier, et Fonctions d'imprimante.**

6. Une fois l'ensemble des paramètres définis, cliquez sur le bouton Imprimer.

Chapitre 15

Garder le contact par e-mail

Prêt pour...

- Configurer un compte de messagerie électronique.
- Configurer un compte Apple Mail.
- Découvrir Apple Mail.
- Gérer vos compte de messagerie.
- Lire et supprimer des courriels.
- Répondre à un message.
- Créer et envoyer des e-mails.
- Joindre des pièces.
- Enregistrer une pièce jointe reçue.
- Formater des messages.
- Ajouter des contacts à votre Carnet d'adresses.
- Personnaliser Apple Mail.
- Ajouter une signature à vos messages sortants.
- Utiliser des dossiers.
- Gérer les courriers indésirables.

Mac Os X propose un client de messagerie, entendez par là un logiciel permettant de gérer vos messages électroniques, et répondant au nom original de Mail. Il permet de :

- Recevoir et envoyer des courriels.
- Gérer les messages indésirables.

- Recevoir des pièces jointes.
- Mettre à jour votre Carnet d'adresses.
- Organiser vos mails dans des dossiers.

Configurer un compte de messagerie électronique

Les utilisateurs d'un Mac choisissent l'une des trois options de messagerie électronique suivantes :

- **Auprès de leur FAI (Fournisseur d'Accès Internet).** Si vous êtes abonné à un FAI comme Free, Orange, ou encore SFR, vous avez la possibilité de créer au moins un compte de messagerie. Contactez votre FAI ou conformez-vous à sa documentation pour savoir comment créer un tel compte auprès de ses services. C'est ce (ou ces) compte(s) qui seront utilisés par Apple Mail pour gérer l'ensemble de vos courriels.
- **iCloud.** Digne successeur de MobileMe, iCloud en conserve la messagerie. Ainsi, en souscrivant (gratuitement) à iCloud, vous disposerez d'une adresse `votrenom@me.com`. (iCloud est détaillé au Chapitre 13.)
- **Un fournisseur de messagerie basé sur le Web.** De nombreux sites Web permettent d'ouvrir des comptes de messageries. C'est le cas de Yahoo! avec Yahoo! Mail, de Google avec Google Mail (Gmail), ou encore de Microsoft avec Hotmail (ou Live). L'avantage de ces services est d'être indépendants de toute plateforme informatique, et d'être consultables à partir de n'importe quel ordinateur disposant d'une connexion à Internet.

Apple Mail peut prendre en charge l'envoi et la réception de courriels depuis la majorité de ces services. Ainsi, Mail enverra et relèvera le courrier de vos comptes sans que vous soyez obligé de vous connecter à leur site.

Si vous possédez déjà un compte de messagerie que vous utilisiez avec Windows Live Mail ou Microsoft Outlook/Hotmail avec votre PC, vous pouvez facilement utiliser Apple Mail pour envoyer et relever vos courriels.

Sachez que les comptes iCloud (`.me`) se configurent automatiquement dans Apple Mail. Inutile de vous conformer à la procédure suivante.

Configurer un compte Apple Mail

Une fois que vous avez créé un compte de messagerie auprès de votre FAI – opération qui, je le rappelle, est indispensable pour envoyer et recevoir des e-mails –, vous pouvez configurer Mail pour qu'il en assume le fonctionnement. Voici comment procéder :

1. **Démarrez Mail depuis le Dock en cliquant sur l'icône du timbre-poste.**

2. **Si l'assistance de configuration n'apparaît pas, cliquez sur Mail/Ajouter un compte.**

3. **Dans la liste des comptes à ajouter, choisissez un des comptes pour lesquels Mail est préconfiguré, comme Google, Yahoo!, AOL, etc. Si vous disposez d'un compte auprès d'un autre service de messagerie, activez l'option Ajouter un autre compte Mail. Cliquez sur le bouton Continuer. Vous accédez alors à la boîte de dialogue illustrée à la Figure 15.1.**

4. **Assignez au compte le nom de votre choix. Le plus logique est de lui donner votre patronyme. Ensuite, tapez votre adresse électronique et son mot de passe, c'est-à-dire ceux créés auprès de votre FAI.**

5. **Cliquez sur Créer.**

   Lorsque vous choisissez un des serveurs de messagerie prédéfinis comme Google Mail, le programme Mail s'y connec-

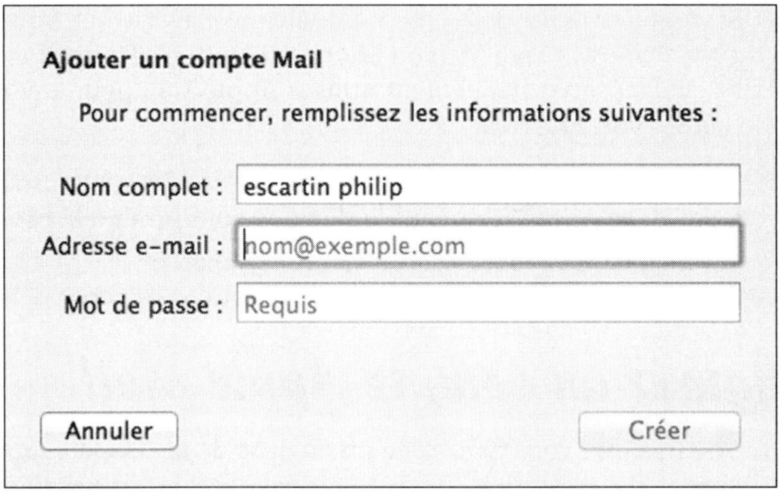

Figure 15.1 : Remplissez les champs et cliquez sur Créer.

tera automatiquement et configurera le compte à votre place. D'ailleurs, comme le montre la Figure 15.2, le bouton n'est pas Créer mais Configurer. Sélectionnez ensuite les applications à utiliser avec votre compte de messagerie. Mail devra au moins y figurer, c'est une évidence. Cliquez sur Terminé. Si le paramétrage et les tests sont concluants, inutile de lire la suite de cette procédure.

6. **Une fois que vous avez cliqué sur Créer, choisissez le type de compte que vous utilisez. Indiquez le serveur de réception. Vous le trouverez dans la documentation de votre FAI ou bien sur son site Web.**

TRUC

Pour vous aider à bien différencier vos diverses adresses de messagerie, vous pouvez ajouter les mentions `travail` ou `personnel` au nom du compte.

7. **Cliquez sur Continuer.**

8. **Si votre serveur de mail utilise la sécurité SSL qui crypte vos courriels, cochez l'option Utiliser SSL (Secure Sockets Layer).**

9. **Cliquez sur Continuer.**

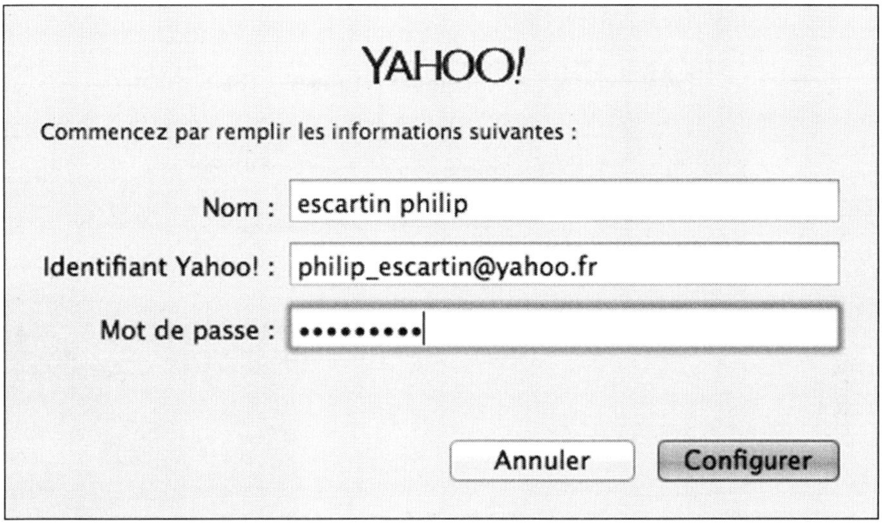

Figure 15.2 : Il est plus rapide d'utiliser un serveur prédéfini par Mail.

10. **Maintenant, configurez le serveur d'envoi. Indiquez le serveur d'envoi en rapportant le contenu de la documentation fournie par votre FAI, et que vous trouverez également sur son site Web. Indiquez votre nom d'utilisateur, c'est-à-dire votre adresse de messagerie et son mot de passe.**

11. **Cliquez sur Continuer.**

12. **L'assistance de création affiche alors un résumé du compte.**

Découvrir Apple Mail

La **Figure 15.3** illustre la fenêtre de Mail. Elle propose une barre d'outils traditionnelle dont les boutons permettent de gérer votre messagerie. Voici une rapide description des éléments de l'interface :

- **Barre d'état :** Située dans la partie supérieure de la fenêtre, elle affiche des informations sur le dossier (ou compte) actuellement sélectionné. Il s'agit du nom du compte, du nombre de messages reçus, et du nombre de messages non lus.

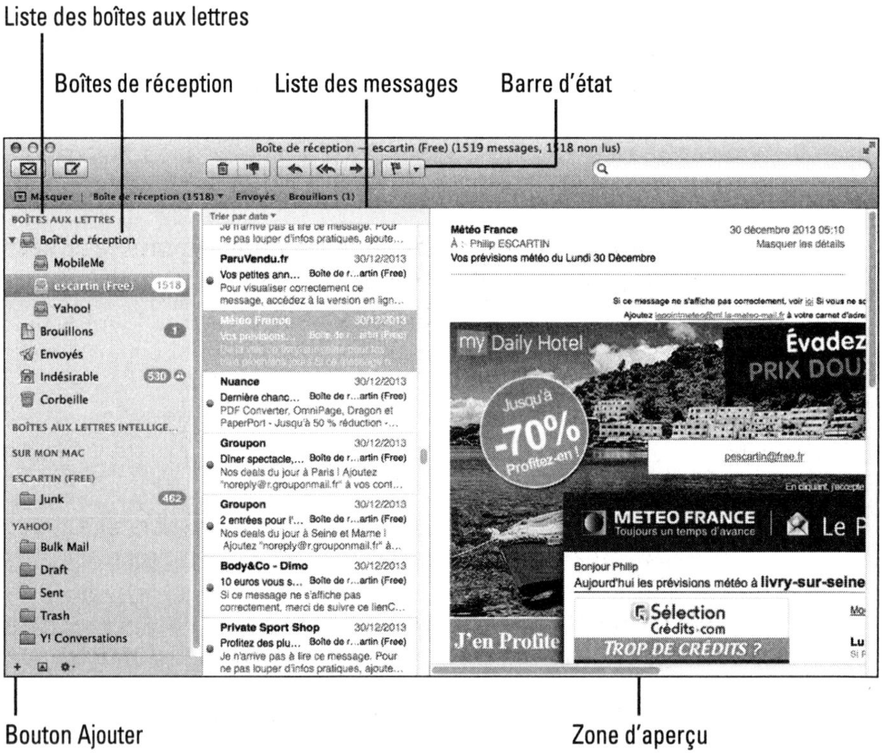

Figure 15.3 : La fenêtre de Mail.

- **Liste des messages :** Cette colonne contient tous les messages reçus par le compte ou le dossier sélectionné. Pour la redimensionner, placez le pointeur de la souris sur sa barre de séparation verticale (à droite du curseur de défilement). Quand il prend la forme d'une double-flèche, cliquez et, sans relâcher le bouton de la souris, glissez le séparateur vers la droite pour agrandir la colonne ou vers la gauche pour la réduire.

TRUC

Si la nouvelle présentation de Mail ne vous convient pas, cliquez sur Mail/Préférences. Dans la boîte de dialogue qui apparaît, cliquez sur le bouton Présentation et activez l'option Utiliser la présentation classique. Mail affichera alors les messages dans la partie supérieure de sa fenêtre, et leur contenu dans la partie inférieure.

- **Boîtes aux lettres :** La colonne de gauche affiche les boîtes aux lettres gérées par Mail. Cliquez sur le nom d'un compte pour accéder à ses messages. Pour masquer les boîtes aux lettres, cliquez sur Présentation/Masquer la liste des boîtes aux lettres, ou bien cliquez sur le bouton Masquer situé dans la partie gauche de la barre d'état.

- **Zone d'aperçu :** Affiche le contenu du message sélectionné. Cette zone de l'interface est redimensionnable. Elle montre le texte du message, les images ou les pièces jointes au courriel.

Mail utilise les dossiers suivants dont certains n'apparaissent qu'après l'accomplissement d'actions spécifiques :

- **Boite de réception :** Contient les messages que vous recevez.

- **Messages envoyés :** Conserve les messages que vous avez expédiés.

- **Brouillons :** Contient les messages en cours de rédaction ou qui n'ont pas encore été expédiés.

- **Corbeille :** Contient les messages que vous avez supprimés. Pour placer un message dans la corbeille, sélectionnez-le dans la liste des messages reçus ou envoyés. Appuyez sur la touche Del ou Retour arrière de votre clavier. Une autre méthode consiste à glisser-déposer le message sur l'icône de la corbeille. Pour vider la corbeille, faites un clic-droit (Ctrl+clic) sur son icône et, dans le menu contextuel qui apparaît, exécutez la commande Effacer les éléments supprimés. Vous pouvez également cliquer sur Boîte aux lettres/Effacer les éléments supprimés/<nom du compte concerné> ou Dans tous les comptes. Enfin, exécutez le raccourci clavier Maj+⌘+Retour arrière. Comme il supprime tous les éléments présents dans la corbeille, un message de confirmation apparaît. Pour poursuivre cette action, cliquez sur Effacer.

- **Courrier indésirable :** Lorsque vous recevez des spams, vous pouvez les stocker dans le dossier Courrier indésirable. Pour cela, faites un clic-droit (Ctrl+clic) sur le message et, dans le menu contextuel, choisissez Déplacer dans/Courrier indésirable/<nom du compte>. Une technique plus rapide consiste à glisser-déposer le message sur l'icône de ce dossier de la section Boîtes aux lettres. Bien entendu vous pouvez paramétrer la gestion des courriers indésirables dans les Préférences de Mail. Le dossier Courrier indésirable peut être utilisé comme emplacement de stockage temporaire des courriers dont vous ne connaissez pas l'expéditeur. Après consultation du dossier, vous pouvez placer dans la corbeille tous les messages qui sont réellement indésirables. Vous en saurez davantage sur ces *pourriels* un peu plus loin dans ce chapitre.

Gérer vos compte de messagerie

Cliquez sur Mail/Préférences, puis sur le bouton Comptes pour afficher la boîte de dialogue illustrée à la **Figure 15.4**. Vous pouvez ajouter, modifier, ou supprimer des comptes. Généralement, vous posséderez un compte personnel et un compte professionnel. Pour afficher les paramètres d'un compte, cliquez dessus dans la colonne Comptes des Préférences de Mail.

Vous pouvez modifier les informations de l'onglet Données du compte. Par exemple, le nom qui s'affiche dans le courriel reçu par vos destinataires se définit dans le champ Nom complet. Donc, double-cliquez dessus pour le sélectionner, et tapez le nom qui vous convient. Si vous avez modifié, auprès de votre FAI, le mot de passe d'accès à votre compte de messagerie, n'oubliez pas de le taper dans le champ Mot de passe. Dans le cas contraire, Mail sera incapable de relever et d'envoyer votre courrier électronique. (Pour des raisons de sécurité, le mot de passe s'affiche sous la forme de points et non pas des caractères que vous saisissez.)

Parfois, vous ne pouvez pas utiliser vos comptes. C'est souvent le cas lorsque vous êtes en voyage avec votre MacBook. Pour éviter que Mail ne perde du temps à essayer de se connecter au serveur de messagerie de votre FAI, vous pouvez désactiver des comptes particuliers. Ainsi, vous n'êtes pas obligé de supprimer un compte puis de le recréer.

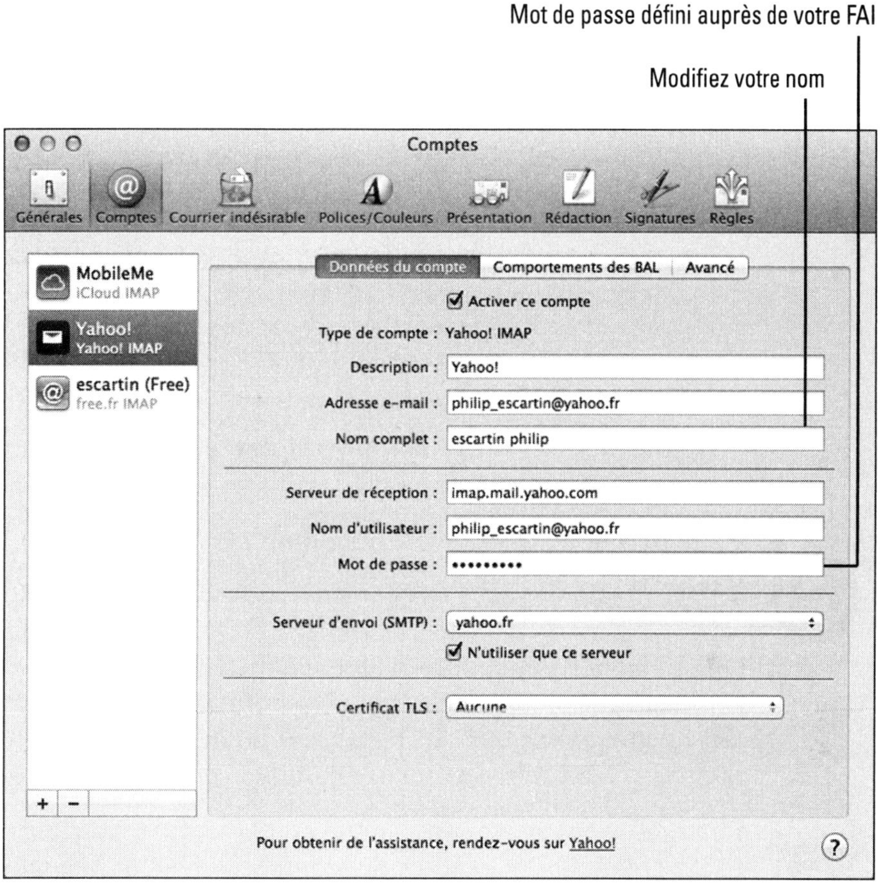

Figure 15.4 : Vos comptes de messagerie.

Pour désactiver ou activer un compte, choisissez Mail/Préférences, et cliquez sur l'onglet Comptes. Dans la colonne Comptes, sélectionnez le compte concerné, et décochez la case Activer ce compte de l'onglet Données du compte. (Bien entendu, cochez-la pour réactiver le compte.)

TRUC

Si vous désactivez un compte, décochez également l'option Inclure ce compte lors de la levée du courrier de l'onglet Avancé. Ainsi, Mail n'affichera aucun message d'erreur lorsqu'il effectuera le relevé des messages de tous vos comptes.

Lire et supprimer des courriels

Le cœur et l'âme de Mail résident dans la réception et la lecture de courriers électroniques provenant de vos amis et des membres de votre famille. Une fois qu'un compte est configuré, utilisez une des méthodes suivantes pour vérifier l'arrivée de nouveaux messages :

- Cliquez sur l'icône de l'enveloppe située dans le coin supérieur gauche la fenêtre de Mail.
- Choisissez Boîte aux lettres/Relever tout le courrier, ou appuyez sur Maj+⌘+N.
- Choisissez Boîte aux lettres/Relever le courrier/<nom du compte à relever>.

Cette dernière méthode est utile pour vérifier les mails d'un compte désactivé sans être obligé de le réactiver préalablement dans la fenêtre Préférences.

Quand un nouveau courriel arrive dans votre compte actif, il apparaît dans la liste des messages. Les courriels non lus sont identifiés par un gros point bleu. Le nombre total de messages non lus est mentionné à droite du nom du compte.

Ce nombre est également affiché en blanc sur fond rouge sur l'icône Mail du Dock. Ainsi, il est inutile d'afficher la fenêtre de Mail pour savoir si de nouveaux messages sont arrivés.

Pour lire un message de la liste, cliquez dessus. Son contenu apparaît dans la zone d'aperçu de Mail. Vous pouvez également double-cliquer dessus pour l'ouvrir dans une fenêtre spéciale.

Pour parcourir rapidement la liste des messages reçus, cliquez sur le premier d'entre eux, et appuyez sur la touche Flèche bas du clavier pour passer aux messages suivants. Pour revenir à un message précédent, appuyez sur la Flèche haut du clavier.

Mail peut lire le contenu des messages via le menu Édition/Parole. Toutefois, cette lecture est insupportable pour deux raisons principales. Tout d'abord, comme la voix par défaut est anglaise, la lecture se fait dans un accent rendant le texte incompréhensible.

Ensuite et enfin, la voix lit absolument tout le contenu du message. Or ce qui figure dans son en-tête est fastidieux à écouter.

Pour supprimer un message de la liste, cliquez dessus pour le sélectionner puis sur le bouton Corbeille de la barre d'outils. Une autre méthode consiste à glisser-déposer le message dans la corbeille de la colonne Boîtes aux lettres.

Répondre à un message

Il est facile de répondre aux messages reçus :

1. **Cliquez sur le message que vous désirez lire puis sur le bouton Répondre de la barre d'outils (icône d'une flèche dirigée vers la gauche).**

   Pour répondre à un message ouvert dans sa propre fenêtre, cliquez sur le bouton idoine de sa barre d'outils.

   Si un message a été expédié à plusieurs destinataires en même temps, vous pouvez leur répondre via un seul courriel. Pour cela, cliquez sur le bouton Répondre à tous dont l'icône représente deux flèches superposées dirigées vers la gauche.

   Mail ouvre une fenêtre de réponse comme à la Figure 15.5. La ou les adresses des destinataires sont ajoutées automatiquement et l'objet devient Re: <sujet d'origine>. Mail ajoute un séparateur entre l'en-tête et le corps du message. Il spécifie la date et l'heure du courriel d'origine dont le texte est affiché juste en dessous. Ce texte est identifié par un trait vertical. Le point d'insertion est en position pour que vous saisissiez immédiatement la réponse.

2. **Une fois la réponse tapée, sélectionnez le texte pour modifier sa police et son format. (Consultez la section « Formater des messages », plus loin dans ce chapitre.)**

3. **Pour ajouter une pièce jointe, cliquez sur le bouton Joindre un document de la barre d'outils, dont l'icône représente**

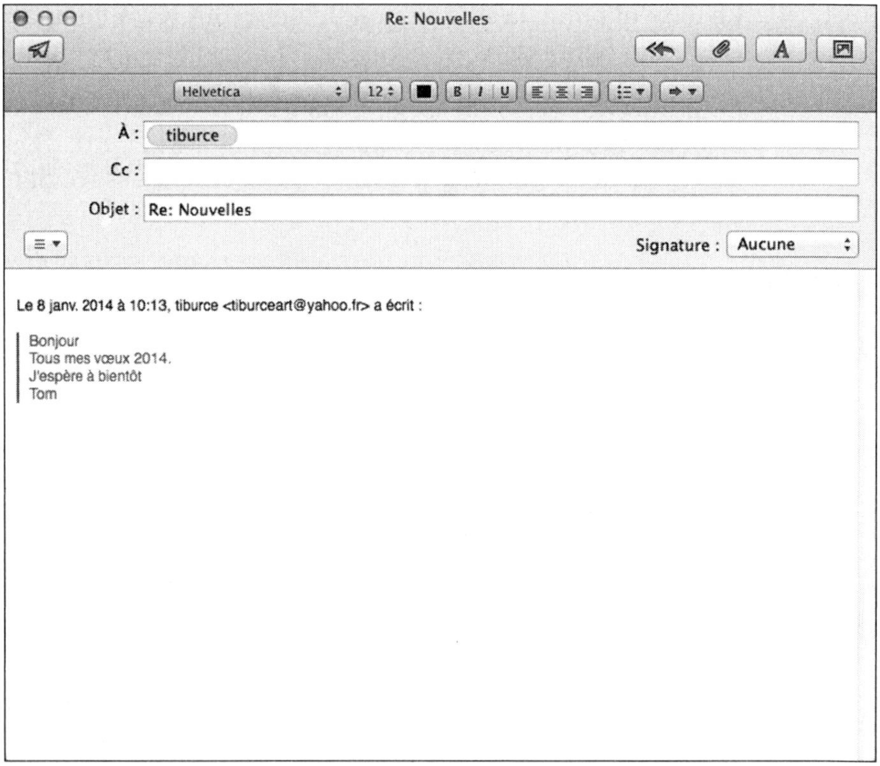

Figure 15.5 : Tapez votre réponse.

un trombone. Reportez-vous aux sections « Joindre des pièces » et « Enregistrer une pièce jointe reçue » plus loin dans ce chapitre.

4. **Vous disposez de deux options pour expédier votre réponse :**

   - *Cliquez sur le bouton Envoyer le message pour l'expédier instantanément.*
   - *Cliquez sur Fichier/Enregistrer pour stocker le message dans le dossier Brouillons afin de le modifier ultérieurement.*

Enregistrer le message dans le dossier Brouillons ne l'expédie pas. Cela permet de revenir dessus pour le compléter, ou si vous n'êtes pas certain de la pertinence de son contenu. Pour expédier un message du dossier Brouillons, ouvrez-le puis double-cliquez sur le message à envoyer. Il s'affiche dans sa propre fenêtre. Vous pouvez lui apporter toutes les modifications nécessaires, puis cliquer sur le bouton Envoyer le message.

Lorsque vous répondez à un message, vous pouvez le *réexpédier* c'est-à-dire le transférer à une autre personne que l'expéditeur d'origine. Pour cela, cliquez sur le bouton éponyme de la barre d'outils dont l'icône représente une flèche dirigée vers la droite. Dans ce cas, le champ À ne contient aucune adresse e-mail. C'est à vous de la compléter. Vous pouvez bien entendu ajouter un message au-dessus de la mention Début du message réexpédié.

Créer et envoyer des e-mails

Pour composer et envoyer un nouveau message, conformez-vous aux étapes suivantes :

1. **Cliquez sur le bouton Rédiger un nouveau message de la barre d'outils, ou bien choisissez Fichier/Nouveau message. Une dernière méthode consiste à exécuter le raccourci clavier ⌘+N.**

   Mail ouvre la boîte de dialogue Nouveau message illustrée à la Figure 15.6.

2. **Dans le champ À vous pouvez :**

   - Taper directement l'adresse du destinataire.
   - Coller une adresse préalablement copiée dans le Presse-papiers.
   - Cliquer sur le bouton + du champ À. Dans le Carnet d'adresses qui apparaît, parcourez vos contacts, et cliquez sur l'adresse mail de celui auquel vous souhaitez

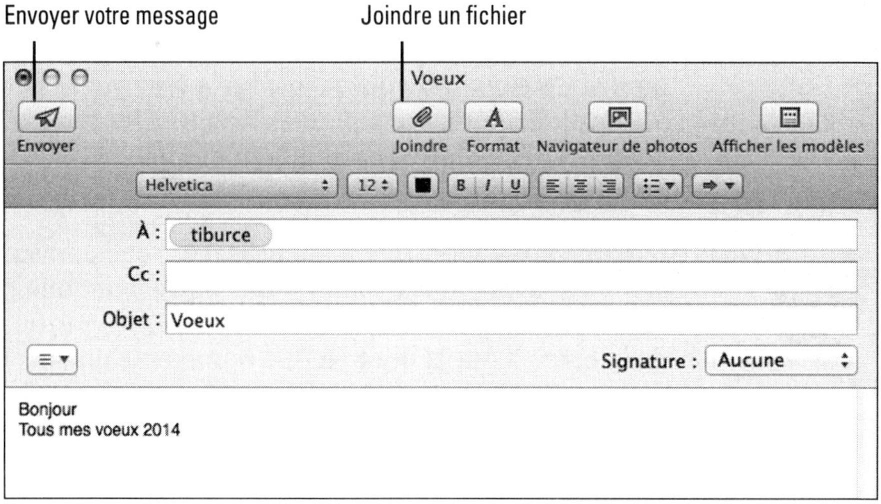

Figure 15.6 : La boîte de dialogue Nouveau message.

envoyer ce message, comme à la **Figure 15.7**. Fermez le Carnet d'adresses en cliquant sur votre message.

3. **Pour envoyer ce message à d'autres personnes, ajoutez leur adresse dans le champ Cc:. Tapez-la directement, copiez-la depuis le Presse-papier, ou bien encore glissez-déposez-la depuis le Carnet d'adresses.**

4. **Cliquez dans le champ Objet, et tapez l'objet de votre message. Ensuite, appuyez sur la touche Tab de votre clavier.**

   Le point d'insertion apparaît sur la première ligne du message. Il ne vous reste plus qu'à le rédiger.

5. **Cliquez sur le bouton Modèles pour afficher les modèles de papier à lettre au-dessus de la zone de texte.**

   Vous n'êtes pas obligé d'utiliser un papier à lettre. Toutefois, si vous désirez en appliquer un, choisissez une catégorie, comme Anniversaire, puis double-cliquez sur le modèle qui vous intéresse.

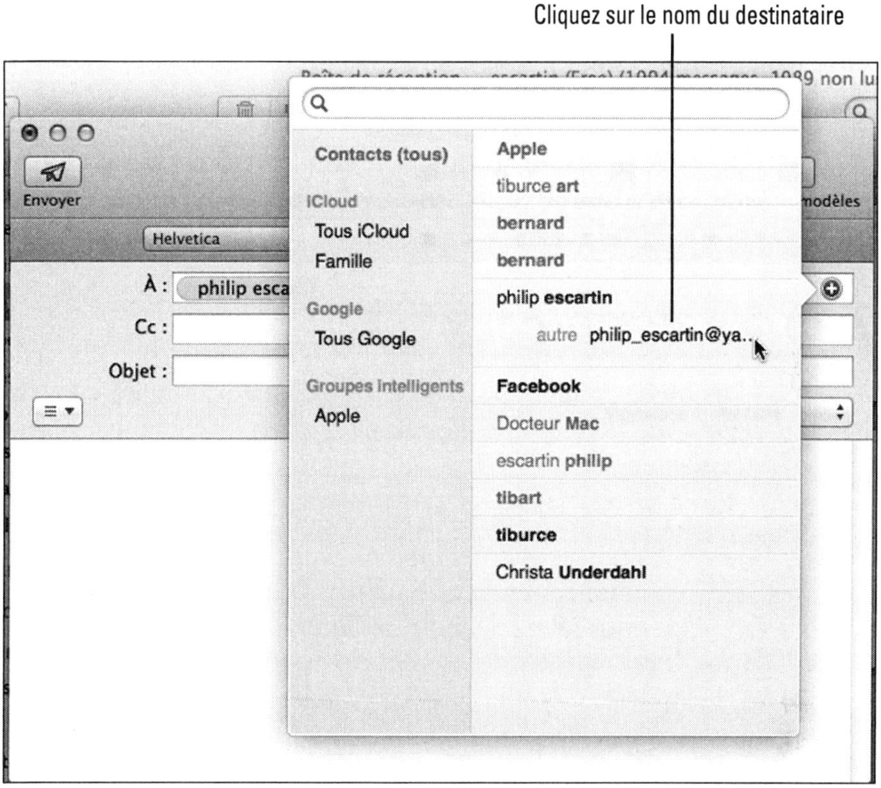

Figure 15.7 : Cliquez sur une adresse depuis le Carnet d'adresses.

TRUC

Attention ! Toutes les applications de messagerie électronique n'interprètent pas correctement les papiers peints de Mail.

6. **Une fois que vous avez fini de taper votre message, vous pouvez sélectionner le corps du texte, et appliquer une autre police ou des enrichissements comme cela est expliqué à la section « Formater des messages », plus loin dans ce chapitre.**

7. **Pour ajouter un fichier, cliquez sur le bouton Joindre un document (icône d'un trombone).**

8. **Pour joindre une image, cliquez sur le bouton Navigateur de photos. Choisissez les images dans l'interface qui apparaît.**

9. **Si vous êtes prêt à expédier votre message, cliquez sur le bouton Envoyer, ou bien choisissez Fichier/Enregistrer.**

Joindre des pièces

Les pièces jointes permettent de transférer facilement des fichiers par e-mail. Toutefois, vous devez avoir conscience de trois choses cruciales :

- **Les pièces jointes peuvent contenir des virus.** Même les pièces jointes que vous adressent des personnes de confiance peuvent contenir des virus. En effet, certains d'entre eux prennent le contrôle de la messagerie et se clonent automatiquement de courriel en courriel.

  N'envoyez et n'acceptez jamais une pièce jointe sans l'avoir préalablement soumise à votre antivirus.

- **Les pièces jointes ne doivent pas être trop volumineuses.** La majorité des serveurs de messagerie limitent la taille d'envoi des pièces jointes à 1, 3, 5 voire 10 Mo. Donc, renseignez-vous auprès de votre FAI pour éviter d'envoyer des pièces jointes trop volumineuses. Avant d'envoyer un fichier, localisez-le dans le Finder, et faites un clic-droit sur son icône. Dans le menu contextuel qui apparaît, choisissez Lire les informations. La section Taille de la fenêtre Infos qui apparaît permet de connaître le volume du fichier.

- **Tous les programmes de messagerie n'acceptent pas les pièces jointes.** Toutes ces applications ne réagissent pas de la même manière aux pièces jointes. Certaines n'acceptent que le texte pour des raisons de sécurité.

Malgré ces considérations, il ne faut pas nier l'avantage des pièces jointes.

Quand vous répondez à un message, vous pouvez joindre une pièce en cliquant sur l'icône du trombone de la fenêtre de réponse. Une boîte de dialogue ressemblant au Finder apparaît. Parcourez vos disques durs et autres lecteurs pour localiser la pièce à envoyer. Cliquez dessus, puis sur le bouton Choisir.

TRUC Si le destinataire utilise Windows, n'oubliez pas de cocher l'option Envoyer des pièces jointes compatibles Windows. Cela permettra à des programmes comme Outlook ou Windows Live Mail d'ouvrir correctement vos pièces jointes.

TRUC Vous pouvez envoyer des photos plus facilement en cliquant sur le bouton Afficher le navigateur de photos dont l'icône ressemble à une montagne avec un soleil (ou une lune, allez savoir !). Le navigateur apparaît. Il s'agit en fait d'une version simplifiée d'iPhoto, comme le montre la **Figure 15.8**. Parcourez vos photos, albums et évènements, puis glissez-déposez la vignette de l'image directement sur votre message. Dans le menu local Taille de l'image, choisissez la dimension de votre image entre Réduite, Moyenne, Grande, ou Taille réelle.

Enregistrer une pièce jointe reçue

Il n'est pas toujours nécessaire d'enregistrer les pièces jointes qui vous sont adressées par certaines personnes. Ainsi, quand mon cousin Fred m'envoie un dessin humoristique, je ris une bonne fois pour toutes sans avoir réellement besoin de garder cette image. Elle disparaîtra en même temps que ce message déposé dans la corbeille. En revanche, si ma fille m'envoie une photo de mon petit-fils, il va de soi que je souhaite ardemment la conserver et l'ajouter à mes albums photo numériques. Voici comment enregistrer une pièce jointe :

1. **Cliquez sur le message reçu contenant une pièce jointe.**

   TRUC Si vous ne parvenez pas à localiser les messages qui contiennent des pièces jointes, cliquez sur Présentation/Trier par/Pièces jointes. Dans la zone d'aperçu du message, une barre d'outils apparaît lorsque vous bougez le pointeur de la sou-

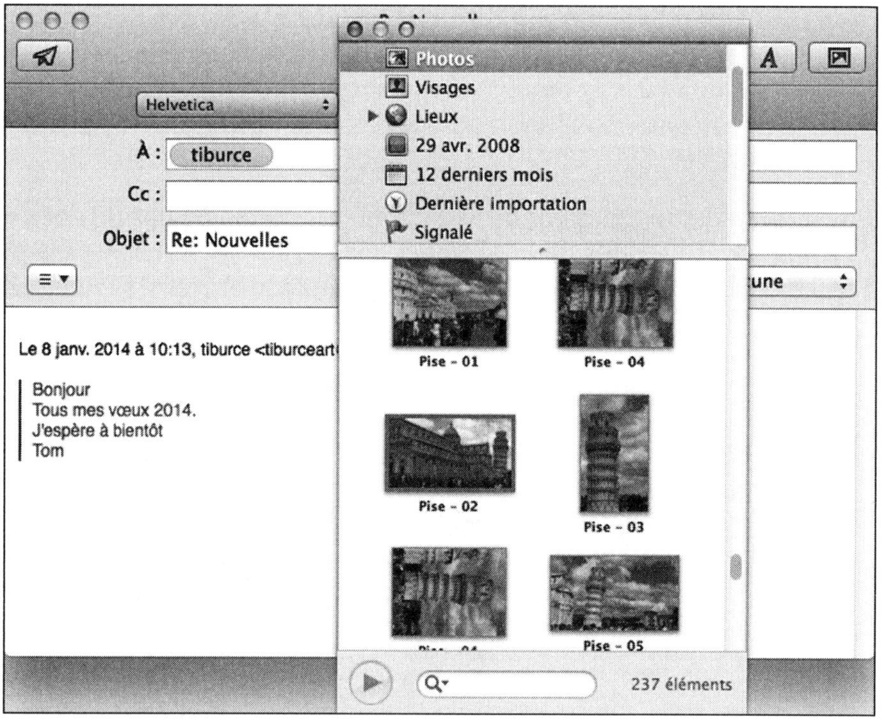

Figure 15.8 : Joindre une photo.

ris sur le document ainsi reçu. L'icône du trombone indique le nombre de pièces jointes au message. Ouvrez son menu local pour disposer d'options supplémentaires. Ainsi, la **Figure 15.9** montre les options d'une photo. Vous pouvez l'enregistrer sur votre disque dur, cliquer sur Coup d'œil pour l'afficher en grande taille, ou bien l'exporter directement vers iPhoto.

Si Mail identifie le format de la pièce jointe, il affichera son contenu sous le message. C'est le cas des images JPEG que vous recevez par courriel.

2. **Pour consulter rapidement la pièce jointe, et notamment quand il s'agit d'une photo, cliquez sur l'option Coup d'œil.**

La fenêtre Coup d'œil ouvre la pièce jointe, ce qui permet de savoir si cela vaut ou non la peine de la conserver.

Figure 15.9 : Gestion d'une photo reçue par mail.

3. **Pour sauvegarder la pièce jointe sur votre disque dur, cliquez sur le bouton Tout Enregistrer.**

4. **Dans la boîte de dialogue Enregistrer sous qui apparaît, renommez si besoin le fichier, et choisissez le disque dur et/ou le dossier dans lequel vous souhaitez le stocker.**

5. **Cliquez sur Enregistrer.**

Formater des messages

Vous pouvez améliorer l'apparence de votre texte pour le rendre plus sympathique à lire. Mail reprend dans ce domaine les grands principes de mise en forme de logiciels comme Pages.

Pour changer la forme d'un texte, cliquez sur le bouton *A* situé dans la partie supérieure droite de la fenêtre du message afin d'afficher la barre de mise en forme (ou barre des formats). Vous disposez alors de nombreuses options de mise en forme, dont le choix de la police de caractères, sa taille, sa couleur, sa mise en gras ou bien encore en italiques.

Commencez par sélectionner le texte à mettre en forme puis cliquez sur les boutons permettant de modifier son apparence. Par exemple, ouvrez le menu local affichant le nom de la police, et cliquez sur la police de votre choix. Pour modifier sa couleur, cliquez sur l'indicateur de couleur rectangulaire. Dans le nuancier qui s'affiche, cliquez sur la couleur que vous souhaitez appliquer. Pour personnaliser la couleur, cliquez sur le bouton Afficher les couleurs. Dans la boîte de dialogue Couleurs, utilisez les différentes sections et curseurs pour créer votre teinte. Vous constatez que la couleur du texte sélectionné dans le message s'ajuste en temps réel. Dès que la couleur vous convient, cliquez sur le bouton de fermeture de la boîte de dialogue.

Ajouter des contacts à votre Carnet d'adresses

Si vous recevez un message de votre nièce Julie et qu'elle ne figure pas dans votre Carnet d'adresses, vous pouvez l'ajouter le plus simplement du monde.

Affichez le message. Ensuite, cliquez sur Message/Ajouter l'expéditeur à Contacts. Une autre technique consiste à placer le pointeur de la souris sur le nom de l'expéditeur, puis à cliquer sur la petite flèche qui apparaît sur sa droite. Ensuite, dans le menu local qui apparaît choisissez Ajouter à Contacts. Dans les deux cas, Mail crée une nouvelle fiche de contact dans votre Carnet d'adresses de l'application Contacts, que vous pouvez compléter selon vos besoins.

Personnaliser Apple Mail

Comme pour tous les logiciels Apple, Mail est facilement personnalisable via sa boîte de dialogue Préférences illustrée à la **Figure 15.10**.

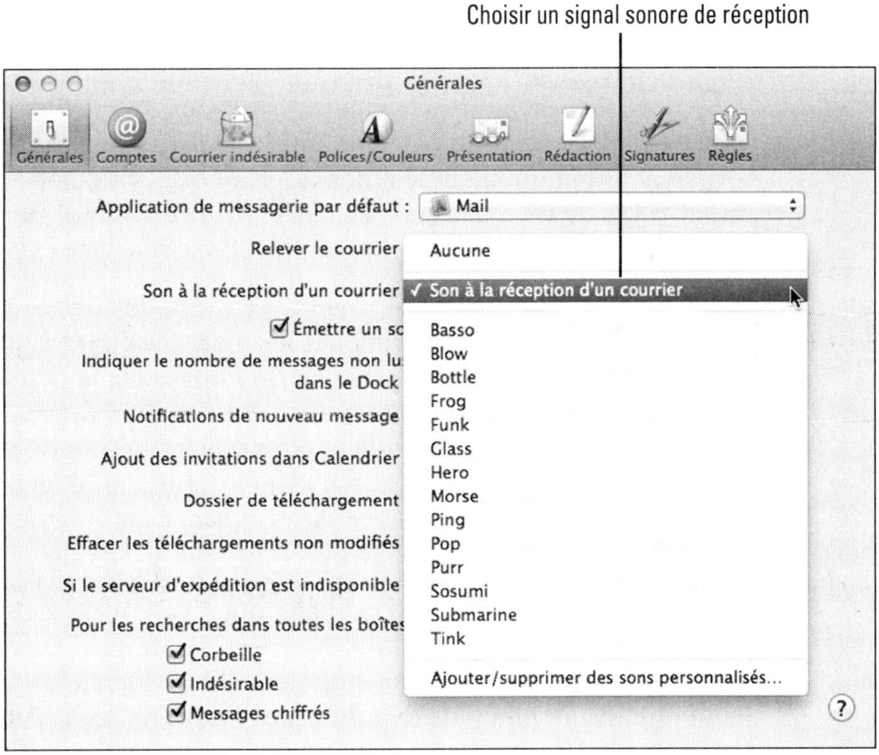

Figure 15.10 : Personnaliser Mail.

Pour choisir un signal sonore émis à chaque fois que vous recevez un mail, cliquez sur Mail/Préférences, puis sur le bouton Général. Cochez l'option Émettre un son pour les autres actions de courrier électronique. Dans le menu local Son à la réception d'un courrier, choisissez le signal sonore qui sera émis à chaque fois que vous recevrez un courriel. Pour ne pas émettre de son, choisissez Aucune. Pour utiliser un son personnalisé, choisissez Ajouter/Supprimer des sons personnalisés. Dans la boîte de dialogue qui apparaît, cliquez sur le bouton Ajouter et parcourez vos différents lecteurs pour localiser le son à utiliser.

Par défaut, Mail relève automatiquement le courrier toutes les 5 minutes. Pour modifier cette durée, ouvrez le menu local Relever le courrier, et optez pour une autre fréquence de vérification des messages.

Pour désactiver la vérification automatique des messages, choisissez l'option Manuellement. Dans ce cas, vous devrez cliquer sur le bouton Relever le courrier situé sur la barre d'outils de Mail.

Il est également possible de configurer Mail pour qu'il supprime automatiquement les messages, et qu'il vide périodiquement la Corbeille. Pour cela, accédez aux Préférences de Mail, et cliquez sur le bouton Comptes. Ensuite, cliquez sur l'onglet Comportements des BAL.

Pour supprimer automatiquement les messages, ouvrez le menu local de la section Messages envoyés, et choisissez la périodicité de la suppression. Vous avez le choix entre Jamais, Après une journée, une semaine, un mois, ou bien encore À la fermeture de mail. Si vous optez pour Jamais, la suppression des mails se fera manuellement. En d'autres termes, vous devrez placer les courriels dans la Corbeille.

Pour supprimer les courriers indésirables, ouvrez le menu local de la section éponyme et choisissez une périodicité, comme vous l'avez fait pour les messages standard. (Les courriers indésirables sont étudiés un peu plus loin dans ce chapitre.)

Pour supprimer des messages placés dans la Corbeille, ouvrez le menu local de la section Corbeille, et choisissez une périodicité de suppression automatique.

Ajouter une signature à vos messages sortants

Pour ajouter un bloc de texte ou une image en bas de vos messages, définissez une signature personnelle en vous conformant aux étapes suivantes :

1. **Cliquez sur Mail/Préférences, puis sur le bouton Signatures.**

2. **Dans le panneau Signature qui apparaît, cliquez sur le bouton Ajouter (+). Mail ajoute une nouvelle signature que vous devez personnaliser, comme le montre la Figure 15.11.**

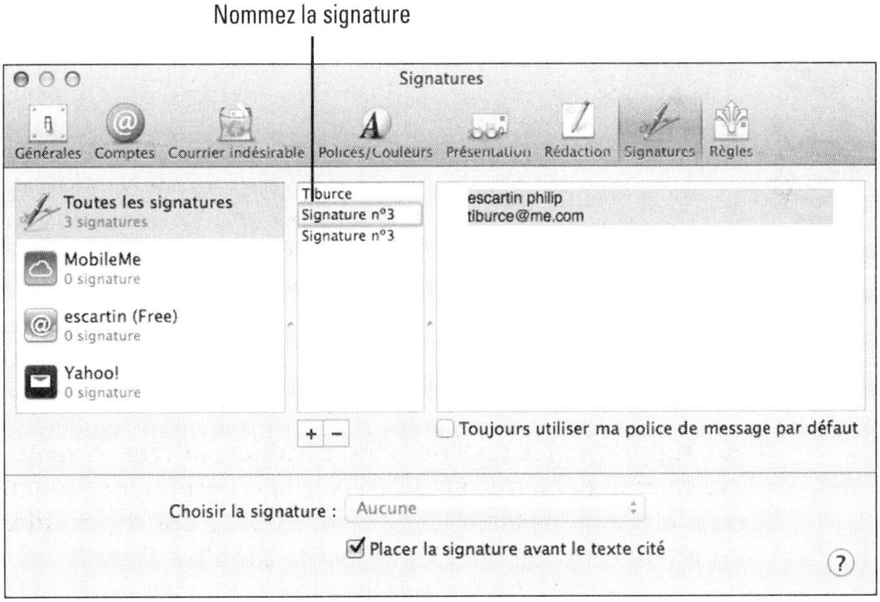

Figure 15.11 : Personnalisez le texte de la signature.

3. **Vous pouvez modifier immédiatement le nom par défaut de la signature afin de bien en identifier le contenu si vous créez plusieurs signatures pour des types de courriers**

différents (par exemple personnels et professionnels). Appuyez sur Retour pour valider le nom de la signature.

4. **Cliquez sur la signature par défaut et tapez votre texte, ou bien copiez-le depuis une autre application et collez-le dans ce champ de saisie.**

   N'oubliez jamais que l'utilisation d'une image comme signature ralentira le téléchargement des messages. Je déconseille de signer les messages avec des éléments graphiques.

5. **Si vous avez défini plusieurs signatures, choisissez celles à utiliser par défaut dans le menu local Choisir la signature. Les deux autres options disponibles sont Aléatoirement et Dans l'ordre séquentiel.**

Pour que votre signature s'affiche au-dessus du texte cité dans une réponse à un message, cochez l'option Placer la signature avant le texte cité.

Vous pouvez changer de signature dans le menu local Signature du message que vous composez.

Utiliser des dossiers

Vous pouvez ajouter vos propres dossiers dans les boîtes aux lettres existantes. Par exemple, vous créerez un dossier dans lequel vous stockerez tous les e-mails confirmant vos commandes de produits sur Internet.

Pour créer un dossier, cliquez sur le bouton Ajouter (+) situé dans le coin inférieur gauche de la fenêtre de Mail. Dans le menu local qui apparaît, choisissez Nouvelle boîte aux lettres. Dans la boîte de dialogue éponyme qui s'affiche, donnez un nom à ce dossier, et cliquez sur OK.

Il ne vous reste plus qu'à y glisser-déposer les messages correspondant à la nature du dossier ainsi créé. Une autre méthode consiste à faire un clic-droit (Ctrl+clic) sur un message puis, dans le menu contextuel qui apparaît, à choisir Déplacer dans/<nom de votre dossier>.

Gérer les courriers indésirables

Malheureusement, tout le monde reçoit des *pourriels*, c'est-à-dire des spams dont la seule destination possible est la corbeille (ou poubelle) de votre logiciel de messagerie. Comme ils sont difficilement évitables, Mail permet de les gérer de deux manières :

- **Manuellement :** N'importe quel message reçu peut être identifié comme indésirable. Il suffit de cliquer dessus du bouton droit de la souris et, dans le menu contextuel qui apparaît, de choisir Marquer/comme courrier indésirable. Une autre méthode consiste à cliquer sur l'icône du pouce de la barre d'outils.

  Quand un message est déclaré indésirable, le bouton qui permet de lui assigner ce statut se transforme en un bouton pouvant redonner au message son caractère « désirable ». Par conséquent, si vous signalez par erreur qu'un courriel est indésirable, sélectionnez-le dans le dossier Courrier indésirable, et cliquez sur l'icône du pouce.

- **Automatiquement :** Apple dispose d'un filtre anti-spam assez sophistiqué qui lui permet d'identifier des courriels comme étant indésirables. Vous pouvez former Mail à cette identification afin de la rendre encore plus précise. Toutefois, le mode automatique n'est pas exempt de tout défaut. Il est donc indispensable de vérifier le contenu du dossier Courrier indésirable avant de le vider car Mail peut y avoir automatiquement placé des messages tout à fait légitimes.

Vous pouvez personnaliser et améliorer la précision du filtre des courriers indésirables depuis l'onglet Courrier indésirable de la boîte de dialogue Préférences du programme. Pour cela, activez l'option Marquer comme indésirable, mais laisser dans ma boîte de réception. Dans ce cas, les courriers indésirables restent dans la boîte de réception mais sont affichés en marron.

Une fois que vous avez confiance dans l'identification des spams, revenez dans ses préférences et choisissez l'option Placer dans Courrier indésirable. Un message vous demande confirmation de cette action. Validez-la par un clic sur Déplacer.

Une fois que vous avez vérifié le contenu du dossier Courrier indésirable, videz son contenu et/ou réhabilitez des messages qui sont tout à fait valides.

Pour restaurer l'état légitime d'un message indûment considéré comme étant un spam, sélectionnez-le dans le dossier Courrier indésirable, et cliquez sur l'icône du pouce levé vers le haut. Vous pouvez également cliquer sur le bouton Désirable qui apparaît dans la partie supérieure droite de l'aperçu du message. Ensuite, glissez-déposez le dans la boîte de réception du compte de destination.

Si vous ne recevez pas beaucoup de spams, ou que vous désirez les identifier vous-mêmes, décochez l'option Filtrer le courrier indésirable de l'onglet Courrier indésirable des Préférences de Mail.

Mail identifie certains messages comme indésirables en se basant sur trois critères : l'absence de l'expéditeur dans votre Carnet d'adresses, des réponses antérieures de votre part à cet expéditeur, et la présence de votre nom complet dans le message. Pour réduire la précision du filtrage, décochez ces trois options dans les Préférences de Mail.

Pour réinitialiser les paramètres de Mail, cliquez sur le bouton éponyme situé dans la partie inférieure gauche des Préférences. Dans le message demandant confirmation de cette décision, cliquez sur le bouton Réinitialiser.

Chapitre 16

Communiquer sur Internet

Prêt pour...

- Vérifier votre équipement.
- Configurer Messages.
- Ajouter des amis à vos contacts Messages.
- Définir votre statut dans Messages.
- Discuter avec un ami.
- Démarrer une conversation audio.
- Démarrer une conversation vidéo.
- Partager des informations sur un blog (un journal intime en ligne).
- Communiquer sur des forums.
- Réseauter avec d'autres personnes.

L'histoire de l'humanité est marquée par un besoin constant de communication - depuis les peintures rupestres au langage écrit en passant par le télégraphe, le téléphone, et la téléphonie mobile (qui permet aujourd'hui de se connecter à Internet, de consulter ses e-mails, de prendre des photos, d'écouter de la musique, et bien d'autres choses encore). Je suis ici pour vous montrer qu'un ordinateur Macintosh est un périphérique de communication ultime. Ainsi, dans ce chapitre vous apprendrez comment :

- Discuter en tapant des messages ou en parlant dans un microphone, voire en utilisant votre Mac comme un visiophone.
- Ajouter et gérer vos contacts virtuels.

- Démarrer une conversation audio et vidéo par Internet, plus communément appelée chat.
- Accéder aux journaux intimes en ligne (blogs) et aux groupes de discussion basés sur le Web (forum).
- Communiquer sur des réseaux sociaux comme Facebook et Twitter.

Vérifier votre équipement

Grâce à votre Mac, vous pouvez facilement discuter avec vos amis et les membres de votre famille où qu'ils se trouvent dans le monde. Pour y parvenir, voici ce dont vous avez besoin :

- **De votre Mac :** Car Mac OS X Mavericks est livré avec le programme Messages.
- **D'une connexion Internet :** (Consultez le Chapitre 13.) Pour une discussion audio ou vidéo, vérifiez que vous disposez d'une connexion à haut débit.
- **D'un microphone pour une discussion audio et d'une caméra vidéo (webcam) pour une discussion vidéo :** Si vous possédez un iMac ou un MacBook, vous disposez d'un micro et d'une Webcam incorporée. Tout est parfaitement bien configuré pour que vous puissiez immédiatement débuter ces deux types de conversation. En revanche, si vous possédez un MacPro ou un Mac mini, vous devez acheter ces deux périphériques séparément, les connecter à votre ordinateur, et les configurer.

TRUC

Dans une conversation vidéo, vous voyez vos interlocuteurs en couleur. Finalement, Internet a réalisé le rêve de la bonne vieille téléphonie analogique qui nous vantait les mérites du futur visiophone. En revanche, les conversations audio ne sont rien d'autre que des conversations téléphoniques plus abouties que par le passé et surtout qui ne vous coûtent pas un centime.

Configurer Messages

Lorsque vous démarrez Messages pour la première fois, une configuration s'impose, comme l'explique la procédure suivante :

1. **Cliquez sur l'icône Messages du Dock. On vous demande alors de vous connecter à iMessage avec votre identifiant Apple.**

   Si vous n'en possédez pas, ou que vous souhaitez en utiliser un autre, cliquez sur le lien Créer un identifiant Apple. Je rappelle qu'un identifiant est constitué d'une adresse mail et d'un mot de passe qui n'est pas celui de votre messagerie électronique mais un mot de passe du compte Apple. Vous devez donc l'avoir défini lors de la création de votre identifiant Apple.

2. **Comme le montre la Figure 16.1, tapez vos identifiant et mot de passe, puis cliquez sur le bouton Se connecter.**

   Si vous ne souhaitez pas utiliser le compte Apple pour discuter avec Messages, vous devez lui indiquer un autre compte de messagerie, comme le montre la suite de cette procédure.

3. **Le plus simple est de commencer par vous connecter avec vos identifiants Apple habituels. Ensuite, une fois dans Messages, cliquez sur Messages/Préférences. Dans la boîte de dialogue des préférences, cliquez sur l'onglet Comptes.**

4. **Dans la partie inférieure gauche, cliquez sur le bouton +.**

   Messages affiche une liste de serveurs de messagerie comme vous avez pu en voir au Chapitre 15 lors de l'ajout d'un compte de messagerie électronique au programme Mail.

   La configuration est très simple si vous optez pour un compte Google, c'est-à-dire Gmail, Yahoo!, ou AOL. Cliquez sur Continuer, puis saisissez votre adresse électronique et votre mot de passe, Messages s'occupe du reste.

Figure 16.1 : Connectez-vous à l'application Messages très simplement avec vos identifiants actuels.

TRUC

Si vous possédez un compte de messagerie iCloud, décidez ou non de l'utiliser avec Messages. En règle générale cette question vous est posée au moment de la création du compte iCloud. Sinon, ouvrez les Préférences de Messages, et cliquez sur l'onglet Comptes. Dans la partie centrale de la boîte de dialogue qui apparaît, cochez ou décochez l'adresse de votre compte iCloud.

5. **Si vous utilisez un autre type de compte, activez l'option Autre compte messages, et cliquez sur Continuer. Ouvrez le menu local Type de compte et optez pour l'une des options illustrées à la Figure 16.2 :**

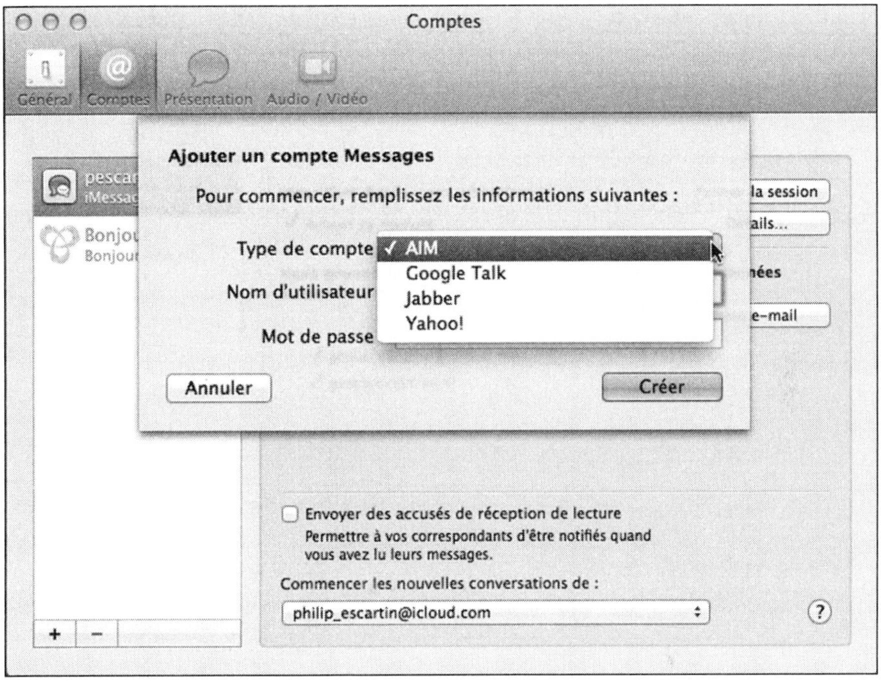

Figure 16.2 : Sélectionnez le type de compte à utiliser.

AIM, Google Talk, Jabber, ou bien encore Yahoo! : Sélectionnez le type de compte que vous utilisez, puis tapez les informations nécessaires à votre connexion. Il s'agit du nom du compte ou du nom d'utilisateur et de son mot de passe. Pour certains types de compte, vous devez également indiquer les options du serveur.

6. **Cliquez sur le bouton Continuer de la boîte de dialogue Configuration du compte.**

7. **Dans la fenêtre Conclusion qui apparaît, et qui indique que Messages est prêt à être utilisé, cliquez sur le bouton Terminé. Messages affiche alors sa petite fenêtre permettant de gérer vos amis et de connaître les personnes connectées, comme à la Figure 16.3.**

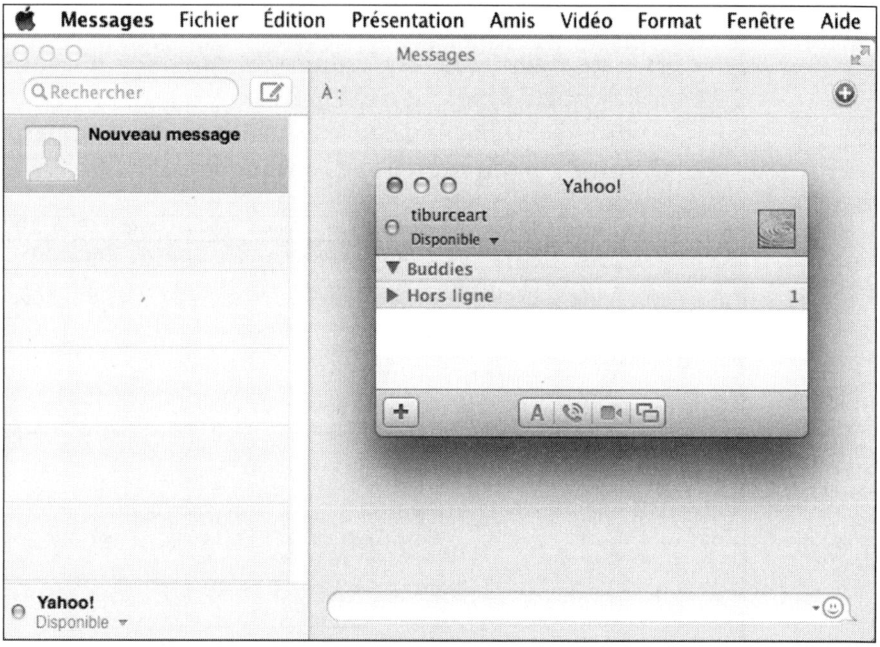

Figure 16.3 : Gérer vos amis dans Messages.

TRUC

Une fois que vous avez configuré Messages, vous pouvez l'exécuter par un clic sur son icône du Dock, ou par un double-clic sur son icône du dossier Applications.

Ajouter des amis à vos contacts Messages

Lorsque vous utilisez Messages pour la première fois, vous n'aurez probablement aucun ami dans vos contacts. Or, les amis sont indispensables pour discuter sur Internet. Vous devez donc en Ajouter pour savoir s'ils sont connectés et si vous pouvez, de facto, converser avec eux. Toutefois, vous pouvez ajouter des personnes stockées dans votre application Contacts. Voici comment ajouter des amis à Messages :

1. **Exécutez Messages par un clic sur son icône du Dock.**

2. Pour ajouter un contact de votre carnet d'adresses, c'est-à-dire de l'application Contacts, cliquez sur le signe + situé sur le bord droit du champ À. Le contenu de Contacts est alors affiché par défaut, comme le montre la Figure 16.4. Cliquez sur un nom pour le sélectionner.

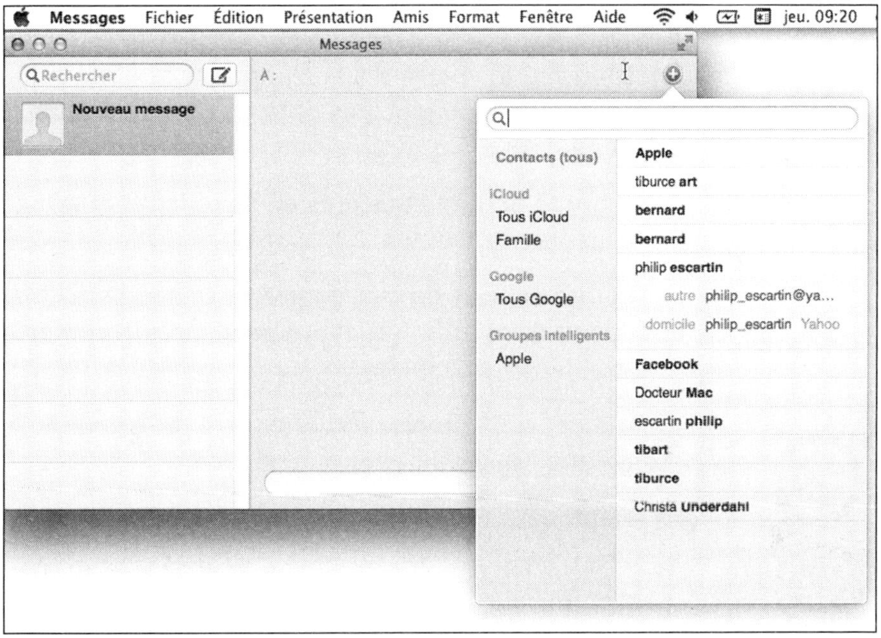

Figure 16.4 : Ajouter des contacts de l'application Contacts.

3. Pour ajouter un contact absent de votre carnet d'adresses, saisissez le nom de son compte de messagerie instantanée directement dans le champ À.

4. Faites un clic-droit sur ce nom et, dans le menu contextuel qui apparaît, choisissez Créer un nouveau contact. Remplissez la fiche qui apparaît, et cliquez sur Créer.

TRUC

La personne ne sera ajoutée à votre liste d'amis qu'après vous avoir donné une autorisation pour la contacter par Messages.

Lorsque vous utilisez un compte de messagerie prédéfini comme Yahoo!, la création d'un contact est beaucoup plus simple. Il suffit de cliquer sur Amis/Ajouter un contact.

Définir votre statut dans Messages

Votre statut (ou état) permet à vos contacts Messages de savoir si vous êtes disponible ou pas. Les options du statut sont réparties en deux catégories :

- **En ligne :** Lorsque vous êtes en ligne, vos contacts peuvent vous inviter à discuter.
- **Hors ligne :** Dans ce cas, vous êtes déconnecté. Messages est inactif, et vous indiquez clairement à vos contacts que vous ne souhaitez pas converser.

Toutefois, vous pouvez indiquer être indisponible, c'est-à-dire hors ligne, tout en étant connecté avec Messages.

Voyons maintenant toutes les options de disponibilité et d'indisponibilité qui s'offrent à vous :

- **Disponible :** Vous indiquez être devant votre Mac prêt à discuter. Vous pouvez également indiquer être disponible mais vaquer à d'autres occupations comme être sur Internet, lire votre courrier, etc.
- **Indisponible :** Utilisez ce mode lorsque Messages est actif, mais que vous ne souhaitez pas être dérangé. Par exemple, si je m'éloigne de mon Mac pendant quelques minutes, je ne quitte pas Messages mais j'indique simplement à mes contacts que je ne peux pas être joint pour le moment. Apple met à votre disposition quelques options spécifiques comme Parti manger, Au téléphone, et En réunion.
- **Statut personnalisé :** Vous pouvez créer un état personnalisé. Il suffit pour cela de cliquer sur les mentions Disponible (personnalisé) ou Indisponible (personnalisé), comme cela est expliqué un peu plus loin dans cette section.

Pour choisir un statut existant :

1. **Cliquez sur le bouton affichant votre statut sous votre nom d'utilisateur dans la partie inférieure gauche de Messages. Vous accédez à un menu local où les fonctions de disponibilité et d'indisponibilité sont respectivement précédées d'un rond vert et rouge, comme à la Figure 16.5.**

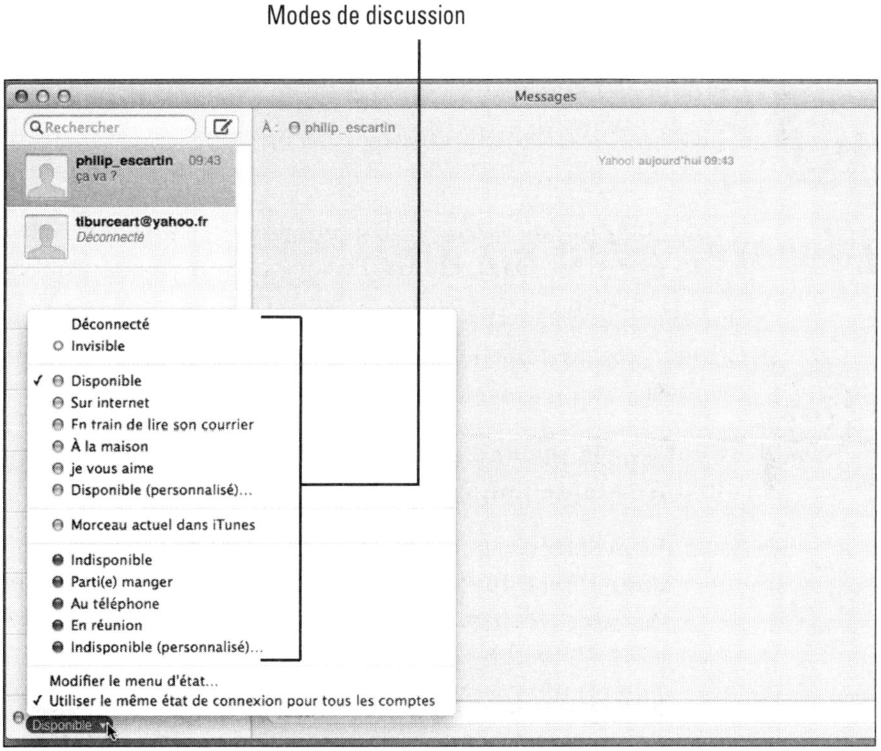

Figure 16.5 : Choisissez un état existant.

2. **Si vous choisissez un mode Indisponible, et que vous quittez votre ordinateur, qui se met par exemple en veille au bout d'un certain temps, Messages proposera de revenir au mode Disponible dès que vous réactiverez votre Mac.**

Pour personnaliser votre état :

1. **Dans la fenêtre de sélection de vos amis, cliquez sur le mot Disponible affiché sous votre nom.**

2. **Dans le menu local qui apparaît, cliquez sur Disponible (Personnalisé) ou Indisponible (Personnalisé).**

3. **La zone d'affichage du statut se transforme en champ de saisie de votre état personnalisé. Tapez votre état et validez-le en appuyant sur Retour.**

L'état personnalisé sera désormais accessible depuis le menu local des statuts de Messages.

Discuter avec un ami

Une discussion textuelle ne requiert ni microphone ni webcam. Le dialogue se déroule par écrit. Voici comment inviter un ami à discuter :

1. **Dans la liste de vos amis, sélectionnez l'ami disponible avec lequel vous souhaitez discuter.**

   Pour discuter avec plusieurs personnes, double-cliquez simplement sur leurs noms dans la fenêtre de vos contacts Messages. Cette action ouvre un panneau de contacts dans la partie gauche de la fenêtre des conversations. Pour passer d'un contact à un autre, cliquez sur son nom dans ce panneau.

2. **Dans la partie inférieure de la fenêtre de discussion, tapez votre texte, comme à la Figure 16.6.**

   Pour mettre votre texte en gras ou en italique, sélectionnez-le, et appuyez respectivement sur ⌘+B et ⌘+I. Vous pouvez aussi l'agrémenter d'émoticônes (smileys) en cliquant sur la minuscule flèche située sur le bord droit du champ de saisie de vos messages. Dans le menu local qui apparaît, cliquez sur le smiley à insérer dans votre texte.

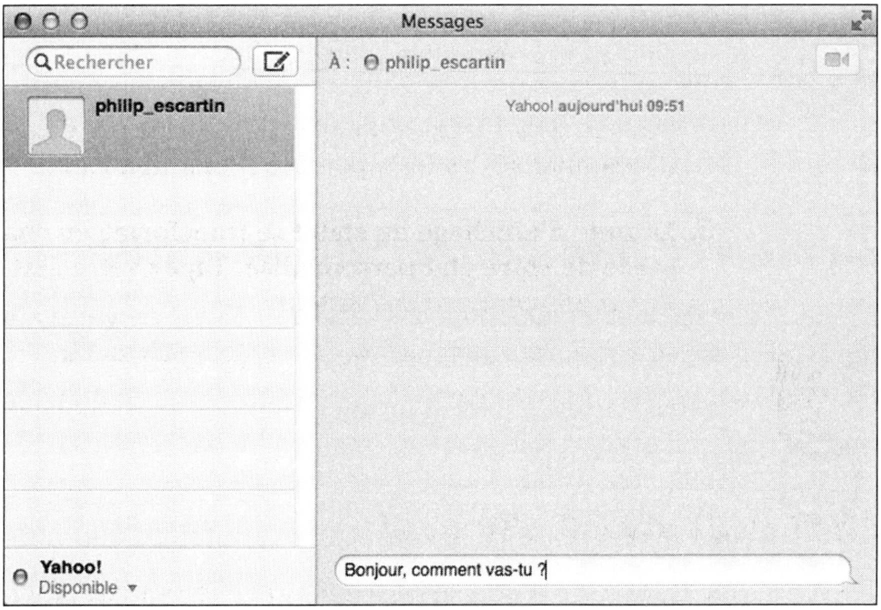

Figure 16.6 : Début d'une conversation.

3. Pour envoyer le texte, appuyez sur Retour.

Comme le destinataire est disponible, il reçoit immédiatement le message et peut y répondre dans la foulée.

Voici une petite astuce personnelle : avant de lancer une conversation, mon interlocuteur et moi nous nous mettons d'accord sur la saisie d'un symbole indiquant à l'autre que c'est à lui de parler. En règle générale, je choisis (), c'est-à-dire les parenthèses ouverte et fermée. Dès que mon interlocuteur voit ces parenthèses à la fin d'un message instantané, il sait que c'est à lui de parler, et réciproquement.

Si quelqu'un vous invite à discuter, acceptez ou refusez dans la boîte de dialogue qui apparaît.

4. Une fois la conversation terminée, déconnectez-vous via le menu local de votre statut, situé dans l'angle inférieur gauche de Messages, ou bien cliquez sur Messages/Quitter Messages.

Lorsque Messages est actif mais que vous avez fermé sa fenêtre (sans quitter le programme), une notification apparaîtra dans l'angle supérieur droit de votre écran chaque fois qu'un nouveau message instantané vous sera envoyé.

Démarrer une conversation audio

Si l'icône d'un téléphone vert apparaît à côté de votre nom et de celui de vos amis, vous pouvez converser oralement.

Si votre Mac est équipé d'un microphone et que l'icône du téléphone est invisible, ouvrez le menu Vidéo et vérifiez que l'option Conversation audio activée est cochée.

Pour inviter un ami à une conversation audio, conformez-vous aux étapes suivantes :

1. **Sélectionnez cet ami dans la liste des contacts.**
2. **Ouvrez le menu Amis, puis cliquez sur Inviter à une conversation audio.**
3. **Une fois que votre ami a accepté votre invitation, parlez !**

   Pour modifier le volume de sortie, glissez le curseur situé sous votre nom dans la fenêtre Conversation audio. Pour modifier le volume sonore de votre correspondant, glissez le curseur situé sous son nom.

4. **Pour clore la conversation audio, cliquez sur le bouton de fermeture rouge situé dans le coin supérieur gauche de la fenêtre Conversation audio.**

Démarrer une conversation vidéo

Lorsque vous utilisez Messages, vous pouvez basculer très facilement vers une conversation vidéo. Bien entendu, cela n'est possible que si vous et votre interlocuteur disposez d'une webcam ou de la caméra iSight intégrée à votre ordinateur. Lorsque votre contact est équipé, l'icône d'une caméra vidéo est présente à côté de son nom dans la liste de vos amis.

Si votre Mac dispose d'un microphone ou d'une caméra vidéo et que vous ne voyez pas l'icône en question, ouvrez le menu Vidéo et cochez la fonction Conversation vidéo activée.

Le démarrage d'une conversation vidéo est identique à celui d'une conversation audio :

1. **Dans la liste des contacts, sélectionnez la personne avec qui vous souhaitez discuter.**
2. **Ouvrez le menu Amis et exécutez la commande Inviter à une conversation vidéo.**
3. **Si votre correspondant accepte la conversation vidéo, une fenêtre spécifique apparaît. À cet instant précis, vous discutez en voyant le visage de votre interlocuteur.**
4. **Lorsque votre conversation vidéo est terminée, cliquez sur le bouton de fermeture rouge situé dans le coin supérieur gauche de la fenêtre Conversation vidéo.**

Comme pour la conversation audio, lorsqu'une invitation vidéo apparaît, vous pouvez l'accepter ou la décliner. (Il est même possible d'afficher un aperçu vidéo de la personne qui vous sollicite.)

Partager des informations sur un blog (un journal intime en ligne)

Dans sa forme originelle, un *blog* est un journal intime publié sur le Web. Il permet de diffuser ses états d'âme, de parler de son quotidien, d'exposer des convictions philosophiques pertinentes, c'est-à-dire tout ce qui vous passe par la tête. Il s'agit également d'un excellent outil pour rester en contact avec des personnes que vous appréciez. Le blog est aussi un support d'expression pour des écrivains qui ne parviennent pas à se faire éditer d'une manière plus traditionnelle.

Voici quelques éléments d'appréciation et de compréhension des blogs :

- Un blog peut contenir du texte, des photos, des éléments audio et vidéo.
- A la base, un blog est une sorte de site Web avec une mise en page spécifique. Pour visiter un blog, il suffit de taper son adresse dans la barre d'adresse du navigateur Web Safari. Le Chapitre 14 explique l'utilisation de Safari pour visiter des sites.
- Vous trouverez des blogs sur n'importe quel sujet. Ainsi, il est assez fréquent de consulter des blogs traitant de la politique, des voyages, de l'écriture, de la photographie, et de la culture en général.
- En fonction de leur configuration, certains blogs vous aident à ajouter un commentaire à une publication. Une publication sur un blog s'appelle un *post*. Il suffit de cliquer sur le bouton Commentaire ou Comment pour accéder à un champ de saisie de texte dans lequel vous faites état de vos impressions.
- Vous pouvez héberger un blog en utilisant votre compte iCloud. Grâce à lui, le programme iWeb vous permettra de concevoir et de publier un blog comme section de votre site Web. iWeb est même capable d'actualiser automatiquement le contenu de votre blog dès que vous ajoutez ou supprimez des informations. La **Figure 16.7** montre iWeb en phase de conception d'un blog.

Communiquer sur des forums

Contrairement à un blog, l'ensemble des messages publiés dans un forum ressemble à une conversation. Le forum est une sorte de succession de courriers électroniques auxquels chaque personne

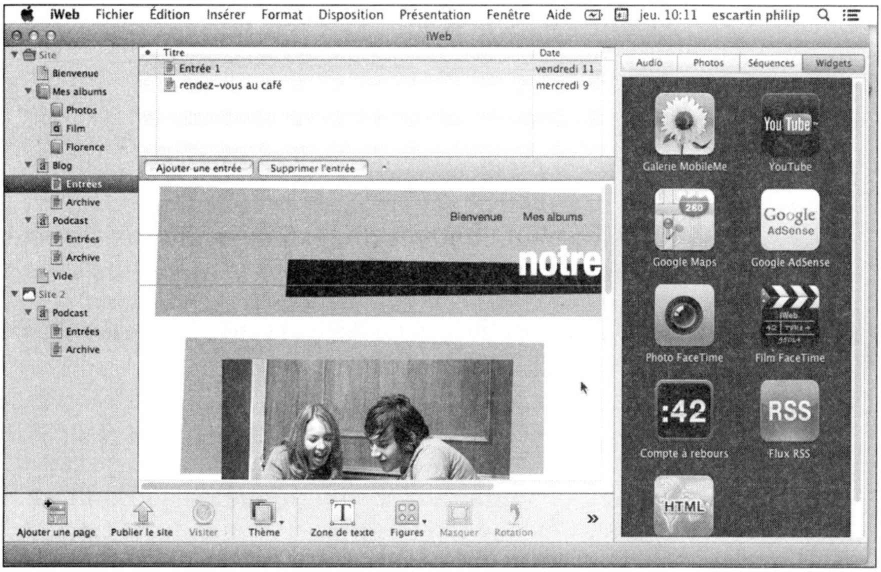

Figure 16.7 : Créer un blog avec iWeb.

répond depuis un site Web. Ces courriels très particuliers traitent d'un sujet spécifique qui est présent sur le forum depuis quelques heures, voire quelques années.

En règle générale, les forums sont des sources d'informations, de conseils, et de résolutions des problèmes très performants. Ainsi, vous trouverez des forums consacrés aux dysfonctionnements des ordinateurs Macintosh. Vous trouverez également une quantité de forums consacrés à la photo numérique et aux tests des appareils.

Les fonctionnalités d'un forum dépendent du logiciel utilisé par son hébergeur. Généralement, le site d'un forum conserve les messages que vous lisez, et peut se limiter aux nouveaux messages traitant d'un sujet que vous avez préalablement sélectionné. Le texte de vos messages peut s'agrémenter de caractères en couleurs, de mises en italique, et d'émoticônes.

Imaginons que vous cherchiez des conseils sur l'ajustement d'un diaporama réalisé avec iPhoto. Pour les localiser dans un forum, conformez-vous aux étapes suivantes :

1. **Visitez les forums iPhoto d'Apple à l'adresse** `http://www.apple.com/fr/support/mac-apps/iphoto/`.

2. **Cliquez sur le lien forums de discussion qui donne accès à un forum en anglais consacré à iPhoto.**

3. **Pour lire une discussion, cliquez simplement sur le titre d'un sujet écrit en caractères gras et en bleu.**

   Si aucun sujet listé ne semble traiter votre problème, cliquez sur le lien Communautés.

4. **Pour démarrer une nouvelle discussion, cliquez dans le champ Ask your question, et posez votre question à la communauté. Soumettez-la en cliquant sur le bouton Submit my question to the community.**

   Le site Web vous demandera de vous connecter en tapant votre ID Apple créé au moment de l'enregistrement de votre ordinateur.

   En règle générale, vous devez ouvrir un compte sur un forum pour pouvoir y publier des informations et/ou y poser des questions. Sauf cas exceptionnel, l'ouverture de ce compte est entièrement gratuite.

   Si vous recherchez des informations particulières sur les produits Apple et que vous ne parlez pas bien anglais, accédez à un moteur de recherche comme Google, et tapez-y votre question. Vous trouverez alors un certain nombre de forums francophones susceptibles d'y apporter une réponse.

Réseauter avec d'autres personnes

Les réseaux sociaux comme Facebook (www.facebook.com) et Twitter (www.twitter.com) sont addictifs ! Pourquoi ? Parce qu'ils facilitent les activités suivantes :

- **La recherche d'amis et de membres de votre famille qui appartiennent au même réseau social que vous.** Cela inclut des personnes que vous avez perdues de vue depuis des années. Il peut s'agir d'amis d'enfance, ou de camarades de classe.

- **Le partage de photos et la publication de commentaires.** Ces services facilitent le partage de photographies en donnant la possibilité à n'importe quel utilisateur autorisé d'y ajouter un commentaire.

- **La possibilité de jouer à des jeux avec vos contacts du réseau.** Les jeux proposés par les réseaux sociaux sont souvent simples, rapides, et collaboratifs. Par exemple, certains jeux Facebook permettent de développer votre propre pays, ou bien d'engager des batailles comme un véritable super héros.

- **Le partage d'événements.** Ainsi, j'utilise Facebook pour informer les autres utilisateurs d'un concert se déroulant dans ma ville.

- **Le partage de vos contacts avec les autres utilisateurs.** Sorte d'effet boule de neige ! Très rapidement, sur un réseau social, les amis de mes amis sont mes amis.

TRUC

Facebook et Twitter sont des réseaux sociaux gratuits. Malgré l'aspect addictif, convivial et ludique, il est fortement déconseillé d'y publier des informations personnelles. Ainsi, évitez de communiquer votre adresse ou votre numéro de téléphone. Choisissez précisément les personnes qui peuvent accéder à l'ensemble de vos publications.

Quatrième partie

Prendre soin de votre ordinateur

Chapitre 17

Protéger Mavericks

Prêt pour...

- Comprendre la sécurité informatique.
- Configurer et exécuter la mise à jour de logiciels.
- Personnaliser le coupe-feu de Mavericks.
- Configurer et exécuter FileVault.
- Configurer les options de sécurité des utilisateurs.

L'utilisateur Macintosh avisé est conscient des problèmes de sécurité des ordinateurs modernes. Cependant, il faut savoir que votre ordinateur est équipé pour se défendre contre toute attaque potentielle. Ainsi, dans ce chapitre, je vous montre comment :

- Protéger Mavericks en téléchargeant les dernières mises à jour développées par Apple.
- Ajouter des applications au coupe-feu de Mavericks.
- Configurer FileVault pour protéger votre dossier Départ.
- Configurer votre Mac pour limiter les problèmes d'ouverture de session.

Comprendre la sécurité informatique

Les ordinateurs font face à trois problèmes de sécurité majeurs :

- **Les attaques venant d'Internet.** Un *hacker*, c'est-à-dire un pirate de l'informatique, peut utiliser votre connexion Internet pour surveiller vos communications ou recevoir des copies de vos données.
- **Les virus.** Vous avez probablement entendu parler des *virus*, ces applications qui peuvent endommager Mavericks ou vos fichiers, et considérablement ralentir les performances de votre Mac. Bien que les virus soient beaucoup moins répandus sur Mac que sur PC, il est recommandé d'investir dans un bon logiciel antivirus. En effet, Apple ne fournit pas d'antivirus avec ses ordinateurs.
- **Les utilisateurs non autorisés.** Qu'il s'agisse d'un membre de votre famille ou de quelqu'un qui a volé votre MacBook, vous devez protéger vos documents privés et empêcher toute personne non autorisée d'utiliser votre Mac.

Lorsque la sécurité de votre Mac est correctement déterminée, vous n'avez plus grand-chose à redouter.

TRUC

La sauvegarde est une opération qui vise à garantir la sécurité de vos données. Il est donc conseillé de dupliquer périodiquement vos données sur un disque dur externe au cas où le contenu de votre Mac serait endommagé, voire détruit.

Configurer et exécuter la mise à jour de logiciels

Je préfère prévenir que guérir. Le meilleur moyen d'y parvenir est de régler les derniers problèmes de sécurité en effectuant une mise à jour automatique de Mavericks. Voici les deux méthodes les plus simples pour que Mac OS X effectue des mises à niveau :

- **Via le menu Apple (Pomme) :** Cliquez sur le menu Apple et choisissez Mise à jour de logiciels. Une recherche est alors lancée par Mac OS X. Au bout de quelques minutes il liste les mises à jour disponibles.

- **Via l'App Store :** Cliquez sur l'icône App Store du Dock. L'icône Mise à jour indique le nombre de mises à jour disponibles. Ces mises à jour concernent aussi bien l'aspect matériel que logiciel de Mavericks, comme le montre la **Figure 17.1**.

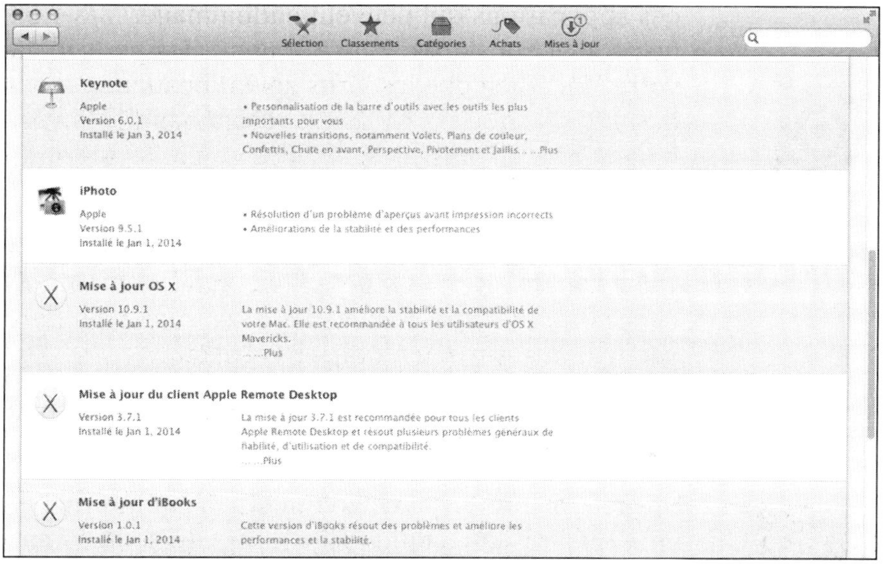

Figure 17.1 : Mettez à jour les logiciels.

Pour votre tranquillité d'esprit, configurez une recherche automatique des mises à jour :

1. **Ouvrez les Préférences Système par un clic sur l'icône idoine du Dock.**

2. **Dans la dernière rangée d'icônes des Préférences Système, cliquez sur App Store.**

3. **Cochez l'option Recherche des mises à jour automatique. Vous disposez alors de trois options :**

   - Télécharger les dernières mises à jour disponibles en tâche de fond : Les mises à jour sont téléchargées mais Mavericks vous demandera l'autorisation de les installer.

- Installer les mises à jour d'applications : Dès qu'un programme connaît une mise à jour, Mavericks l'installe automatiquement.
- Installer les fichiers de données système et les mises à jour de sécurité : tout ce qui concerne Mavericks et sa sécurité est installé automatiquement.

Vous pouvez également vérifier la disponibilité de mises à jour par un clic sur le bouton Rechercher de la fenêtre App Store des Préférences Système.

Personnaliser le coupe-feu de Mavericks

Mavericks est équipé d'un *coupe-feu* (ou pare-feu) qui agit comme les remparts d'un château-fort. Il autorise un certain nombre de communications vers l'extérieur en évitant soigneusement celles qui lui paraissent suspectes.

Le coupe-feu fonctionne avec votre connexion Internet et avec n'importe quel réseau auquel vous tentez de vous connecter.

Pour afficher les paramètres du coupe-feu, cliquez sur l'icône Préférences Système du Dock. Ensuite, dans la première rangée d'icônes, cliquez sur Sécurité et confidentialité. Dans la fenêtre qui apparaît, cliquez sur l'onglet Coupe-feu, comme le montre la **Figure 17.2**.

Désactiver le coupe-feu : Ne cliquez jamais sur le bouton Arrêter ! Sinon votre ordinateur sera exposé à tous les dangers.

Lorsque vous cliquez sur le bouton Options de coupe-feu, vous disposez de trois paramètres :

- *Bloquer toutes les connexions entrantes :* Toutes les tentatives d'intrusion sont bloquées à l'exception de celles qui sont nécessaires aux services Internet de base.
- *Autoriser automatiquement les logiciels signés à recevoir des connexions entrantes* : Ainsi, le coupe-feu ouvre les portes

Définissez le fonctionnement du coupe-feu

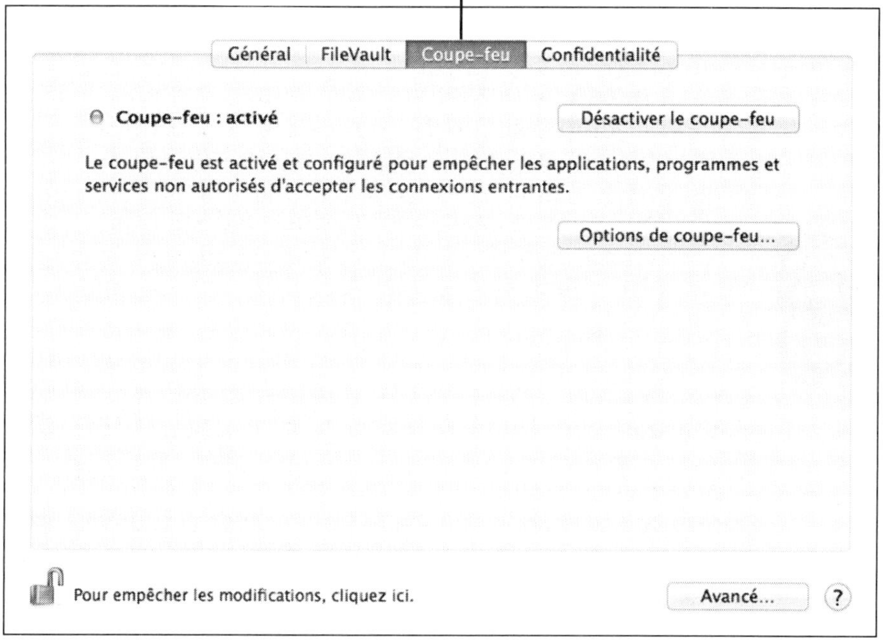

Figure 17.2

de la communication à des programmes comme Safari, Messages, et Mail.

- *Activer le mode furtif :* Bloque les tentatives d'intrusion de certaines applications de test.

Vous pouvez bloquer certaines applications pour les empêcher d'accéder à Internet. Si vous installez une nouvelle application qui utilise Internet, vous devrez la bloquer manuellement si vous ne voulez pas qu'elle établisse automatiquement cette connexion.

Le blocage se déroule dans les préférences de Sécurité et confidentialité. Cliquez sur l'onglet Coupe-feu, puis sur l'icône du cadenas situé dans le coin inférieur gauche de la fenêtre. Tapez votre nom d'administrateur et votre mot de passe, puis cliquez sur le bouton Déverrouiller. Ensuite, cliquez sur Options de coupe-feu… Dans le coin inférieur gauche de la liste des applications bloquées et autorisées, cliquez sur le bouton Ajouter (+). N'oubliez pas que seules

les applications tierce-partie ne sont pas automatiquement ajoutées à cette liste. Parcourez le contenu du dossier Applications, et cliquez sur le programme à autoriser ou à bloquer. Cliquez sur le bouton Ajouter. L'application apparaît dans la liste. Elle est autorisée par défaut.

Pour retirer une application et lui assigner de facto le statut de programme bloqué, cliquez dessus dans la liste puis sur le bouton - (signe moins).

TRUC

Vous pouvez modifier les paramètres d'un programme en cliquant sur les flèches situées à droite de son statut dans la liste des autorisations/blocages. Dans le menu local qui apparaît, choisissez entre Autoriser les connexions entrantes ou Bloquer les connexions entrantes. Dans les deux cas, l'opération affecte aussi bien la connexion au réseau local que celle à Internet.

Si vous ne parvenez pas à vous connecter à d'autres ordinateurs ou à partager des fichiers, vérifiez que la fonction de partage des services est active. Pour cela, ouvrez les Préférences Système et cliquez sur l'icône Partage, comme à la **Figure 17.3**. Cochez les services que vous souhaitez activer.

Configurez et exécutez FileVault

Comme je l'ai indiqué au début de ce chapitre, chaque utilisateur d'un Mac souhaite assurer la sécurité de ses fichiers. Certes, cela n'est pas un souci lorsque vous êtes la seule personne qui utilise l'ordinateur. Mais, dès que vous partagez votre ordinateur avec d'autres, la protection de vos données les plus sensibles est impérative.

Heureusement, Mavericks met à votre disposition la fonction *FileVault*. Le dossier Départ (celui qui porte votre nom) peut être crypté, empêchant ainsi d'en déchiffrer le contenu. Pour activer FileVault, ouvrez le panneau Sécurité et confidentialité des Préférences Système. Là, cliquez sur FileVault comme à la **Figure 17.4**.

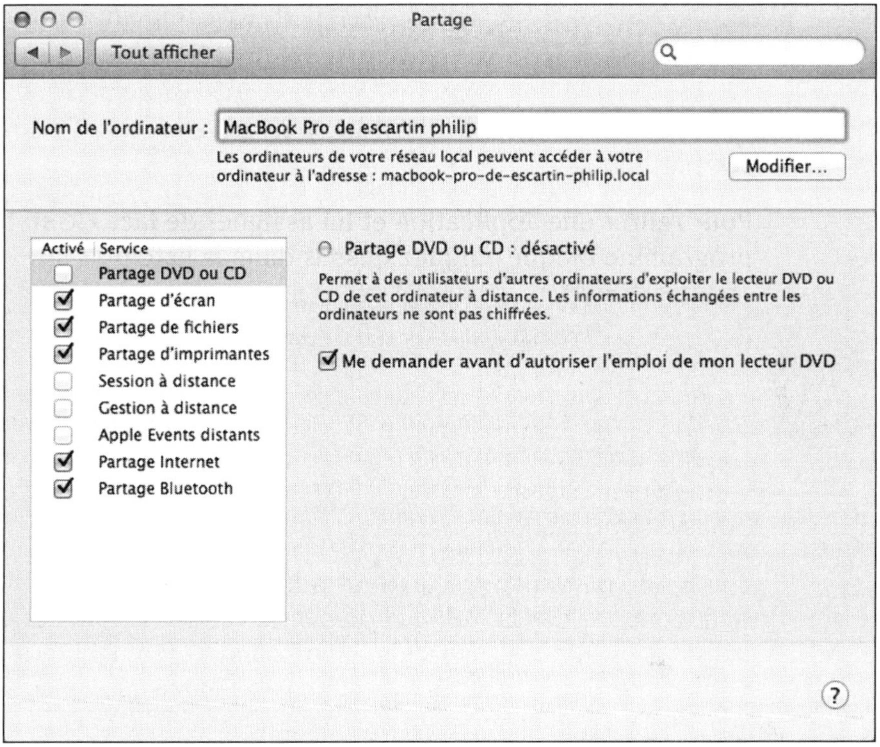

Figure 17.3 : Vérifiez l'activation des services.

Voici comment configurer FileVault :

1. **Cliquez sur l'icône Préférences Système du Dock.**

2. **Dans la première rangée d'icônes, cliquez sur Sécurité et confidentialité, puis sur l'onglet FileVault.**

3. **Cliquez sur l'icône du cadenas puis tapez votre nom d'administrateur et votre mot de passe, et cliquez sur Déverrouiller.**

4. **Cliquez sur le bouton Activer FileVault.**

5. **Dans la boîte de dialogue qui apparaît, cliquez sur le bouton Activer l'utilisateur pour permettre à d'autres comptes de votre Mac d'utiliser FileVault.**

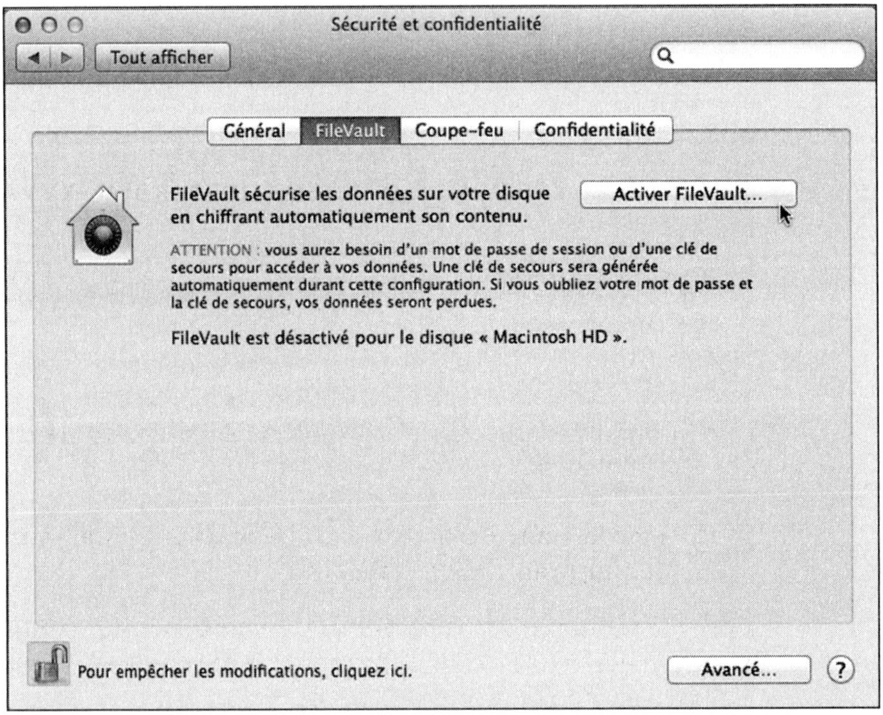

Figure 17.4 : Cliquez pour activer FileVault.

Vous constatez qu'en tant qu'administrateur vous êtes automatiquement activé.

6. **Cliquez sur le bouton Continuer. Une clé dite de secours est affichée comme à la Figure 17.5. Notez-la et conservez-la dans un lieu sûr.**

7. **Cliquez sur Continuer.**

Apple propose de stocker cette clé pour vous. Vous avez le choix entre Stocker la clé de secours auprès d'Apple, et Ne jamais stocker la clé de secours auprès d'Apple. Ce stockage permet de retrouver la clé en répondant à trois questions dont vous seul connaissez, à priori, les réponses. Si vous êtes sûr de votre prise de note, choisissez le second paramètre.

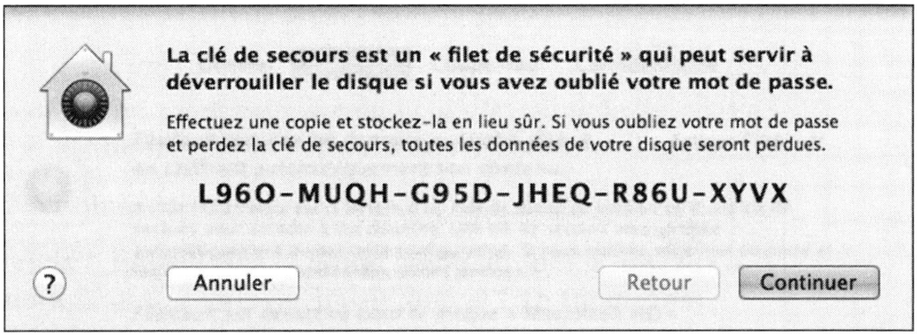

Figure 17.5

8. **Choisissez une des deux options de stockage de la clé File-Vault, et cliquez sur Continuer.**

9. **Dans la boîte de dialogue qui apparaît, cliquez sur Redémarrer pour activer FileVault**

Après le redémarrage, Mac OS X lance le processus de chiffrement des données. Vos fichiers sont alors cryptés aux yeux des autres utilisateurs de votre ordinateur.

TRUC : La protection FileVault ralentit votre système lorsque vous chargez ou enregistrez des documents dont la taille dépasse les 100 Mo dans votre dossier Départ.

Configurer les options de sécurité des utilisateurs

Vous pouvez configurer Mavericks pour restreindre les problèmes de sécurité liés à la connexion des utilisateurs. Il deviendra alors difficile à quiconque d'utiliser votre Mac à votre insu.

Pour accéder aux options de sécurité de connexion, cliquez sur l'icône Préférences Système du Dock, puis sur Sécurité et confidentialité. Dans la fenêtre qui s'affiche, cliquez sur l'onglet Général. Déverrouillez son contenu par un clic sur l'icône du cadenas, et indiquez votre nom et votre mot de passe d'administrateur. Cliquez sur Déverrouiller. Vous accédez ainsi aux paramètres illustrés à la **Figure 17.6**.

En tant qu'administrateur, configurez les fonctions de sécurité de la section Pour tous les comptes de cet ordinateur.

Voici mes recommandations pour une sécurité renforcée :

- **Exiger le mot de passe après la suspension d'activité ou le lancement de l'économiseur d'écran :** Cette option ajoute un niveau de sécurité à votre ordinateur portable. Mac OS X exige la saisie du mot de passe dès qu'il sort du mode veille ou de l'économiseur d'écran.
- **Désactiver l'ouverture de session automatique :** Cette option lance la procédure de connexion complète chaque fois que vous redémarrez votre Mac. (Les possesseurs d'un portable activeront cette option car elle empêche d'autres personnes d'accéder directement à leurs données.)

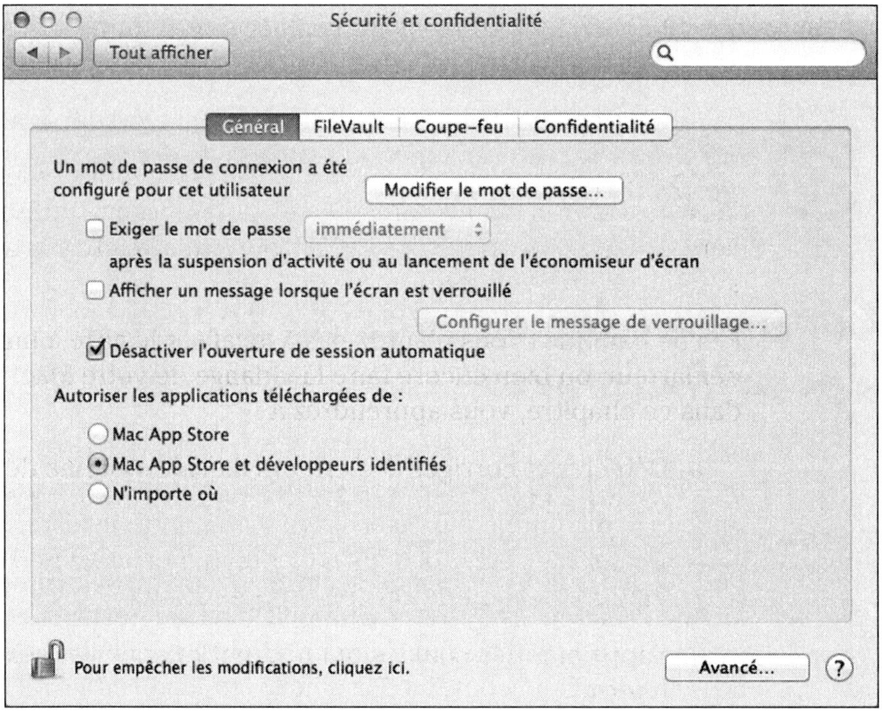

Figure 17.6 : Sélectionnez vos options de sécurité.

Chapitre 18

Assurer la maintenance de Mavericks

Prêt pour...

- Analyser un disque afin d'identifier des erreurs.
- Régler les problèmes d'autorisation de fichiers.
- Effacer les cookies de Safari.
- Supprimer l'historique de navigation de Safari.
- Supprimer l'historique de téléchargement de Safari.

Bien que votre Mac ne soit pas une automobile, vous devez en assurer la maintenance. Au fil du temps, une utilisation régulière et des événements inattendus portent atteinte à la stabilité du système et en ralentit les performances.

Pas de panique ! Vous n'aurez pas à localiser le filtre à huile, le démarreur, ou bien encore faire la vidange de votre Mac. En effet, dans ce chapitre, vous apprendrez à :

- Détecter et corriger des erreurs dans le système de fichiers de votre Mac.
- Réparer les erreurs d'autorisation qui peuvent perturber le fonctionnement de certaines applications.
- Supprimer des cookies qui peuvent ralentir vos sessions Internet.

- Vider la liste des historiques de navigation et de téléchargement de Safari.

Analyser un disque afin d'identifier des erreurs

Mavericks dispose d'un Utilitaire de disque qui permet d'identifier et de réparer les problèmes de disque dur. Vous le trouverez dans le sous-dossier Utilitaires du dossier Applications.

La colonne de gauche affiche :

- Les disques durs *physiques* de votre système.
- Les *Volumes,* c'est-à-dire les données stockées sur les disques durs.

  Le volume se situe en retrait du lecteur physique.
- Tout CD ou DVD inséré dans votre Mac.
- Un lecteur Flash USB ou FireWire. Souvent appelés *clés USB,* ces périphériques externes représentent des volumes de stockage supplémentaires, généralement utilisés pour des sauvegardes temporaires ou pour transférer des fichiers d'un ordinateur à un autre.

La **Figure 18.1** montre un ordinateur Macintosh comportant un disque dur, un CD/DVD et une clé USB. Le disque dur ne contient qu'un seul volume, appelé ici Macintosh HD.

L'Utilitaire de disque propose la fonction Vérifier le disque. Elle contrôle le format et le bon fonctionnement des disques durs et des volumes. Si un problème est rencontré, elle tente de le corriger. Pour cela, après la vérification, cliquez sur le bouton Réparer le disque.

Voici quelques mises en garde sur l'Utilitaire de disque :

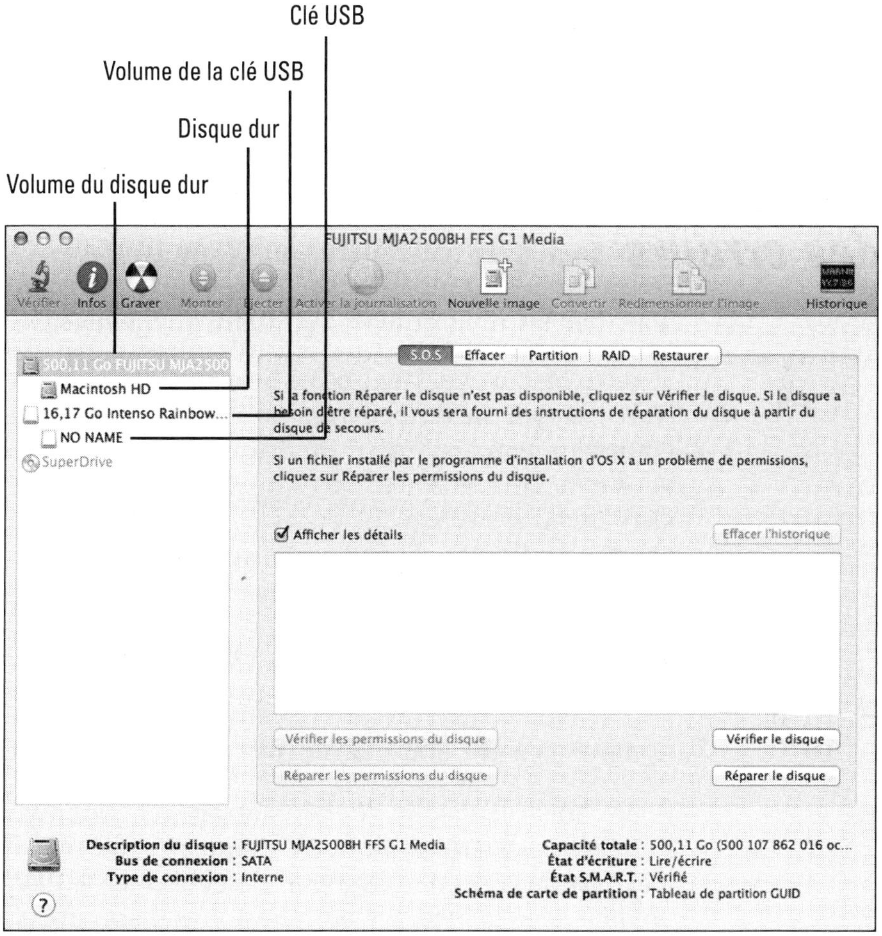

Figure 18.1

- **Vous ne pouvez pas réparer le disque ou le volume de démarrage.** Cela s'explique par le fait que le disque de démarrage contient le système d'exploitation Mavericks. Comme il est en cours d'utilisation, sa réparation est impossible.

  Pour vérifier ou réparer le disque de démarrage, vous devez redémarrer l'ordinateur à partir du disque d'installation Mac OS X. Pour cela, insérez le disque, et maintenez la touche C enfoncée pendant le redémarrage. (Il est possible de démarrer depuis un disque dur externe sur lequel Mavericks est installé.) Une fois dans le menu de redémarrage, cliquez sur Utilitaires/Utilitaire de disques.

Sélectionnez votre disque ou votre volume de démarrage pour activer les boutons Vérifier le disque et Réparer le disque.

- **Vous ne pouvez pas réparer un CD ou DVD.** Les CD et les DVD sont des supports en lecture seule. Vous ne pouvez donc pas les réparer avec l'Utilitaire de disques.

  Si votre Mac ne parvient pas à lire correctement un CD ou un DVD, essuyez sa surface avec un tissu doux en le passant de l'intérieur vers l'extérieur du disque et de manière linéaire. Vous effacerez ainsi les traces de doigt, et éliminerez la poussière ou autres types de dépôts. Si cette technique échoue, achetez un liquide de nettoyage spécialement conçu pour les disques optiques.

Voici comment vérifier et réparer un disque ou un volume de démarrage :

1. **Commencez par enregistrer tous vous documents ouverts.**

   Pour choisir le disque de redémarrage, cliquez sur l'icône Préférences Système du Dock. Cliquez ensuite sur l'icône Démarrage de la section Système. Sélectionnez le disque ou le volume dans la liste des périphériques disponibles, et cliquez sur le bouton Redémarrer.

   TRUC

   Comme la mise à jour de votre ancien Mac OS X vers Mavericks se fait par téléchargement, vous ne pouvez pas insérer le disque Mac OS X. Conformez-vous à l'étape 2.

2. **(Facultatif) Si vous avez installé Mavericks par téléchargement, redémarrez en maintenant les touches ⌘ et R enfoncées.**

3. **Dans la liste Utilitaires Mac OS X qui apparaît, choisissez Utilitaire de disque, et cliquez sur Continuer.**

4. **Dans la colonne affichant les disques et les volumes, cliquez sur le volume à réparer, puis sur le bouton Réparer le disque.**

5. **Une fois la réparation terminée, redémarrez votre ordinateur.**

Pour tous ceux qui ont mis à jour leur système en Mavericks, et qui ne parviennent pas à récupérer un système totalement fonctionnel, répétez l'étape 2. Une fois dans la boîte de dialogue Utilitaires Mac OS X, choisissez Réinstaller Mac OS X, et cliquez sur Continuer.

Régler les problèmes d'autorisation de fichiers

De petits problèmes très subtils peuvent noircir votre vie informatique. Votre ordinateur fonctionne mais connaît des ralentissements avec certaines applications. La cause ? Des *erreurs d'autorisations* qui peuvent :

- Verrouiller votre Mac.
- Rendre les applications versatiles, voire refuser leur démarrage.
- Provoquer d'étranges comportements dans les fenêtres du Finder ou dans les Préférences Système.

Les erreurs d'autorisation sont généralement introduites dans votre système suite à un problème d'installation. Il peut également arriver qu'un programme légèrement bogué provoque des erreurs lors de l'ouverture ou de la fermeture de fichiers. Heureusement, vous n'êtes pas obligé de chercher ce qui a provoqué ces erreurs. L'Utilitaire de disque va remplir cette tâche à votre place, comme l'explique la procédure suivante :

1. **Ouvrez le Finder, et cliquez sur Applications. Double-cliquez sur le sous-dossier Utilitaires.**

2. **Double-cliquez sur Utilitaire de disque.**

3. **Dans la colonne de gauche, cliquez sur le volume à vérifier. Il s'agit ici du volume Macintosh HD de mon disque dur Fujitsu, comme le montre la Figure 18.2.**

4. **Cliquez sur le bouton Réparer les permissions.**

   L'utilitaire de disque se charge du reste ! À la fin de l'opération, il affiche un message indiquant les problèmes réparés.

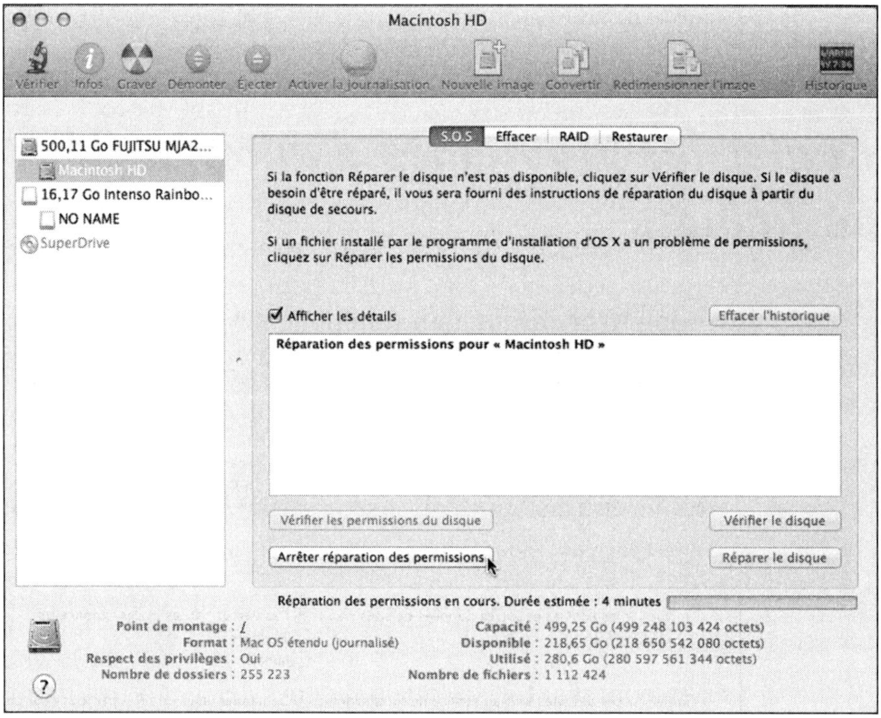

Figure 18.2 : Réparer les permissions du disque.

Effacer les cookies de Safari

Un *cookie* est un petit fichier provenant d'un site Web et qui s'enregistre sur votre disque dur. Il contient des données qui seront utilisées pour faciliter votre prochaine visite du site en question. Ainsi, un cookie permettra de conserver vos préférences d'un site, de vous identifier automatiquement, et de personnaliser les offres qui vous sont faites.

Les cookies ne sont pas dangereux. Contrairement aux virus, un cookie ne se duplique pas et il ne cherche pas à porter atteinte à votre système. De plus, seul le site qui a généré le cookie est capable de le lire et de l'interpréter. Cependant, beaucoup de personnes n'apprécient pas que leurs faits et gestes ainsi que leurs données personnelles soient répertoriés sur un site Web. Enfin, si vous naviguez intensément sur le Web, une grande quantité de cookies risquent d'encombrer votre disque dur.

Dans le navigateur Web Safari, l'acceptation de tous les cookies est un réglage imposé par défaut. Voici comment personnaliser la gestion des cookies de Safari :

1. **Ouvrez Safari, puis cliquez sur Safari/Préférences.**

2. **Cliquez sur l'onglet Confidentialité.**

   Safari affiche les paramètres illustrés à la Figure 18.3.

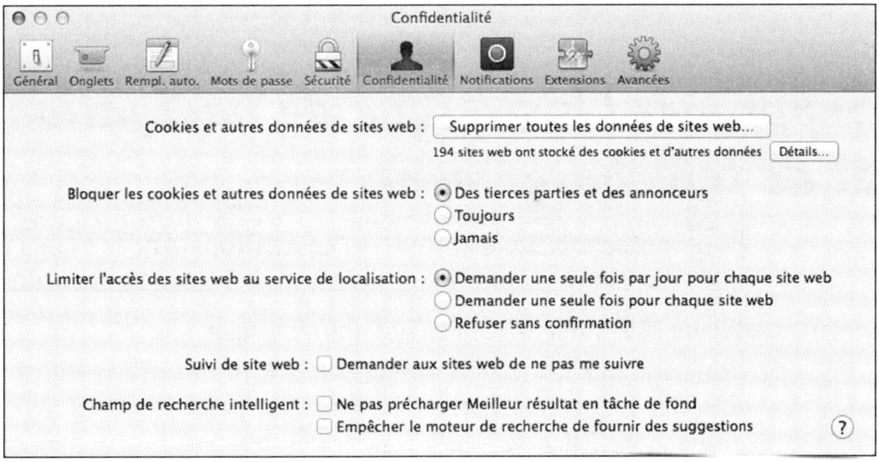

Figure 18.3 : Choisissez quel type de cookies sera bloqué.

3. Dans la section Bloquer les cookies, choisissez l'une des trois options suivantes

- *Des tierces parties et des annonceurs :* Cette option permet de bloquer les cookies émis par des annonceurs affichés sur les sites Web que vous visitez.
- *Toujours :* Les cookies sont systématiquement bloqués.
- *Jamais :* Les cookies sont systématiquement acceptés.

4. Pour afficher les cookies stockés dans votre système, cliquez sur le bouton Détails.

Si vous bloquez tous les cookies, vous serez obligé de taper systématiquement de nombreuses informations vous concernant, comme votre nom de compte sur un site Web et votre mot de passe. Il en sera de même quand vous passerez commande d'un produit sur un site que vous visitez régulièrement. Vous retaperez toujours vos coordonnées de facturation et de livraison.

5. Cliquez sur le bouton de fermeture de la fenêtre Confidentialité pour enregistrer vos modifications.

Supprimer l'historique de navigation et de téléchargement

Pour supprimer l'historique de navigation, ouvrez Safari puis cliquez sur Historique/Effacer l'historique. Cochez éventuellement la case permettant de réinitialiser les Top sites, puis cliquez sur OK.

Pour afficher les téléchargements, cliquez sur Présentation/Afficher les téléchargements. Pour supprimer toutes les entrées, cliquez sur Effacer.

Index

I

J

L

M

N